STAR WARS™

LEXIKON DER
HELDEN, SCHURKEN UND DROIDEN

ERWEITERTE AUSGABE

TEXT VON

SIMON BEECROFT, ELIZABETH DOWSETT, PABLO HIDALGO, AMY RICHAU UND DAN ZEHR

INHALT

Wer stahl die Pläne des Todessterns? Welcher Droide wurde Kopfgeldjäger? Wer kann an Land und unter Wasser atmen? Die Galaxis ist voller Helden, Schurken, Fremdweltler und Droiden. Alle haben sie Anteil an den Ereignissen der Saga: von den letzten Tagen der Galaktischen Republik über die Schlachten der Klonkriege und die Rebellion gegen das Imperium bis hin zum Aufstieg der Ersten Ordnung.

WO FINDE ICH WAS?

Einen alphabetisch nach Namen geordneten Überblick bietet auch das Register ab Seite 286.

ABKÜRZUNGEN IN DATENBANKEN

I: *Star Wars*: Episode I *Die dunkle Bedrohung*
II: *Star Wars*: Episode II *Angriff der Klonkrieger*
III: *Star Wars*: Episode III *Die Rache der Sith*
S: *Solo: A Star Wars Story*
RO: *Rogue One: A Star Wars Story*
IV: *Star Wars*: Episode IV *Eine neue Hoffnung*
V: *Star Wars*: Episode V *Das Imperium schlägt zurück*
VI: *Star Wars*: Episode VI *Die Rückkehr der Jedi-Ritter*
M: *Star Wars*: *The Mandalorian*
VII: *Star Wars*: Episode VII *Das Erwachen der Macht*
VIII: *Star Wars*: Episode VIII *Die letzten Jedi*
IX: *Star Wars*: Episode IX *Der Aufstieg Skywalkers*

2-1B

CHIRURGIEDROIDE

DATEN-BANK

ZUGEHÖRIGKEIT: Keine
TYP: Chirurgiedroide
HERSTELLER: Industrie-Automaton
GRÖSSE: 1,77 m
AUFTRETEN: III, S, V, VI
SIEHE AUCH: Darth Vader, Luke Skywalker

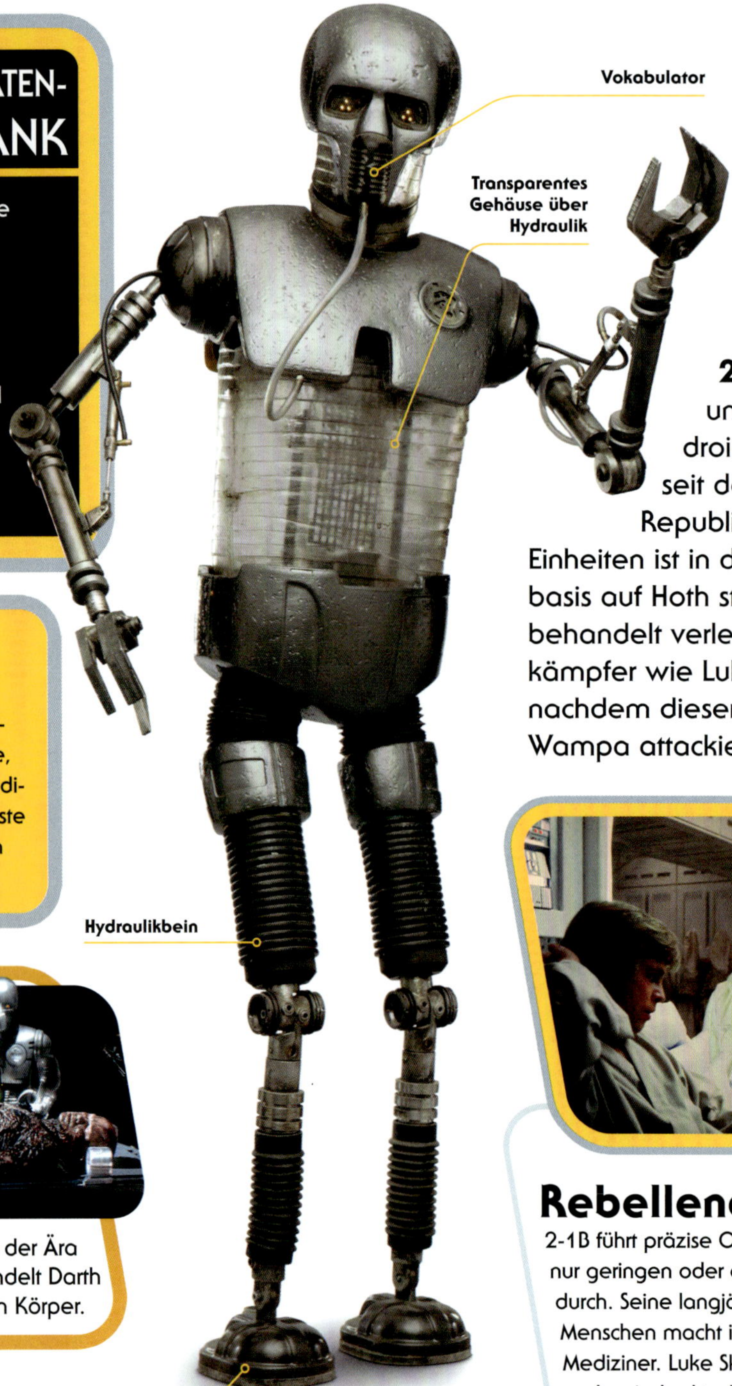

2-1B-MEDI- und Chirurgiedroiden gibt es seit den Tagen der Republik. Eine dieser Einheiten ist in der Rebellenbasis auf Hoth stationiert und behandelt verletzte Rebellenkämpfer wie Luke Skywalker, nachdem dieser von einem Wampa attackiert wurde.

CHIRURGIE-DROIDEN

der 2-1B-Serie haben umfangreiche Speicherbänke, um Patienten in jeder medizinischen Situation die beste Behandlung zuteilwerden lassen zu können.

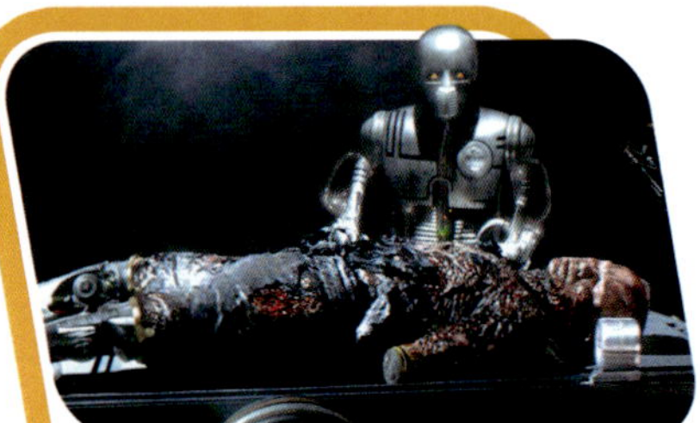

Ein 2-1B-Droide aus der Ära der Republik behandelt Darth Vaders verbrannten Körper.

Rebellenchirurg

2-1B führt präzise Operationen mit nur geringen oder gar keinen Narben durch. Seine langjährige Erfahrung mit Menschen macht ihn zum einfühlsamen Mediziner. Luke Skywalker ist von ihm so beeindruckt, dass er den Droiden erneut für eine OP anfordert, als er in der Wolkenstadt seine Hand verliert.

4-LOM

EHEMALS PROTOKOLLDROIDE, JETZT KOPFGELDJÄGER

DATEN-BANK

GRUPPE: Kopfgeldjäger
TYP: Protokolldroide der LOM-Serie
HERSTELLER: Industrie-Automaton
GRÖSSE: 1,67 m
AUFTRETEN: V
SIEHE AUCH: Jabba, Darth Vader, Zuckuss

Nach der Schlacht von Hoth heuert Vader Kopfgeldjäger wie 4-LOM an, um den *Millennium Falken* zu finden.

DIESER HUMANOIDE DROIDE mit insektenhaftem Gesicht war früher ein hoch entwickelter Protokolldroide, der der Spezies ähnelt, der er diente. 4-LOM arbeitete auf einem Luxuskreuzer, doch seine Programmierung wurde überschrieben und er startete eine Laufbahn als Kopfgeldjäger.

DIE LOM-SERIE ist für ihre mangelhafte Persönlichkeitssoftware bekannt, die 4-LOM zu einem tödlichen Kopfgeldjäger werden ließ. Im Äußeren Rand wurden auf ähnliche Weise betroffene Protokolldroiden desselben Typs gesichtet, die als Vollstrecker arbeiteten.

Gefährliches Gespann

4-LOM arbeitet häufig mit einem Kopfgeldjäger namens Zuckuss zusammen. Die Kombination von 4-LOMs Schlussfolgerungs- und Analysefähigkeiten und Zuckuss' geheimnisvoller Intuition macht ihre Zusammenarbeit erfolgreich.

AAYLA SECURA

TWI'LEK-JEDI-RITTERIN

DATEN-BANK

ZUGEHÖRIGKEIT: Jedi
HEIMATWELT: Ryloth
SPEZIES: Twi'lek
GRÖSSE: 1,70 m
AUFTRETEN: II, III
SIEHE AUCH: Kit Fisto, Mace Windu, Yoda

DIE MUTIGE AAYLA SECURA ist eine Twi'lek-Jedi, die mit ihren athletischen Künsten im Lichtschwertkampf Gegnern das Fürchten lehrt. Als Jedi-General führt Aayla ihre Klontruppeneinheit in viele Schlachten.

AAYLA SECURA ist eine intelligente, zuweilen verschlagene Jedi. Ihr Meister war Quinlan Vos. Seine Lehren gibt Aayla in den Klonkriegen an die junge Ahsoka Tano weiter, als eine gemeinsame Mission schiefläuft und sie auf dem Planeten Maridun stranden.

Gefangen

Bei der Schlacht von Geonosis gehört Aayla Secura zum Kreise jener Jedi, die von den Geonosianern gefangen genommen werden. Zum Glück eilen die Klontruppen zur Rettung herbei.

Auf Felucia wenden sich Securas Truppen gegen sie.

ADI GALLIA

THOLOTHIANISCHE JEDI-MEISTERIN

DATEN-BANK

ZUGEHÖRIGKEIT: Jedi
HEIMATWELT: Coruscant
SPEZIES: Tholothianerin
GRÖSSE: 1,84 m
AUFTRETEN: I, II
SIEHE AUCH: Bail Organa, Eeth Koth, Even Piell, Kanzler Valorum, Stass Allie

JEDI-MEISTERIN ADI GALLIA wurde als Kind einer hochrangigen Diplomatenfamilie auf Coruscant geboren. Gallia ist Mitglied des Hohen Rats der Jedi und dient als General in den Klonkriegen.

Als Ratsmitglied wird Adi Gallia für ihre intuitiven Fähigkeiten geschätzt.

Jedi-Tempel

Gallia ist zwar im Jedi-Tempel auf Coruscant stationiert, doch in den Klonkriegen wird sie zu Schlachten in der ganzen Galaxis entsandt. Sie hilft bei der Rettung des über Saleucami von General Grievous gefangen genommenen Meisters Eeth Koth.

ADI GALLIA ist Vorsitzenden des Senats eine wertvolle Informationsquelle. Der grimmige Nachtbruder Savage Opress setzt ihrem Leben in den Klonkriegen ein Ende.

ADMIRAL ACKBAR

ADMIRAL DES WIDERSTANDS

DATEN-BANK

ZUGEHÖRIGKEIT: Rebellenallianz/Widerstand
HEIMATWELT: Mon Cala
SPEZIES: Mon Calamari
GRÖSSE: 1,80 m
AUFTRETEN: VI, VII, VIII
SIEHE AUCH: Aftab Ackbar, General Madine, Mon Mothma, Prinzessin Leia

ADMIRAL GIAL ACKBAR wurde auf der Meereswelt Mon Cala geboren. Er ist Veteran der Klonkriege und trägt dazu bei, sein Volk für die Rebellenallianz zu gewinnen. Als sich nach dem Galaktischen Bürgerkrieg die Erste Ordnung erhebt, überredet Prinzessin Leia ihn, aus dem Ruhestand zurückzukehren.

Rangabzeichen

Wasserfeste Haut

Gürtelschnalle

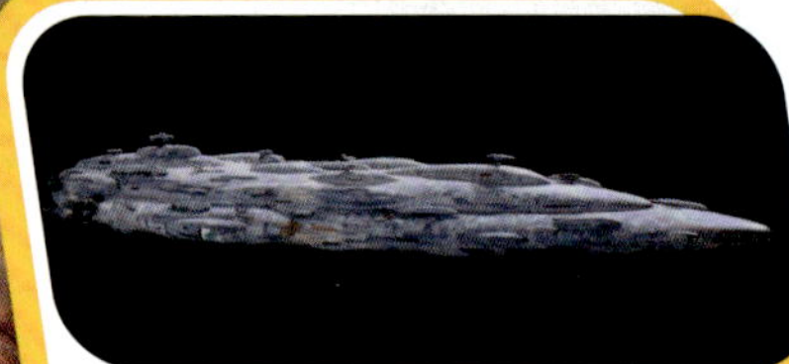

Ackbar befehligt die Rebellenflotte von seinem Flaggschiff, der *Heimat Eins,* aus.

ALS KOMMANDANT der Rebellenflotte plant und leitet Ackbar in der Schlacht von Endor den Angriff auf die imperialen Großkampfschiffe.

Jahre nach dem Bürgerkrieg dient Ackbar in der Basis auf D'Qar im Kommandostab des Widerstands.

Heimat Eins

Ackbars Volk unterstellt seine riesigen Mon-Cal-Sternenkreuzer der Allianz. Die *Heimat Eins* dient als mobile Kommandozentrale, nachdem das Imperium den Hauptstützpunkt der Allianz auf Hoth zerstört hat.

ADMIRAL OZZEL

KOMMANDANT DER *EXECUTOR*

DATENBANK

ZUGEHÖRIGKEIT: Imperium
HEIMATWELT: Carida
SPEZIES: Mensch
GRÖSSE: 1,75 m
AUFTRETEN: V
SIEHE AUCH: Admiral Piett, Darth Vader, General Veers

KENDAL OZZEL ist Kommandant von Darth Vaders riesigem Flaggschiff, der *Executor*. Unter Ozzels zuweilen unsicherem Kommando verlässt die *Executor* den Hyperraum zu dicht bei Hoth, was die Rebellen vor dem imperialen Angriff warnt.

KENDAL OZZEL

dient in den Klonkriegen in der Flotte der Republik und steigt rasch die militärische Rangleiter hoch. Ozzel hat Ehrgeiz, doch Urteilskraft und taktisches Denken lassen zu wünschen übrig, was er mit autoritärem Auftreten zu verschleiern sucht.

Die *Executor* führt Vaders als Todesschwadron bekannte Flotte von Sternenzerstörern an.

Tödliche Patzer

Vader stuft Ozzel als »ebenso ungeschickt wie töricht« ein. Nach einer Reihe von Patzern – zuerst missachtete Anzeichen für Leben auf Hoth, dann der gescheiterte Überraschungsangriff – richtet Vader Ozzel telekinetisch mit der Macht hin und befördert Captain Piett anstelle von Ozzel zum Admiral.

ADMIRAL PIETT

KOMMANDANT DER *EXECUTOR*

DATEN-BANK

ZUGEHÖRIGKEIT: Imperium
HEIMATWELT: Axxila
SPEZIES: Mensch
GRÖSSE: 1,73 m
AUFTRETEN: V, VI
SIEHE AUCH: Admiral Ozzel, Darth Vader

PIETT IST EIN LOYALER IMPERIALER KAPITÄN auf Darth Vaders Flaggschiff, der *Executor*. Nachdem Vader den inkompetenten Ozzel mithilfe der Macht erwürgt hat, wird Piett zum Flottenadmiral befördert. Er kommt ums Leben, als ein A-Flügler der Rebellen in die Brücke der *Executor* kracht.

Ein A-Flügler tötet die Brückenbesatzung der *Executor* und lässt das Schiff abstürzen.

Riskante Strategie

Vaders Offiziere müssen sich dem eisernen Willen des Dunklen Lords beugen. Als Vader verlangt, dem *Millennium Falken* bei einer riskanten Jagd in ein Asteroidenfeld zu folgen, wird Piett nervös, da jeder Fehler seinen Tod bedeuten könnte.

ANDERS ALS viele imperiale Offiziere stammt Firmus Piett nicht von den angesehenen Kernwelten, sondern vom Äußeren Rand. Er ist ebenso für seine Geistesgegenwart wie für das Talent bekannt, die Schuld für eigene Fehler anderen anzulasten.

ADMIRAL RADDUS

MON-CALAMARI-FLOTTENKOMMANDANT

DATEN-BANK

ZUGEHÖRIGKEIT: Rebellen-allianz
HEIMATWELT: Mon Cala
SPEZIES: Mon Calamari
GRÖSSE: 1,90 m
AUFTRETEN: RO
SIEHE AUCH: Ackbar, General Merrick, Prinzessin Leia

Fischartige Augen für gute Sicht an Land und unter Wasser

Wasserfestes Datapad mit Befehlen

Für Mon Calas Verteidigung verliehenes Emblem

ADMIRAL RADDUS schloss sich früh den Rebellen an, als das Imperium über seine Heimat, die Meereswelt Mon Cala, herfiel. Der ernste und unbeugsame Raddus beweist als Flottenkommandant Hingabe und Entschlossenheit.

RADDUS HAT ALS

Bürgermeister von Nystullum Führungsstärke und Erfahrung mit der Stadtverteidigung erworben. Der Allianzflotte steuert er die *Profundity* bei, ein aufgerüstetes Stadtschiff.

Raddus schreckt vor keinem Kampf zurück. Als er vom Einsatz des Rogue-One-Teams erfährt, eilt er zu Hilfe.

Verehrter Held

Raddus macht sich mit seiner direkten und pragmatischen Art nicht nur Freunde. Doch sein Einsatz für die Rebellion führt viele Jahre später dazu, dass General Leia Organas Sternenkreuzer ihm zu Ehren *Raddus* genannt wird.

ADMIRAL STATURA

OFFIZIER DES WIDERSTANDS

DATENBANK

ZUGEHÖRIGKEIT: Widerstand
HEIMATWELT: Garel
SPEZIES: Mensch
GRÖSSE: 1,72 m
AUFTRETEN: VII
SIEHE AUCH: Admiral Ackbar, General Ematt, Prinzessin Leia

USHOS O. STATURA war noch sehr jung, als der Krieg gegen das Imperium endete. Er sammelte seine Kampferfahrung bei dem Versuch, seine Heimatwelt Garel von der imperialen Besatzung zu befreien. Er steht General Leia Organa treu zur Seite.

Wiederverwendetes Abzeichen der Rebellenallianz

Admiralsabzeichen

ALS GENERAL Organa zuverlässige Militärberater für den engeren Kreis des Widerstands sucht, wählt sie erfahrene Rebellenveteranen. Statura ist jünger als die meisten von ihnen und lässt dafür eine Karriere in den angewandten Wissenschaften ruhen.

Statura beobachtet die Schlacht über dem Starkiller von der Kommandozentrale des Widerstands auf D'Qar aus.

Analytiker

Der technisch versierte Pragmatiker Statura ist für die Logistik zuständig. Schnell erkennt er die Bedrohung durch den Starkiller und schätzt dessen unvorstellbare Zerstörungskraft korrekt ein. Seine Analyse führt zum Angriff der Sternenjäger des Widerstands auf die Superwaffe.

AFTAB ACKBAR

Y-FLÜGLER-PILOT DES WIDERSTANDS

DATEN-BANK

ZUGEHÖRIGKEIT: Widerstand
HEIMATWELT: Mon Cala
SPEZIES: Mon Calamari
GRÖSSE: 1,80 m
AUFTRETEN: IX
SIEHE AUCH: Admiral Ackbar, Beaumont Kin, Kaydel Connix, Larma D'Acy, Rose Tico, Snap Wexley

AFTAB ACKBAR schließt sich dem Widerstand zu Ehren seines Vaters, Admiral Gial Ackbar, an, der im Kampf gegen die Erste Ordnung starb. Als Colonel fliegt er einen Y-Flügler, als die Flotte des Widerstands von Ajan Kloss aufbricht.

AFTAB HAT seinen Vater nur einmal getroffen, aber jede seiner Schlachten studiert. Er hilft Leia Organa und Rey, als sie nach Mon Cala reisen, um Leias alte Allianz mit seinem Volk wiederzubeleben.

Aftab folgt in der Schlacht von Exegol General Poe Damerons Befehlen.

Neue Kontakte

Aftab findet schnell Freunde beim Widerstand, darunter der Historiker Beaumont Kin und X-Flügler-Pilot Snap Wexley. Zusammen mit seiner neuen Familie dort betrauert er den Tod von General Leia Organa.

AGEN KOLAR

ZABRAK-JEDI-MEISTER

DATEN-BANK

ZUGEHÖRIGKEIT: Jedi
HEIMATWELT: Iridonia
SPEZIES: Zabrak
GRÖSSE: 1,90 m
AUFTRETEN: II, III
SIEHE AUCH: Kit Fisto, Mace Windu, Saesee Tiin

AGEN KOLAR ist ein Zabrak, genau wie der Jedi Eeth Koth. Zabraks erkennt man leicht an ihren Schädelhörnern. Kolar schlägt erst zu und stellt danach die Fragen. Er ist zudem Mitglied des Hohen Rats der Jedi.

AGEN KOLAR ist ein großer Schwertmeister und einer der Jedi-Ritter, die auf Geonosis gegen die Separatistenarmee kämpfen. Mace Windu schätzt Kolars Kampfkünste und bittet ihn zu helfen, den Obersten Kanzler Palpatine zu verhaften.

Kolar muss seine Kampfkünste auf Geonosis unter Beweis stellen.

Fähiger Sith

Selbst Kolars Kampfkünste reichen nicht, um es mit der Schnelligkeit und Energie eines Sith-Lords wie Darth Sidious aufzunehmen.

AHSOKA TANO

KRIEGERIN DER HELLEN SEITE

DATEN-BANK

ZUGEHÖRIGKEIT: Jedi/ Rebellenallianz
HEIMATWELT: Unbekannt
SPEZIES: Togruta
GRÖSSE: 1,76 m
AUFTRETEN: M
SIEHE AUCH: Anakin Skywalker, Bo-Katan Kryze, Grogu

ALS PADAWAN von Anakin Skywalker verlässt Ahsoka Tano den Jedi-Orden letztlich, wendet sich aber nie von der hellen Seite der Macht ab. Sie ist eine gute Kämpferin, aber eine noch bessere Freundin und ebenso gütig wie mutig, wenn sie jenen in Not hilft.

Lichtschwert mit gereinigtem, weißem Kyberkristall

Kunstvoll gestaltete Gürtelschnalle

NACH DER Order 66 geht Ahsoka Tano ins Exil, bis Bail Organa sie dafür gewinnt, andere zu finden, die gegen die Tyrannei des Imperiums aufbegehren. Unter dem Tarnnamen »Fulcrum« rekrutiert sie viele Helden für die Rebellion.

Showdown

Auf dem Planeten Corvus liefert sich Ahsoka ein aufreibendes Duell mit Magistratin Morgan Elsbeth, um von ihr zu erfahren, wo Großadmiral Thrawn steckt. Elsbeth ist eine würdige Gegnerin, aber der früheren Jedi-Schülerin nicht gewachsen.

Ahsoka und Grogu verbinden sich, als er seine Geschichte mit ihr teilt.

ALAZMEC-KOLONIST

BESCHÜTZER VON VADERS FESTUNG

DATEN-
BANK

ZUGEHÖRIGKEIT: Alazmec von Winsit
HEIMATWELT: Mustafar
SPEZIES: Alazmec
GRÖSSE: Um 1,76 m
AUFTRETEN: IX
SIEHE AUCH: Darth Vader, Kylo Ren

DIE ALAZMEC VON WINSIT sind Anhänger eines Sith-Kults, die auf der Vulkanwelt Mustafar gesiedelt haben. Sie verehren Darth Vader und beschützen die Ruinen seiner Festung und ein benachbartes Moor, das Corvax-Fenn. Die Alazmec verwehren jedem den Zugang – auch Kylo Ren.

JAHRHUNDERTELANG

prägen Mustafar starke vulkanische Aktivitäten, aber einige Gebiete kühlen allmählich ab. Die Alazmec pflanzen Eisenbäume am Corvax-Fenn und hegen sie, während sie die Nähe zur Macht der Sith suchen.

Eiskalte Tat

Der Oberste Anführer Kylo Ren begibt sich nach Mustafar, um Hinweise auf Imperator Palpatines Aufenthaltsort zu suchen. Nach dem Niedermetzeln der Alazmec-Kolonisten findet er in den Ruinen von Darth Vaders Festung einen alten Sith-Wegfinder. Dieser führt Ren zum Planeten Exegol.

Mit ihren plumpen Waffen erliegen die Alazmec dem Obersten Anführer Kylo Ren und seinem Lichtschwert.

ALBREKH

SITH-ALCHEMIST

DATEN-BANK

ZUGEHÖRIGKEIT: Erste Ordnung, Sith
SPEZIES: Symeong
GRÖSSE: 1,52 m
AUFTRETEN: IX
SIEHE AUCH: Ap'lek, Cardo, Kuruk, Kylo Ren, Trudgen, Ushar, Vicrul

ALBREKH IST EIN barscher Sith-Alchemist in Diensten der Ersten Ordnung, der den Helm des Obersten Anführers Kylo Ren repariert. Akkurat fügt er die Bruchstücke mit rotem Erz zusammen, woraufhin der Helm robuster ist als zuvor.

ALBREKH kann mit seinen alchemistischen Künsten Dinge reparieren, die andere für verloren halten. Auch unter den strengen Blicken der furchtbaren Ritter von Ren behält er eine ruhige Hand und arbeitet stets präzise.

Präzises Handwerk

Der Alchemist nutzt sarrassianisches Eisen aus dem Aniras-Asteroidengürtel, um Kylo Rens Helm neu zu schmieden. Sith-Alchemisten früherer Tage zufolge enthält es spezielle Partikel, die mit der dunklen Seite der Macht interagieren.

Bei seiner Arbeit für Kylo Ren benutzt Albrekh altes Sith-Schmiedewerkzeug.

GENERAL PRYDE

BEFEHLSHABER DER ERSTEN ORDNUNG

DATENBANK

ZUGEHÖRIGKEIT: Imperium/ Erste Ordnung
HEIMATWELT: Alsakan
SPEZIES: Mensch
GRÖSSE: 1,88 m
AUFTRETEN: IX
SIEHE AUCH: General Hux, Kylo Ren, Palpatine

DER INTELLIGENTE und rücksichtslose Enric Pryde befehligt eine Flotte von Sternenzerstörern der Ersten Ordnung. Er sehnt eine galaxisweite Diktatur nach Art des Galaktischen Imperiums herbei, dem er einst diente.

PRYDE HAT keinen Zugang zur Macht, weiß aber, was man mit ihrer Hilfe vermag, hat er doch Darth Vader persönlich erlebt. Kylo Ren und Palpatine schätzen Prydes Treue zur dunklen Seite. Im Rang eines Generals erster Klasse unterstehen ihm sowohl Boden- als auch Raumeinheiten.

Machthunger

Pryde verabscheut General Hux, hatte aber früher ein gutes Verhältnis zu dessen Vater. Auf dem Sternenzerstörer *Steadfast* genießt er es, Hux' Vorgesetzter zu sein. Als er merkt, dass sein Rivale die Erste Ordnung verraten hat, macht Pryde kurzen Prozess mit ihm.

Palpatine weist Pryde an, mit der Sith-Flotte die Letzte Ordnung einzuläuten.

ANAKIN SKYWALKER

LEGENDÄRER JEDI-RITTER

DATEN-BANK

ZUGEHÖRIGKEIT: Jedi, Republik
HEIMATWELT: Tatooine
SPEZIES: Mensch
GRÖSSE: 1,85 m
AUFTRETEN: I, II, III, VI
SIEHE AUCH: Obi-Wan Kenobi, Padmé Amidala, Qui-Gon Jinn

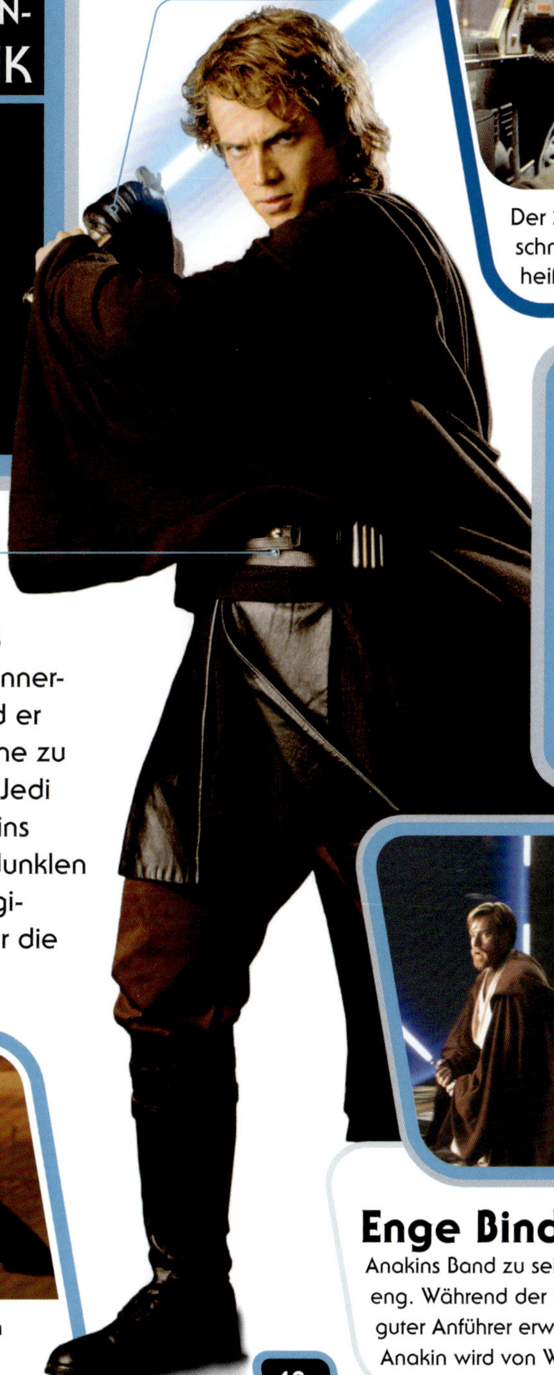

Der Scharfsinn und die unnatürlich schnellen Reflexe des Jungen verheißen enormes Machtpotenzial.

IN DEN KLONKRIEGEN verliert Anakin den Glauben daran, dass die Jedi für Frieden und Eintracht in der Galaxis sorgen können. Der Tod seiner Mutter erfüllt ihn mit Zorn und er hat Angst, dass Padmé Amidala (die er heimlich geheiratet hat) dasselbe Schicksal ereilt. Letztlich glaubt er, nur die dunkle Seite verleihe ihm die Macht, dem Tod zu trotzen.

ANAKIN SKYWALKERS Aufstieg ist erstaunlich. Innerhalb weniger Jahre wird er vom Sklaven auf Tatooine zu einem der mächtigsten Jedi aller Zeiten. Doch Anakins Machtgier führt ihn zur dunklen Seite der Macht, mit tragischen Konsequenzen für die gesamte Galaxis.

Anakins impulsive Art führt ihn zur dunklen Seite der Macht.

Enge Bindung

Anakins Band zu seinem Lehrer Obi-Wan Kenobi ist eng. Während der Klonkriege, in denen er sich als guter Anführer erweist, sind sie ein starkes Team. Doch Anakin wird von Wut und Misstrauen heimgesucht.

AP'LEK

STRATEGE DER RITTER VON REN

DATENBANK

GRUPPE: Ritter von Ren
HEIMATWELT: Unbekannt
SPEZIES: Unbekannt
GRÖSSE: 1,74 m
AUFTRETEN: VII, IX
SIEHE AUCH: Cardo, Kuruk, Kylo Ren, Trudgen, Ushar, Vicrul

Auf der Lauer

Ap'lek bereitet sich darauf vor, Chewbacca zu ergreifen und zur Ersten Ordnung zu bringen. Als Waffe benutzt er eine alte mandalorianische Henkersaxt.

AP'LEK DENKT unter den sechs Rittern, die Kylo Ren dienen, am strategischsten. Ap'lek bereitet es Vergnügen, seine Zielpersonen (und manchmal auch die anderen Ritter) zu täuschen.

AN AP'LEKS Gürtel findet sich ein Rauchbehälter. Wie alle Ritter von Ren ist Ap'lek machtsensitiv und kann Zielpersonen inmitten von Rauchschwaden spüren.

Ap'lek denkt, er sei in Sachen Mut und Intelligenz den anderen Rittern von Ren weit überlegen.

DIE SCHMIEDIN

MYSTERIÖSE MANDALORIANERIN

DATEN-BANK

ZUGEHÖRIGKEIT: Unterschlupf auf Nevarro
HEIMATWELT: Mandalore
SPEZIES: Unbekannt
GRÖSSE: 1,70 m
AUFTRETEN: M
SIEHE AUCH: Grogu, Mandalorianer, Paz Vizsla

Die Schmiedin sagt Din Djarin, dass das zurückgewonnene Beskar vielen aufstrebenden Mandalorianern helfen wird.

DIE SCHMIEDIN auf Nevarro fertigt Waffen und Rüstungen für die Kinder der Watch an, eine Gruppe Mandalorianer, die an den althergebrachten »Weg« glauben. Sie ist weise und steht Din Djarin mit Rat und Tat zur Seite.

Waffenschmiedin

Zu den vielen Talenten der Schmiedin zählt das Bearbeiten von Beskar, einem seltenen mandalorianischen Metall, um daraus Ausrüstung für die Angehörigen des Unterschlupfs zu fertigen, den sie anführt. Dies trägt zum Schutz der Gruppe bei, aber ihre Weisheit wird ebenso geschätzt.

IN DER Kanalisation von Nevarro-Stadt versorgt die Schmiedin die Mandalorianer mit Ratschlägen und Munition. Mit Bedacht hilft sie allen, ihr persönliches Siegel zu finden, ein Symbol für die wahre Berufung eines Mandalorianers.

ARTILLERIETRUPPLER

EXPERTE FÜR SCHWERE GESCHÜTZE

DATEN-BANK

ZUGEHÖRIGKEIT: Imperium/ Restimperium
HEIMATWELT: Verschieden
SPEZIES: Mensch
GRÖSSE: Um 1,83 m
STANDARDAUSRÜSTUNG: Mörser (Modell 201)
AUFTRETEN: M
SIEHE AUCH: Moff Gideon

WENN DAS IMPERIUM mehr Feuerkraft benötigt, greift es auf Artillerietruppler zurück. Diese Spezialisten befördern zielgenau Sprengkörper hoch in die Luft.

DIE AUCH Mörsertruppler genannten Soldaten kennen sich bestens mit Sprengstoff aus. Auch in hitzigen Gefechten behalten sie stets einen kühlen Kopf.

Dickes Ding

Auf Tython entsendet Moff Gideon Sturmtruppen, um Grogu zu fassen und den Mandalorianer zu töten. Ein Artillerietruppler schießt bei dem Angriff einen Sprengkörper auf den Kopfgeldjäger und seine Gefährten ab.

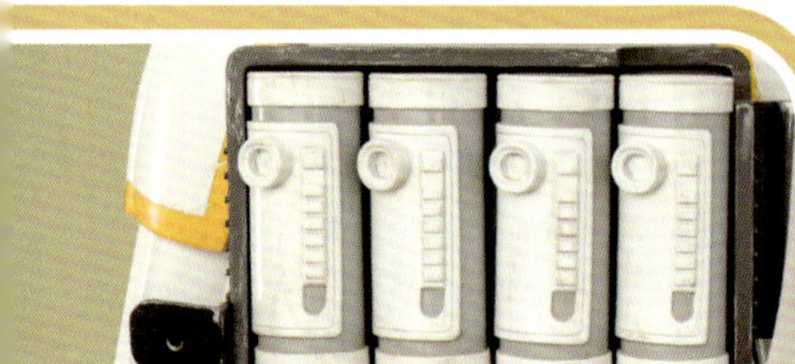

Speziell angefertigte Tornister enthalten dosenförmige Thermaldetonatoren.

AT-AT-PILOT

IMPERIALE FAHRZEUGFÜHRER

DATENBANK

ZUGEHÖRIGKEIT: Imperium
HEIMATWELT: Verschieden
SPEZIES: Mensch
GRÖSSE: Um 1,83 m
STANDARDAUSRÜSTUNG: Blasterpistole, Thermaldetonatoren, Granaten
AUFTRETEN: V
SIEHE AUCH: AT-ST-Pilot, General Veers

NUR WENIGE imperiale Kampfpiloten werden dafür ausgewählt, die gefürchteten Allterrain-Angriffstransporter (AT-AT) zu steuern. Die stets im Zweierteam agierenden AT-AT-Piloten betrachten sich selbst als allmächtig.

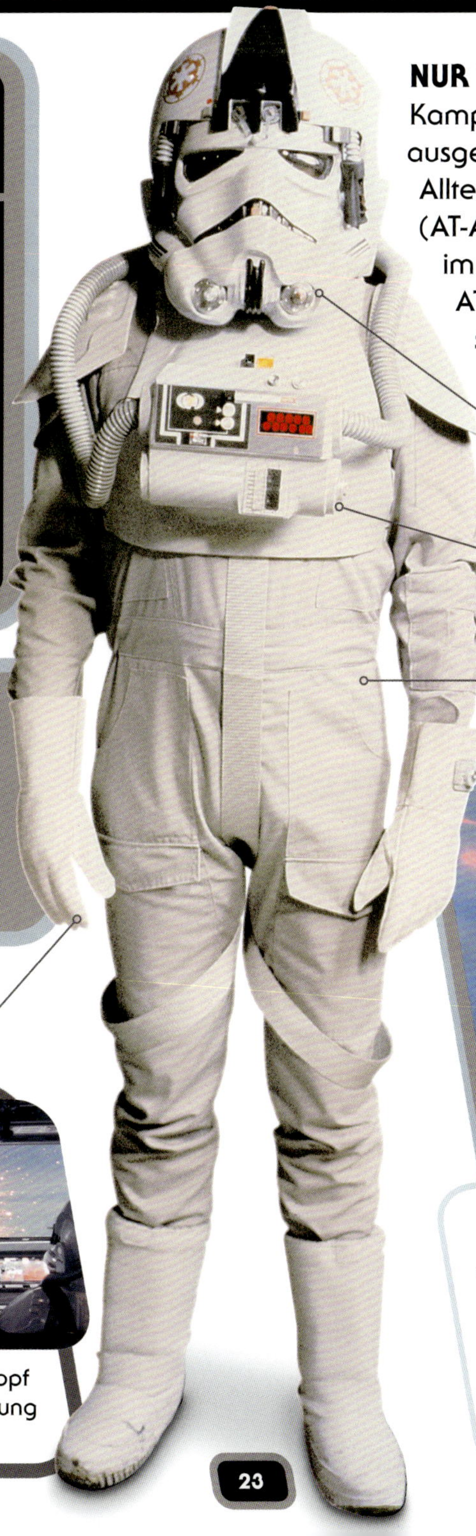

AT-ATs sind nicht klimatisiert, daher tragen die Piloten auf Eisplaneten wie Hoth speziell isolierte Anzüge. Sie schützen ihren Träger auch, falls das Cockpit in feindlicher Umgebung beschädigt wird.

Die Piloten im Cockpit am Kopf des AT-ATs bedienen Steuerung und Geschütze.

Wandelndes Grauen

Die riesigen AT-AT-Kampfläufer marschieren unerbittlich über unebenes Gelände und verbreiten mit ihren mächtigen Laserkanonen beim Feind Angst und Schrecken.

AT-ST-PILOT

IMPERIALE FAHRZEUGFÜHRER

DATEN-BANK

ZUGEHÖRIGKEIT: Imperium
HEIMATWELT: Verschieden
SPEZIES: Mensch
GRÖSSE: Um 1,83 m
STANDARDAUSRÜSTUNG: Blaster, Thermaldetonatoren
AUFTRETEN: V, VI
SIEHE AUCH: AT-AT-Pilot, Chewbacca

Der AT-ST verfügt über zwei mittelschwere Blasterkanonen.

ZWEIBEINIGE AT-STs (Allterrain-Scouttransporter) beharken den Feind in der Schlacht mit ihren Blastern. Die zwei Piloten des Kampfläufers müssen überlegene Fähigkeiten in puncto Balance und Geschick beweisen.

AT-ST-PILOTEN tragen vorne offene Helme, Schutzbrillen und einfache Panzerung unter dem Overall. Auf dem Waldmond Endor werden AT-STs gegen die Rebellen eingesetzt. Viele fallen Überraschungsangriffen der Ewoks zum Opfer.

Zwei Piloten bewegen den AT-ST mit hoher Geschwindigkeit durch unebenes Gelände.

Auf der Jagd

AT-ST-Kampfläufer werden für Aufklärungs- und Jagdmissionen eingesetzt. Allerdings sind sie nicht immun gegen Angriffe, wie Chewbacca zeigt, als er sich durchs Dach seinen Weg ins Innere eines Läufers bahnt.

AURRA SING

GRAUSAME KOPFGELDJÄGERIN

DATEN-BANK

GRUPPE: Kopfgeldjäger
HEIMATWELT: Nar Shaddaa
SPEZIES: Palliduvanerin
GRÖSSE: 1,83 m
AUFTRETEN: I
SIEHE AUCH: Boba Fett, Bossk, Padmé Amidala

AURRA SING ist eine skrupellose Kopfgeldjägerin. Die scheinbar alterslose Unterweltgröße hat mit Zeitgenossen wie Jango Fett und Cad Bane gearbeitet. In den Klonkriegen wurde Sing von Ziro dem Hutt angeheuert, um Padmé Amidala zu ermorden. Gerüchten zufolge starb sie im Duell mit Schmuggler Tobias Beckett.

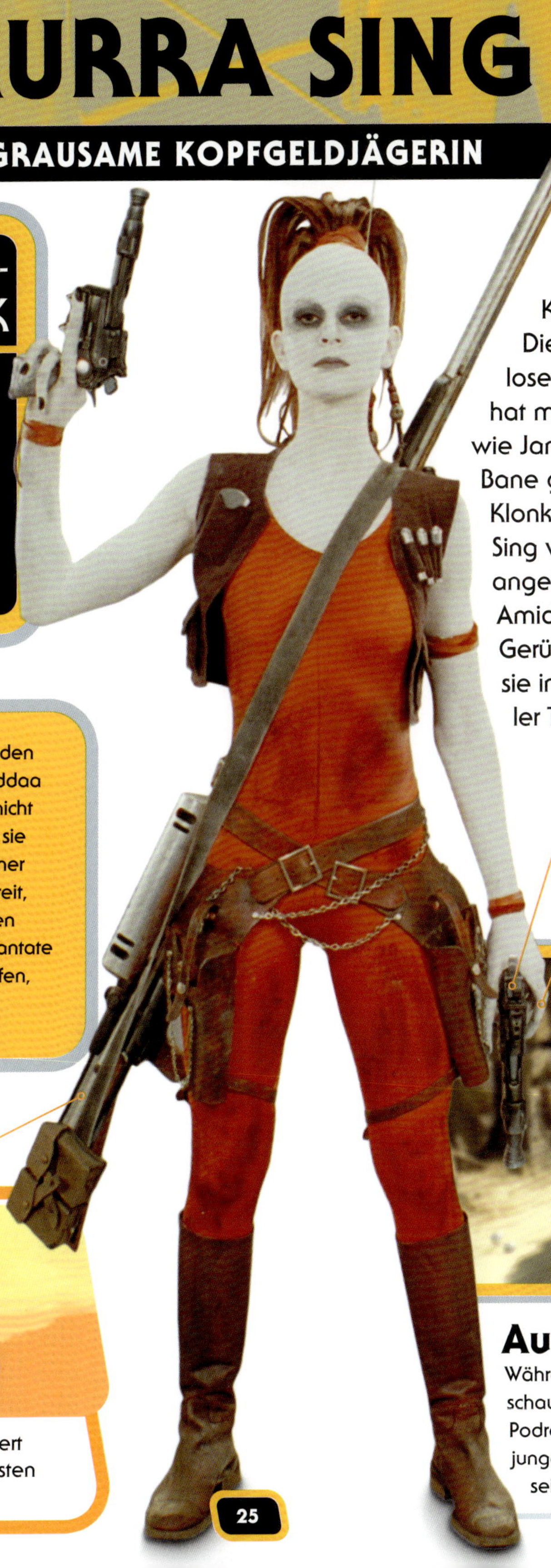

AURRA SING wurde in den schmutzigen Slums von Nar Shaddaa geboren. Ihren Vater kennt sie nicht und ihre Mutter war zu arm, um sie großzuziehen. Sing wurde zu einer kaltblütigen Mörderin und ist bereit, alles zu tun, um ihre Zielpersonen aufzuspüren. Sie hat Sensorimplantate und eine breite Palette von Waffen, darunter Lichtschwerter und ein Scharfschützen-Projektilgewehr.

In den Klonkriegen kümmert sich Aurra um den verwaisten Boba Fett.

Aufgepasst!

Während einer Kopfgeldjagd schaut Aurra Sing bei dem Podrennen zu, das dem jungen Anakin Skywalker seine Freiheit beschert.

AXE WOVES

MANDALORIANISCHER LOYALIST

DATEN-BANK

GRUPPE: Mandalorianer
HEIMATWELT: Mandalore
SPEZIES: Mensch
GRÖSSE: 1,80 m
AUFTRETEN: M
SIEHE AUCH: Bo-Katan Kryze, Koska Reeves

AXE WOVES TUT mit Bo-Katan Kryze und Koska Reeves alles dafür, ihre Heimatwelt Mandalore zurückzuerobern. Er hilft Bo-Katan bei der Suche nach dem Dunkelschwert und verschreibt sich dem Dienst an seinem Volk.

AXE TRÄGT eine blaugraue mandalorianische Rüstung und ist ein starker Krieger. Er ist gut im Kampf Mann gegen Mann und weiß auch diverse Waffen zu nutzen. Woves scherzt zwar, dass Sturmtruppler nichts treffen, aber er unterschätzt seine Feinde nie.

Axe verschafft sich mit einem Datenüberbrücker Zugang zum imperialen Schiff.

Teamarbeit

Axe möchte, dass es auf Mandalore so wird wie vor dem Imperium. Sein Team kapert zusammen mit Din Djarin einen imperialen Frachter und will ihren gemeinsamen Feind besiegen.

BABU FRIK

ILLEGALER DROIDENSCHMIED

DATEN-BANK

ZUGEHÖRIGKEIT: Gewürzschmuggler von Kijimi
HEIMATWELT: Kijimi
SPEZIES: Anzellaner
GRÖSSE: 22 cm
AUFTRETEN: IX
SIEHE AUCH: C-3PO, Poe Dameron, Zorii Bliss

DER TALENTIERTE Droidenschmied Babu Frik kann die meisten Droiden umprogrammieren. Er gehört zu den Gewürzschmugglern von Kijimi. Dass er so klein ist, hilft ihm, den Truppen der Ersten Ordnung zu entgehen.

Babu Frik und Zorii Bliss schließen sich Poe Dameron und der Widerstandsflotte gegen die Streitkräfte der Sith-Ewigen an.

BABU FRIK ist stolz auf seine Arbeit, egal ob ein Job legal ist oder eher nicht. Der Droidenschmied beherrscht halbwegs Basic, benutzt aber so wenige Worte wie möglich, solange er nicht Anzellanisch sprechen kann – wie mit seiner Anführerin Zorii Bliss.

Löschung

Babu Frik muss C-3POs Speicher löschen, um Beschränkungen zu umgehen, die ihn daran hindern, für Rey eine Sith-Inschrift zu übersetzen. Babu versucht, sich stets mit den Droiden anzufreunden, an denen er arbeitet, um sie zu beruhigen.

BAIL ORGANA

VIZEKÖNIG VON ALDERAAN

DATEN-BANK

ZUGEHÖRIGKEIT: Republik/Rebellenallianz
HEIMATWELT: Alderaan
SPEZIES: Mensch
GRÖSSE: 1,91 m
AUFTRETEN: II, III, RO
SIEHE AUCH: Mon Mothma, Prinzessin Leia

Bail und seine Frau Breha adoptieren Leia nach Padmés Tod.

BAIL ORGANA ist der Senator von Alderaan. Er verfolgt entsetzt, wie die Galaktische Republik unter Palpatine zur Diktatur verkommt. Zusammen mit Mon Mothma gehört er zu den Begründern der Rebellion gegen Imperator Palpatine.

ORGANA bleibt bis zum Ende loyal gegenüber Republik und Jedi-Orden. Zu Zeiten des Imperiums ist es Bail, der auf die Bedrohung durch den Todesstern reagiert und seine Adoptivtochter Leia auf geheimer Mission zu Obi-Wan Kenobi schickt, um ihn für die Allianz zu gewinnen.

Nach der Order 66 hilft Bail den Überlebenden, so gut er kann.

Gute Kontakte

Als die Rebellen vom Todesstern erfahren, bittet Mon Mothma Bail um Hilfe. Einer seiner alten Freunde ist ein im Exil lebender Jedi. Bails Tochter Leia könnte ihn ausfindig machen.

BALA-TIK

GUAVIANISCHER FRONTKÄMPFER

DATEN-
BANK

ZUGEHÖRIGKEIT: Guavianische Todesbringer
HEIMATWELT: Unbekannt
SPEZIES: Mensch
GRÖSSE: 1,80 m
AUFTRETEN: VII
SIEHE AUCH: Guavianischer Soldat, Han Solo, Kanjiklub-Bande, Tasu Leech

BALA-TIK ARBEITET FÜR die Guavianischen Todesbringer. Er musste sich schon viele Ausreden von Han Solo anhören und macht sich mit einem Trupp Soldaten auf den Weg, um Hans Schulden endlich einzutreiben.

Die Guavianer verfügen über Technologie vom Schwarzmarkt, wie zum Beispiel Prototypen von Perkussionskanonen.

Jagd auf Solo

Bala-Tiks Bosse haben ihm befohlen, an Solo ein Exempel zu statuieren. Er geht ein Bündnis mit der Kanjiklub-Bande ein, der Han ebenfalls Zehntausende Credits schuldet. Als sie ihn aufspüren, entdeckt Bala-Tik einen Droiden in Solos Besitz, nach dem die Erste Ordnung sucht. Er wittert eine Gelegenheit für schnellen Profit!

DIE VOLLSTRECKER

der Guavianer sind gesichtslose und stumme kybernetische Soldaten, die das Verhandeln bei Konfrontationen Bala-Tik überlassen. Früher hat Bala-Tik Solo meist davonkommen lassen, weil der Corellianer eine gute Quelle für profitable Informationen ist.

BARRISS OFFEE

MIRIALANISCHE JEDI UND VERRÄTERIN

DIE JEDI BARRISS OFFEE ist umsichtig, mutig und fleißig. Sie ist ihrer Meisterin Luminara Unduli eine treue Padawanschülerin, die sich strikt an den Jedi-Kodex hält, bis die Klonkriege ihre Ansichten verändern.

DATENBANK

ZUGEHÖRIGKEIT: Jedi
HEIMATWELT: Mirial
SPEZIES: Mirialanerin
GRÖSSE: 1,66 m
AUFTRETEN: II
SIEHE AUCH: Ahsoka Tano, Luminara Unduli, Shaak Ti

BARRISS OFFEE hält die Rolle der Jedi in den Klonkriegen mit der Zeit für Verrat an den Idealen des Ordens. Sie richtet sich gegen die eigenen Leute, lässt einen Anschlag auf den Jedi-Tempel verüben und macht mit Ahsoka Tano einen anderen Padawan dafür verantwortlich. Am Ende fliegt sie auf und wird verhaftet.

Offee kämpfte wie viele andere Jedi in der Schlacht von Geonosis.

Machtvolles Team

Offee ist auf den Kampf als Duo spezialisiert und setzt die Macht ein, um ihre Aktionen synchron mit denen ihrer Partnerin Unduli auszuführen. Gemeinsam sind sie wesentlich stärker als jede für sich allein.

KAMPFDROIDE

MECHANISCHE DROIDENSOLDATEN

DATEN-BANK

ZUGEHÖRIGKEIT: Separatisten

TYP: B1-Kampfdroide

HERSTELLER: Baktoid Rüstungswerke

GRÖSSE: 1,91 m

AUFTRETEN: I, II, III

SIEHE AUCH: Superkampf-droide

Erstmals kommen Kampfdroiden gegen das friedliche Volk von Naboo zum Einsatz.

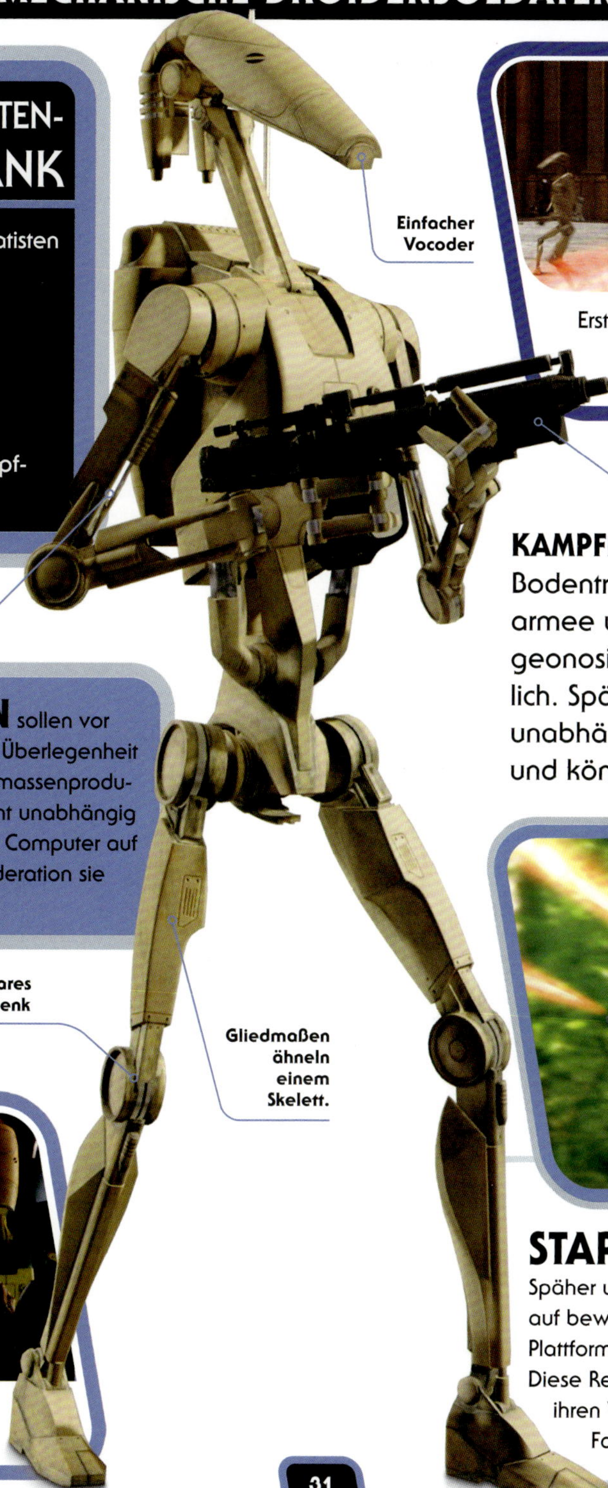

KAMPFDROIDEN sind die Bodentruppen der Separatisten-armee und vom Aussehen ihren geonosianischen Schöpfern ähnlich. Spätere B1-Droiden sind zu unabhängigem Denken fähig und können Emotionen zeigen.

KAMPFDROIDEN sollen vor allem durch zahlenmäßige Überlegenheit siegen. Frühe Modelle der massenproduzierten Droiden können nicht unabhängig denken. Daher versorgt ein Computer auf einem Schiff der Handelsföderation sie mit Befehlen.

STAPs

Späher und Scharfschützen schwirren auf bewaffneten Solo-Truppen-Aero-Plattformen (STAPs) durch die Luft. Diese Repulsorliftvehikel bahnen sich ihren Weg sogar durch für größere Fahrzeuge unwegsame Wälder.

Droidenpiloten steuern die Schiffe der Separatisten.

BAZE MALBUS

REBELLISCHER RENEGAT

DATENBANK

ZUGEHÖRIGKEIT: Wächter der Whills (ehemals)
HEIMATWELT: Jedha
SPEZIES: Mensch
GRÖSSE: 1,80 m
AUFTRETEN: RO
SIEHE AUCH: Bodhi Rook, Cassian Andor, Chirrut Îmwe, Jyn Erso, K-2SO

DER VOM KAMPF gezeichnete Krieger Baze ist in Jedhas düsterer Unterwelt aktiv. Er interessiert sich nicht für Politik, bis das Imperium ihm selbst schadet. Auf Vergeltung sinnend, schließt er sich dem Rogue-One-Team an.

Baze und Chirrut Îmwe haben andere Ansichten, aber verstehen sich gut.

BAZE war einst ein Wächter der Whills, ließ seine spirituelle Seite aber vor langer Zeit hinter sich. Nun glaubt er an Feuerkraft und setzt auf schwere Geschütze. Jeder Raketenwerfer wäre ihm lieber als ein traditioneller Lichtbogen.

Feuerkraft

Baze schießt sich mit seiner illegal umgebauten Repetierkanone auf Scarif den Weg frei. Er stellt sich selbst den imperialen Sturm- und Küstentruppen entgegen, damit Jyn Erso und Cassian Andor die Pläne des Todessterns aus dem Archivturm stehlen können.

BAZINE NETAL

UNAUFFÄLLIGE SPIONIN

DATEN-BANK

ZUGEHÖRIGKEIT: Unabhängig
HEIMATWELT: Chaaktil
SPEZIES: Mensch
GRÖSSE: 1,70 m
AUFTRETEN: VII
SIEHE AUCH: Grummgar, Kanjiklub-Bande, Maz Kanata

BAZINE NETAL ist so anziehend wie gefährlich. Die Meisterin der Spionage und des Ränkespiels lauert in den Schatten von Maz Kanatas Schloss. Mit Tricks und Täuschungen entlockt sie den Unwissenden und Ungewillten ihre Geheimnisse.

Von ihrem Platz an der Seite des Großwildjägers und Stammgasts Grummgar aus hat Bazine den perfekten Überblick über alles, was im Schloss vor sich geht.

DIE GRUNDLAGEN der Selbstverteidigung verdankt Bazine ihrem Leben in den gefährlichen Straßen von Chaako-Stadt, dem größten urbanen Zentrum auf Chaaktil. Sie lernte von Delphi Kloda, einem früheren Kanjiklub-Piraten, der für sie eine Vaterfigur war. Dank ihm ist Bazine eine Expertin im waffenlosen Kampf.

Fast unsichtbar

Bazine verlässt sich zwar lieber auf ihr Können als auf Technik, ist aber trotzdem hervorragend ausgerüstet. In ihr komplex gemustertes Kleid ist Wirrgewebe eingearbeitet, ein elektronisch durchwirkter Stoff, der Sensoren stört. So ist sie für Scanner nicht aufzuspüren.

BB-8

POE DAMERONS ASTROMECHDROIDE

DATEN-BANK

ZUGEHÖRIGKEIT: Widerstand
TYP: Astromechdroide
HERSTELLER: Industrie-Automaton
GRÖSSE: 67 cm
AUFTRETEN: VII, VIII, IX
SIEHE AUCH: Finn, Poe Dameron, R2-D2, Rey

DER TREUE ASTROMECH BB-8 scheut keine Gefahr und begleitet Poe oft auf riskante Missionen. Als der Teil einer Karte in ihm steckt, die zu Luke Skywalker führen mag, wird er zum Ziel einer intensiven Suche der Ersten Ordnung.

BB-8s KORPUS

ist kugelförmig gebaut und so konstruiert, dass der Astromech in den Droidensockel eines X-Flügel-Sternenjägers passt. Dort kontrolliert er alle wichtigen Systeme des Schiffs, repariert Schäden und berechnet Kurse für den Flug durchs All.

BB-8 kommuniziert mit Piep- und Summtönen und kann Hologramme zeigen.

Kugeldroide

BB-8 wird durch ein komplexes Antriebssystem und Funktelemetrie bewegt, sodass sein Korpus vorwärtsrollen kann, während sein Kopf oben stillsteht. Benötigt er mehr Stabilität, wirft BB-8 Kabel aus, die ihn entweder am Standort verankern oder mit denen er sich an sein Ziel ziehen kann.

BEAUMONT KIN

NACHRICHTENOFFIZIER DES WIDERSTANDS

DATEN-BANK

ZUGEHÖRIGKEIT: Widerstand
HEIMATWELT: Lerct
SPEZIES: Mensch
GRÖSSE: 1,70 m
AUFTRETEN: IX
SIEHE AUCH: Chewbacca, Kaydel Connix, Larma D'Acy, Rose Tico

BEAUMONT KIN IST Captain des Geheimdienstes, aber seine Leidenschaft ist das Studium der Geschichte von Jedi und Sith. Mit breitem Wissen und hohen Sprachkenntnissen hilft er Rey und den anderen im Widerstand bei ihrem Kampf gegen die Erste Ordnung.

NACH DER Vernichtung des Hosnian-Systems stellt Kin seine Ambitionen als Professor hintan, um dem Widerstand beizutreten. Schnell vermutet er, dass Palpatines Rückkehr etwas mit dunkler Wissenschaft oder Klonen zu tun hat.

Sprachgenie

Kin beherrscht neun Sprachen, darunter vier antike. Er spricht Shyriiwook, als er Chewbacca hilft, Wookiees auf Kashyyyk zu befreien, und hilft später Rey, alte Jedi-Texte mit Anmerkungen von Luke Skywalker zu übersetzen, die sie von Ahch-To gerettet hat.

Kin, Rose Tico und Kaydel Connix stellen sich auf dem Rumpf des Sternenzerstörers *Steadfast* Sith-Truppen.

BEN SOLO

DYADE IN DER MACHT MIT REY

DATENBANK

ZUGEHÖRIGKEIT: Jedi, Machtdyade
HEIMATWELT: Chandrila
SPEZIES: Mensch
GRÖSSE: 1,89 m
AUFTRETEN: VII, VIII, IX
SIEHE AUCH: Han Solo, Oberster Anführer Snoke, Palpatine, Prinzessin Leia, Rey

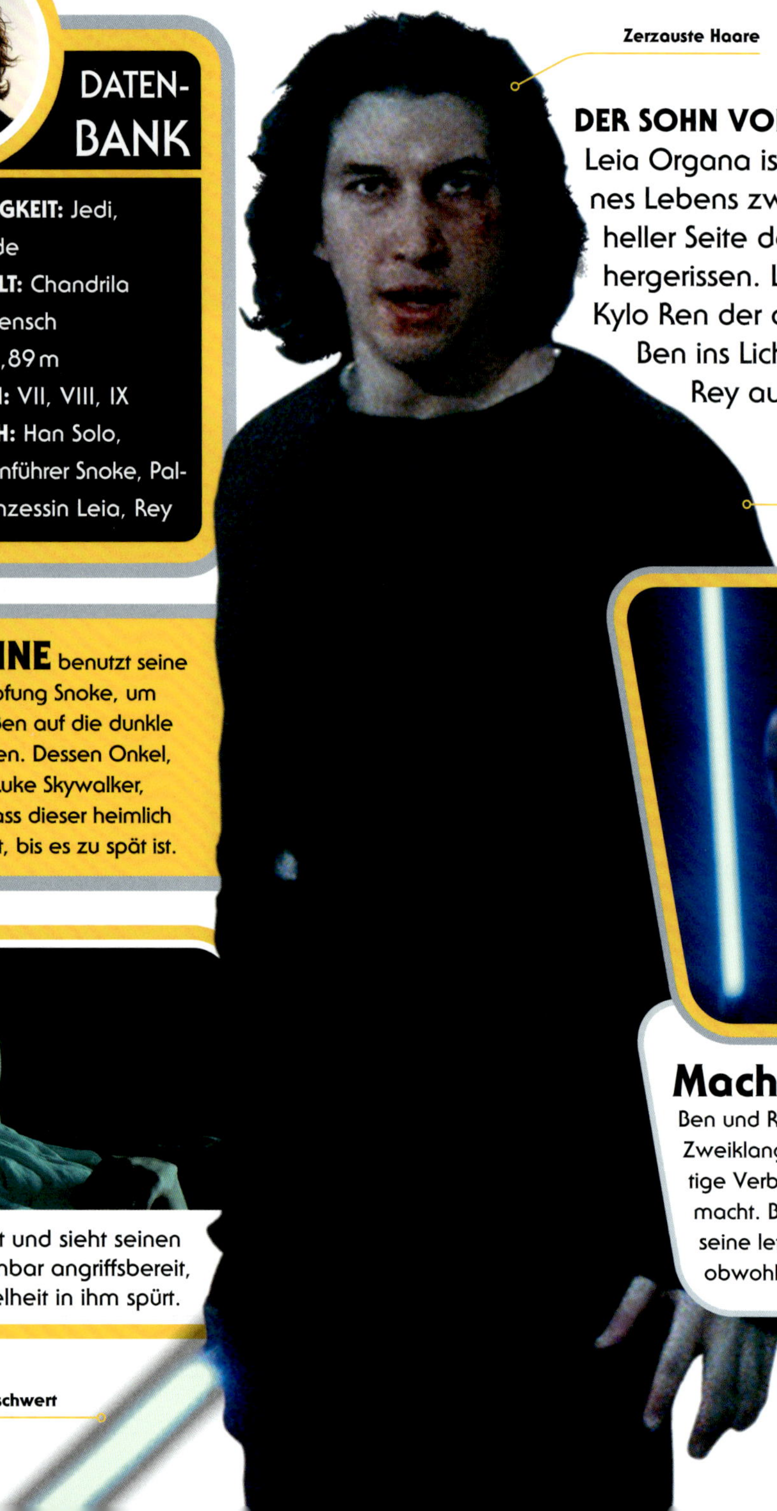

DER SOHN VON HAN SOLO und Leia Organa ist den Großteil seines Lebens zwischen dunkler und heller Seite der Macht hin- und hergerissen. Lange dient er als Kylo Ren der dunklen Seite, ehe Ben ins Licht zurückkehrt und Rey auf Exegol beisteht.

PALPATINE benutzt seine finstere Schöpfung Snoke, um den jungen Ben auf die dunkle Seite zu ziehen. Dessen Onkel, Jedi-Meister Luke Skywalker, ahnt nicht, dass dieser heimlich mit Ben redet, bis es zu spät ist.

Ben erwacht und sieht seinen Onkel scheinbar angriffsbereit, da er Dunkelheit in ihm spürt.

Machtdyade

Ben und Rey bilden einen seltenen Zweiklang in der Macht – eine einzigartige Verbindung, die sie vereint stärker macht. Ben rettet Rey, indem er ihr seine letzte Lebensenergie überträgt, obwohl dies sein Ende bedeutet.

BERU LARS

LUKE SKYWALKERS ZIEHMUTTER

DATEN-BANK

ZUGEHÖRIGKEIT: Keine
HEIMATWELT: Tatooine
SPEZIES: Mensch
GRÖSSE: 1,65 m
AUFTRETEN: II, III, IV
SIEHE AUCH: Luke Skywalker, Owen Lars

Einfache Haartracht

Wüstentunika

Grobe, in Anchorhead angefertigte Kleidung

Wüstenstiefel

BERU LARS ist Feuchtfarmerin in dritter Generation. Am Ende der Klonkriege bittet Obi-Wan Kenobi sie und ihren Mann Owen, Luke Skywalker großzuziehen, während er selbst sich in der Nähe niederlässt, um über den Jungen zu wachen.

Beru lernt Anakin Skywalker kennen, als dieser der Entführung seiner Mutter nachgeht.

BERU LARS arbeitet hart und ist unabhängig. Sie kommt mit den meisten Gefahren gut zurecht, die die Wüste von Tatooine birgt. Allerdings kann nichts sie auf die imperialen Sturmtruppen vorbereiten, die auf der Suche nach zwei mit gestohlenen Todessternplänen entflohenen Droiden vorbeikommen.

Beschützerin

Als Luke heranwächst, hat Beru Verständnis dafür, dass er sein Zuhause verlassen und auf die Imperiale Akademie gehen will. Doch sie kennt die Wahrheit über Lukes Vater und respektiert Owens Wunsch, ihn davor zu bewahren, in Anakins Fußstapfen zu treten.

BIB FORTUNA

KRIMINELLES OBERHAUPT

DATEN-BANK

ZUGEHÖRIGKEIT: Kriminelle Unterwelt
HEIMATWELT: Ryloth
SPEZIES: Twi'lek
GRÖSSE: 2 m
AUFTRETEN: I, VI, M
SIEHE AUCH: Jabba der Hutt

DER FINSTERE BIB FORTUNA überwacht die alltäglichen Angelegenheiten in Jabbas Palast und dessen Anwesen in Mos Eisley. Zuvor war Bib ein reicher Sklavenhändler, der sogar Angehörige seines eigenen Volkes verkaufte.

Fortuna ist stets in Jabbas Nähe und gibt ihm Ratschläge. Insgeheim plant er, ihn zu töten!

Ausgetrickst

Nach Jabbas Tod hat Bib Fortuna bei der kriminellen Gruppe des Hutts auf Tatooine das Sagen. Ein ungesundes Leben führend und seiner Genusssucht frönend, ist er überrascht, dass Boba Fett noch lebt und ihn aufsucht.

BIB FORTUNA ist ein einflussreiches und gefürchtetes Individuum in Jabbas Gefolge. Ganz gleich, ob Freund oder Feind, Fortuna schmiedet heimlich Ränke gegen jeden, um seine Position innerhalb der Verbrecherorganisation zu wahren.

BISTAN

U-FLÜGLER-BORDSCHÜTZE

DATEN-
BANK

ZUGEHÖRIGKEIT: Rebellen
HEIMATWELT: Iakar
SPEZIES: Iakaru
GRÖSSE: 1,73 m
AUFTRETEN: RO
SIEHE AUCH: Pao

BISTAN IST CORPORAL der Spezialeinheiten der Allianz. In der Schlacht von Scarif fliegt er mit der Blauen Staffel und bemannt den Ionenblaster an der Tür. Bistan ist ein harter Kämpfer, aber als Kamerad kann man mit ihm viel Spaß haben.

DIE IAKARU sind für ein Leben in Bäumen angepasst, daher kann Bistan am Rand eines U-Flüglers gut das Gleichgewicht halten. Durch das Leben unter dem Blätterdach sind auch seine Sehschärfe, Tiefenwahrnehmung und Reflexe bestens.

Gemeinsam stark

Bistan floh, als das Imperium über Iakar herfiel. Die Regenwälder des Planeten sind reich an Heilpflanzen und werden nun von Pharmafirmen ausgebeutet. Die beste Chance, für seine Welt zu kämpfen, hat Bistan mit der Rebellenallianz.

Auf Iakar kämpfte Bistan mit Steinen und Speeren, aber mit Feuereifer nutzt er auch moderne Waffen.

BO-KATAN KRYZE

THRONERBIN UND KRIEGERIN

DATEN-BANK

GRUPPE: Mandalorianer
HEIMATWELT: Mandalore
SPEZIES: Mensch
GRÖSSE: 1,80 m
AUFTRETEN: M
SIEHE AUCH: Axe Woves, Koska Reeves, Mandalorianer

Moff Gideon scheint erfreut, wie es Bo-Katans Pläne durchkreuzt, dass Mando das Dunkelschwert besitzt.

BO-KATAN KRYZE war bis zum Aufstieg des Imperiums Mandalores rechtmäßige Anführerin. Sie sucht die Galaxis nach Moff Gideon ab, um das legendäre Dunkelschwert wieder in ihren Besitz zu bringen und damit abermals die Anführerin Mandalores werden zu können.

IN DEN Klonkriegen gerät Bo-Katan mit ihrer pazifistischen Schwester aneinander, Herzogin Satine Kryze, die auf Mandalore regiert. Als Ex-Sith-Lord Maul sie tötet, konzentriert Bo-Katan sich darauf, es mit dem Imperium aufzunehmen und ihrem Volk eine neue Zukunft zu sichern.

Kriegerehre

Bo-Katan schließt sich der Mission des Mandalorianers an, Grogu von Moff Gideon zu befreien, und hofft, dabei das Dunkelschwert wieder an sich zu bringen. Nach heroischem Kampf nimmt Din Djarin dem Moff das Schwert ab und will es Bo-Katan überlassen, die aber ablehnt, weil sie es nicht selbst im Kampf errungen hat.

BOBA FETT

BESTER KOPFGELDJÄGER DER GALAXIS

DATEN-BANK

GRUPPE: Kopfgeldjäger
HEIMATWELT: Kamino
SPEZIES: Mensch (Klon)
GRÖSSE: 1,83 m
AUFTRETEN: II, IV, V, VI, M
SIEHE AUCH: Darth Vader, Han Solo, Jabba der Hutt, Jango Fett, Mandalorianer

DER LEGENDÄRE Kopfgeldjäger Boba Fett ist kühl, berechnend und einer der gefährlichsten Killer der Galaxis. Er hat einen eigenen Ehrenkodex und akzeptiert nur Aufträge, die in seinem Sinne sind. Boba Fetts Gegner überleben nur selten eine Begegnung mit ihm.

BOBA FETTS Talent und Können – und seine exotischen Waffen – haben ihm viele fast unmöglich zu ergatternde Kopfgelder eingebracht. Er ist dafür berüchtigt, mit Zielpersonen kurzen Prozess zu machen.

Nach der Schlacht von Hoth wird Boba Fett angeheuert, um den *Millennium Falken* aufzuspüren. Dies führt ihn in die Wolkenstadt in der oberen Atmosphäre des Gasriesen Bespin.

Auf der Jagd

Boba Fett sucht jahrelang nach seiner verschollenen Rüstung, die einst seinem Vater Jango Fett gehörte und mutmaßlich im Magen eines Sarlacc auf Tatooine verloren ist. Als er den Mandalorianer mit ihr sieht, ist er fest entschlossen, sein Familienerbstück wiederzuerlangen.

In Vaders Auftrag nimmt Fett Han Solo gefangen und lädt ihn in Karbonit eingefroren in sein Schiff.

BOBBAJO

HÄNDLER UND GESCHICHTENERZÄHLER

DATEN-BANK

ZUGEHÖRIGKEIT: Keine
HEIMATWELT: Jakku
SPEZIES: Nu-Cosianer
GRÖSSE: 1,14 m
AUFTRETEN: VII
SIEHE AUCH: Rey, Teedo, Unkar Plutt

BOBBAJO SCHLEPPT seine seltenen Tiere auf Marktplätze und Handelsposten. Meist wird er nur »Viehhändler« genannt, ist aber auch als »Geschichtenerzähler« bekannt, da er gern lang und breit wilde Märchen zum Besten gibt.

DER ALTE NU-COSIANER

ist stets gelassen und hat mit seiner sanftmütigen Art eine beruhigende Wirkung auf die kleinen Kreaturen in seinem Käfig. Seine Freundlichkeit zieht viele Zuhörer an, wenn er seine wundersamen Geschichten erzählt.

Alter Hase

Bobbajo ist seit Jahrzehnten ein fester Bestandteil von Jakku und dessen Nachbarwelten. Um immer exotische Ware im Angebot zu haben, wagt er sich in unwirtliches Terrain und schreckt selbst vor den bröckelnden Hängen des Karbonkamms nicht zurück. Er schlurft seelenruhig durch die tückische Landschaft und ignoriert die Gefahren um ihn herum.

BODHI ROOK

IMPERIALER DESERTEUR

DATENBANK

ZUGEHÖRIGKEIT: Imperium/ Rebellenallianz, Rogue One
HEIMATWELT: Jedha
SPEZIES: Mensch
GRÖSSE: 1,72 m
AUFTRETEN: RO
SIEHE AUCH: Galen Erso, Jyn Erso, Saw Gerrera

BODHI ROOK ist ein normaler Pilot, der für das Imperium Fracht befördert. Eines Tages erhält er eine Nachricht, die in der Galaxis alles verändern kann. So wird er zum Deserteur – und zum Helden der Rebellion.

WENN BODHI gerade keine Kyberkristalle von Jedha zur imperialen Forschungsanlage auf Eadu beförderte, wettete er auf Odupiendorennen. Diese schnellen Laufvögel zu beobachten, verlieh ihm ein gutes Auge für Tempo und Taktik.

Bodhi bringt das Rogue-One-Team durch den Schildzugang auf Scarif – und verleiht Team und Schiff zuvor sogar den Namen.

Mutiger Bote

Galen Ersos Nachricht zu den Rebellen zu bringen, ist nicht einfach. Saw Gerrera zu finden, ohne getötet zu werden, ist für Bodhi schwer genug, aber ihn von der Wahrheit zu überzeugen, unmöglich. Der misstrauische Gerrera verhört ihn mit der Hilfe von Bor Gullet, einem furchtbaren Mairaner, und sperrt ihn ein. Bodhi erweist sich als tapferer, als er dachte.

BOOLIO

SPION DES WIDERSTANDS

DATEN-
BANK

ZUGEHÖRIGKEIT: Widerstand
HEIMATWELT: Sinta IV
SPEZIES: Ovissianer
GRÖSSE: 1,78 m
AUFTRETEN: IX
SIEHE AUCH: Finn, Kylo Ren

BOOLIO ARBEITET als Minenaufseher in der Sinta-Gletscherkolonie. Er leitet Daten an den Widerstand weiter, die zeigen, dass es in der Ersten Ordnung einen Spion gibt.

Nachdem er dem Widerstand geholfen hat, wird Boolio von der Ersten Ordnung verhaftet und zu Kylo Ren gebracht.

BOOLIO SETZT auf Humor und eine positive Einstellung, um seine Arbeiter auf dem Gletscher, den sie ihr Zuhause nennen, bei Laune zu halten. Trotz der Gefahr, erwischt zu werden, versucht er immer wieder, dem Widerstand Ressourcen und Informationen zukommen zu lassen.

Riskante Arbeit

Boolio will für seine Arbeit für den Widerstand nicht bezahlt werden, da er General Organa und ihren Kampf gegen die Erste Ordnung sehr schätzt. Er besteht darauf, Informationen persönlich zu übergeben, obschon es in der Sinta-Kolonie immer öfter Patrouillen gibt.

BOSS NASS

ANFÜHRER DER GUNGANS

DATEN-BANK

ZUGEHÖRIGKEIT: Rep-Rat und Große Armee der Gungans
HEIMATWELT: Naboo
SPEZIES: Gungan
GRÖSSE: 2,06 m
AUFTRETEN: I, III
SIEHE AUCH: Jar Jar Binks, Padmé Amidala

Der Rep-Rat der Gungans hat die Macht, die Große Armee einzuberufen.

BOSS NASS sitzt im Rep-Rat der Gungans. Er ist ein gerechter, aber dickköpfiger Herrscher. Den Naboo nimmt er übel, dass sie die Gungans für primitiv halten, weil sie bei Handwerk und Technik auf alte Traditionen setzen.

BOSS NASS ist der strenge, altmodische Herrscher von Otoh Gunga, der größten Unterwasserstadt der Gungans auf Naboo. Er spricht Galaktisches Basic (die Standardsprache in der Galaxis) mit starkem Akzent.

Für seine Hilfe bei der Blockade von Naboo hebt Nass Jar Jars Verbannung von Otoh Gunga auf.

Teamarbeit

Als Naboo vor der Invasion steht, stellt Boss Nass seine Vorurteile gegen die Naboo hintenan. Er empfängt Königin Amidala, die ihn demütig um Hilfe bittet, und erkennt, dass sein Volk mit den Naboo zusammenarbeiten oder untergehen muss. So wird zwischen beiden eine neue Freundschaft geschmiedet.

BOSSK

TRANDOSHANISCHER KOPFGELDJÄGER

DATEN-BANK

GRUPPE: Kopfgeldjäger
HEIMATWELT: Trandosha
SPEZIES: Trandoshaner
GRÖSSE: 1,90 m
AUFTRETEN: V, VI
SIEHE AUCH: Aurra Sing, Boba Fett, Darth Vader

DER ZÄHE BOSSK ist ein reptilienartiger Kopfgeldjäger. Er fliegt ein Schiff namens *Reißzahn*, spürt für den richtigen Preis Flüchtige auf und ist unglaublich erfolgreich darin, diese zu ergreifen.

BOSSK begann seine Laufbahn als Kopfgeldjäger, wie nur wenig andere es sich trauen: mit der Jagd auf Wookiees. Inzwischen jagt er auch andere Spezies. In den Klonkriegen tut sich Bossk mit Aurra Sing, dem jungen Boba Fett und dem Klatooinianer Castas zusammen.

Bossk und andere Kopfgeldjäger suchen oft Jabba auf, um neue Aufträge zu bekommen.

Zäher Trandoshaner

Versessen darauf, seine Beute möglichst zu häuten, ist Bossk so niederträchtig, wie man nur sein kann. Er ist einer von sechs Kopfgeldjägern, die Darth Vader anheuert, um den *Millennium Falken* aufzuspüren.

BOUSHH

GETARNTE PRINZESSIN LEIA

DATEN-BANK

GRUPPE: Kopfgeldjäger
HEIMATWELT: Uba IV
SPEZIES: Ubese
GRÖSSE: 1,50 m
AUFTRETEN: VI
SIEHE AUCH: Jabba, Prinzessin Leia

Als Boushh verkleidet, gelingt es Leia, Han Solo aus dem Karbonit zu befreien.

BOUSHH kämpft auf Ord Mantell gegen Leia, wo diese nach Hilfe sucht, um Han Solo aus dem Karbonit zu befreien. Maz Kanata hilft Leia, Boushh zu besiegen, damit diese bei Jabba seine Ausrüstung zur Tarnung benutzen kann.

IN DER GALAXIS verdingen sich viele bizarre Gestalten als Kopfgeldjäger (oder tun zumindest so). Prinzessin Leia gibt sich als ubesischer Jäger Boushh aus, um in Jabbas Palast zu gelangen. Dieser zweifelt jedoch an ihrer Identität.

Jabbas Verdacht bestätigt sich, als er Leia ohne Maske mit Han erwischt.

Boushhs Forderung

In Jabbas Palast gibt Chewbacca vor, Boushhs Gefangener zu sein, und Boushh verlangt einen hohen Preis für den Wookiee. Als Jabba weniger zahlen will, zückt Boushh einen Thermaldetonator.

BURG

DEVARONIANISCHER SÖLDNER

DATEN-BANK

ZUGEHÖRIGKEIT: Ranzar Malks Crew
HEIMATWELT: Devaron
SPEZIES: Devaronianer
GRÖSSE: 1,90 m
AUFTRETEN: M
SIEHE AUCH: Migs Mayfeld, Q9-0, Ranzar Malk, Xi'an

DER BARSCHE BURG gehört zu Ranzar Malks krimineller Bande. Burg ist »der Mann fürs Grobe« – was er nur zu gern bei Missionen unter Beweis stellt. Von Din Djarin, dem Mandalorianer, ist er wenig beeindruckt und fragt sich, wieso er ihre Crew verstärken soll.

Blasterpistole

Zwei Lederhalfter für Blaster

Geteilter Mantel für Bewegungsfreiheit

Zweilagige Stiefel

PASSEND ZU seiner aggressiven Art äußert sich Burg vor allem in Form von Grunz- und Knurrlauten. Wie alle männlichen Devaronianer krönen Burgs Kopf zwei einschüchternde Hörner. Mit ihrem Aussehen und Temperament bringen sie alles mit, was es für ein Leben als Verbrecher braucht.

Muskelpaket

Burg ist selbst für einen Devaronianer enorm stark, aber er geht nicht gerade taktisch vor. Stößt er auf einen neuen Gegner, will er zuerst auf ihn losgehen oder ihn wegpusten – selbst wenn alle anderen Deckung suchen. Er hat auch einen schwarzen Humor und macht jene, die unter seiner Würde sind, oft nieder.

Burg traut Xi'an nicht, achtet aber ihre Kampfkunst mit dem Messer und ihre Kaltblütigkeit.

C-3PO

GOLDENER PROTOKOLLDROIDE

DATENBANK

ZUGEHÖRIGKEIT: Republik/ Rebellenallianz/Widerstand
TYP: Protokolldroide
HERSTELLER: Cybot Galactica
GRÖSSE: 1,77 m
AUFTRETEN: I, II, III, RO, IV, V, VI, VII, VIII, IX
SIEHE AUCH: Anakin Skywalker, Luke Skywalker, R2-D2

C-3PO IST PROGRAMMIERT, in allen Belangen der Etikette und Übersetzung zu assistieren. In einer Welt voller Abenteuer ist er zwar häufig überwältigt, doch mit dem findigen R2-D2 tut er sich zum perfekten Team zusammen.

Nach einem Eingriff auf Kijimi erwacht C-3PO mit roten Augen.

Goldener Gott

Trotz seiner Furcht vor Aufregung führt C-3PO ein abenteuerliches Dasein, bei dem er oft Gliedmaßen oder Schaltkreise verliert (obgleich er sich schnell reparieren lässt). Auf Endor verehren ihn die Ewoks als »goldenen Gott«, weshalb sie den Rebellen helfen und eine wichtige Rolle beim Sieg über das Imperium spielen.

C-3PO arbeitet anfangs für Anakin Skywalker und dessen Mutter Shmi. Dann schenkt dieser ihn Senatorin Amidala zur Hochzeit. Nach ihrem Tod fällt C-3PO in den Besitz von Bail Organa, bis Darth Vader die *Tantive IV* kapert. C-3PO entkommt nach Tatooine und wird an Luke Skywalker verkauft.

C'AI THRENALLI

WAGEMUTIGER PILOT

DATEN-
BANK

ZUGEHÖRIGKEIT: Widerstand
HEIMATWELT: Abednedo
SPEZIES: Abednedo
GRÖSSE: 1,88 m
AUFTRETEN: VII, VIII, IX
SIEHE AUCH: Lieutenant Connix, Poe Dameron

Herunterhängende Mundtentakel

Signal-geschosse

Dreizehige Füße

C'AI THRENALLI ist Poe Damerons Flügelmann im Sternenjägerkorps des Widerstands. Im Cockpit eines X-Flüglers fühlt er sich ebenso wohl wie hinter dem Steuer eines einfachen Luftgleiters.

C'ai Threnalli ist ein Abednedo wie Ello Asty, einer der Piloten, die bei der Zerstörung des Starkillers halfen.

Überlebender

C'ai ist Poe Dameron gegenüber loyal und steht ihm beim Aufstand gegen Vize-admiral Holdo bei. Am Ende aber überlebt er die Evakuierung D'Qars dank Holdos Plan und ihrem Opfer. Er gehört auch zu den wenigen, die darüber hinaus die Schlacht von Crait überstehen.

VIELE ABEDNEDO leben problemlos überall in der Galaxis. Dank ihrer Geselligkeit, Intelligenz und Neugier fügen sie sich gut unter anderen Spezies ein. In seinem orangefarbenen Fliegeranzug fällt C'ai kaum neben anderen Piloten auf, nur sein Helm ist speziell geformt.

POLIZIST (CANTO BIGHT)

KORRUPTE GESETZESHÜTER

DATENBANK

ZUGEHÖRIGKEIT: Polizeidezernat Canto Bight
HEIMATWELT: Verschieden
SPEZIES: Mensch
GRÖSSE: Um 1,83 m
STANDARDAUSRÜSTUNG: K-25-Blaster, Elektroschocker
AUFTRETEN: VIII
SIEHE AUCH: Finn, Rose Tico

DAS POLIZEIDEZERNAT Canto Bight sorgt in der Casinostadt auf Cantonica für Ordnung. Der äußere Eindruck ist den Polizisten allerdings wichtiger als ärmere Bürger. Reiche Besucher haben Priorität: Solang sie sich sicher fühlen, lassen sie auch ihr Geld dort.

DIE UNIFORMEN vermitteln Besuchern ein Gefühl von Sicherheit und bieten alles, um schnell und diskret gegen Unruhestifter vorzugehen. Die Polizei will nicht, dass der Ruf der Stadt durch unschöne Szenen Schaden nimmt.

Missetaten

Wer im öffentlichen Raum von Canto Bight für Unruhe sorgt, wird hart bestraft – so wie Rose Tico und Finn, die am Strand ihr Shuttle parken. Mit ernsteren Straftaten hingegen kann man davonkommen – wenn man reich genug ist, um die Polizei zu bestechen.

Die Polizeizentrale befindet sich auf einem Hügel über Canto Bight, von wo man die Stadt überblicken kann.

CAPTAIN ANTILLES

KAPITÄN DER *TANTIVE IV*

DATEN-BANK

ZUGEHÖRIGKEIT: Republik/ Rebellenallianz
HEIMATWELT: Alderaan
SPEZIES: Mensch
GRÖSSE: 1,88 m
AUFTRETEN: III, RO, IV
SIEHE AUCH: Bail Organa, Prinzessin Leia

CAPTAIN RAYMUS ANTILLES, Kommandant von Bail Organas Flotte von Diplomatenkreuzern, wird zu Zeiten des Imperiums ein Rebell und dient unter dem Kommando von Organas Adoptivtochter Leia als Kapitän der *Tantive IV*.

CAPTAIN ANTILLES ist ein talentierter Pilot. Er unternimmt viele wagemutige Rebellenmissionen und erzielt beachtliche Erfolge beim Durchbrechen imperialer Blockaden.

Die *Tantive IV* gehört der alderaanischen Königsfamilie.

Im Würgegriff

Beim Kampf über Tatooine betritt Darth Vader die *Tantive IV* und fordert von Antilles die gestohlenen Todessternpläne. Als dieser sich weigert, wird er von Vader ermordet.

CAPTAIN ITHANO

DER KARMESINROTE KORSAR

DATEN-BANK

ZUGEHÖRIGKEIT: Keine
HEIMATWELT: Unbekannt
SPEZIES: Delphidianer
GRÖSSE: 1,93 m
AUFTRETEN: VII, IX
SIEHE AUCH: Finn, Maz Kanata

DIE ÄRA DER GESETZLOSIGKEIT nach dem Galaktischen Bürgerkrieg hat Sidon Ithano einen steilen Aufstieg beschert. Er ist unter vielen klangvollen Namen bekannt und um seine Raubzüge ranken sich Legenden.

Piratencrew

Ithano fliegt mit dem einbeinigen Ersten Offizier Quiggold und seiner Crew ein flottes Schiff, die *Meson Martinet*. Finn, der nach seiner Flucht von der Ersten Ordnung ein neues Leben beginnen will, heuert fast in Maz' Schloss bei der Mannschaft an.

Der polierte Kriegshelm der Kaleesh verbirgt Ithanos delphidianisches Aussehen.

CAPTAIN ITHANO ist unglaublich eitel und liebt die Geschichten, die über seine Taten als »Blutiger Bukanier« oder »Roter Räuber« erzählt werden. Er genießt den Ruf, den er hat, denn die meisten seiner Zielpersonen ergeben sich dadurch ganz von selbst.

CAPTAIN LANG

MORGAN ELSBETHS LEIBGARDIST

DATENBANK

ZUGEHÖRIGKEIT: Magistratin Morgan Elsbeth
HEIMATWELT: Corvus
SPEZIES: Mensch
GRÖSSE: 1,83 m
AUFTRETEN: M
SIEHE AUCH: Ahsoka Tano, der Mandalorianer, Morgan Elsbeth

CAPTAIN LANG dient Magistratin Morgan Elsbeth auf dem Planeten Corvus als Captain der Wache. Er ist grausam und korrupt und ihr gegenüber nur loyal, weil sie gut zahlt. Lang ist bestens ausgebildet und schnell mit dem Blaster.

Din Djarins Dienste

Morgan Elsbeth will die ehemalige Jedi Ahsoka Tano tot sehen, aber Captain Lang und seine Truppen waren Tano und ihren Lichtschwertern nicht gewachsen. Elsbeth heuert daher den Mandalorianer Din Djarin an und hofft, dass er Erfolg hat, wo Lang zuvor versagte.

DIN DJARIN denkt, dass der gefährliche Söldner früher beim Militär gewesen sein könnte. Lang verteidigt Morgan Elsbeths von Mauern umringte Stadt Calodan vor Fremden und unterstützt sie beim kaltblütigen Umgang mit Gefangenen.

Lang respektiert Mando, bezweifelt aber, dass er Tano besiegen kann.

CAPTAIN NEEDA

KOMMANDANT DER *RÄCHER*

DATEN-BANK

ZUGEHÖRIGKEIT: Imperium
HEIMATWELT: Coruscant
SPEZIES: Mensch
GRÖSSE: 1,75 m
AUFTRETEN: V
SIEHE AUCH: Admiral Ozzel, Darth Vader

CAPTAIN NEEDA ist Kommandant des imperialen Sternenzerstörers *Rächer,* der an der Suche nach der geheimen Basis der Rebellen beteiligt ist. Needa folgt dem *Falken* in ein Asteroidenfeld, verliert das Schiff jedoch am Ende.

LORTH NEEDA ist ein verlässlicher, skrupelloser Offizier, der in der Schlacht von Coruscant, als General Grievous Kanzler Palpatine »entführte«, der Galaktischen Republik diente. Nun, als imperialer Offizier, wird Needa Vaders hohen Ansprüchen nicht gerecht.

Needa ahnt nicht, dass der *Falke* »verschwunden« ist, indem er sich an seinen Sternenzerstörer geheftet hat.

Keine Gnade

Als Needa den *Falken* aus den Augen verliert, übernimmt er vor Vader die volle Verantwortung dafür. Dieser nimmt die Entschuldigung an – und erwürgt ihn dann mit der Macht.

CAPTAIN PANAKA

NABOO-SICHERHEITSCHEF

DATEN-
BANK

ZUGEHÖRIGKEIT: Königliche Sicherheitskräfte der Naboo
HEIMATWELT: Naboo
SPEZIES: Mensch
GRÖSSE: 1,83 m
AUFTRETEN: I
SIEHE AUCH: Padmé Amidala

ALS SICHERHEITSCHEF von Königin Amidala auf Naboo unterstehen Captain Quarsh Panaka die gesamten freiwilligen Königlichen Sicherheitskräfte. Während der Invasion erkennt Panaka die gefährliche Lage in der Galaxis und setzt sich für stärkere Sicherheit ein.

CAPTAIN PANAKA hat in einer Sondereinheit der Republik Kampferfahrung gesammelt, als er im Sektor, zu dem auch Naboo gehört, Raumpiraten bekämpfte.

Hohe Verantwortung

Da Panaka die Sicherheit von Königin Amidala obliegt, begleitet er sie auf der Flucht von Naboo. Als sie heimkehrt, um ihren Thron zurückzufordern, ist Panaka an ihrer Seite und bietet ihr während der Infiltration des Palasts Feuerschutz.

Nach Königin Amidalas Abdankung dient Panaka Königin Jamillia.

CAPTAIN PHASMA

STURMTRUPPENKOMMANDANTIN

DATEN-BANK

ZUGEHÖRIGKEIT: Erste Ordnung
HEIMATWELT: Parnassos
SPEZIES: Mensch
GRÖSSE: 2 m (in Rüstung)
AUFTRETEN: VII, VIII
SIEHE AUCH: Finn, General Hux, Kylo Ren, Sturmtruppler (Erste Ordnung)

IN IHRER SPEZIELLEN metallisch glänzenden Rüstung kommandiert Captain Phasma die Sturmtruppenlegionen der Ersten Ordnung. Sie will, dass nur die besten Soldaten der Ersten Ordnung dienen.

Als der ihr unterstellte Sturmtruppler FN-2187 desertiert und sich dem Widerstand anschließt, betrachtet Phasma dies als ihr persönliches Versagen.

Feste Prinzipien

Phasma glaubt, dass erst der Kampf einen wahren Soldaten formt. Sie erkennt den Wert der Trainingssimulationen der Sturmtruppen zwar an, aber ihrer Meinung nach sagen sie nichts über den Mut eines Soldaten in der Schlacht aus.

TROTZ IHRES RANGS ist es Phasma bei Einsätzen am liebsten, direkt an der Seite ihrer Soldaten mitten im Kampfgeschehen zu sein. Ihre Rüstung ist mit Chrom beschichtet, das von einer Naboo-Yacht stammt. Es bietet Schutz und betont ihre Autorität.

CAPTAIN SABROND

OFFIZIERIN DER SITH-EWIGEN

DATEN-
BANK

ZUGEHÖRIGKEIT: Letzte Ordnung, Sith-Ewige
HEIMATWELT: Exegol
SPEZIES: Mensch
GRÖSSE: 1,62 m
AUFTRETEN: IX
SIEHE AUCH: General Pryde, Palpatine

AUFGEZOGEN vom Kult der Sith-Ewigen auf Exegol, ist Captain Chesille Sabrond überzeugt, Teil einer Armee zu sein, die über die Galaxis herrschen wird. Der Superlaser ihres Sternenzerstörers der Letzten Ordnung, *Derriphan,* kann ganze Planeten vernichten.

SABRONDS Gnadenlosigkeit und lebenslange Hingabe zu den Sith wird belohnt, als man ihr befiehlt, Exegol zu verlassen und Kijimi auszulöschen – die erste Machtdemonstration von Palpatines Plänen mit der Letzten Ordnung.

Wahre Gläubige

Offiziere der Sith-Ewigen wie Sabrond werden ihr Leben lang heimlich auf Exegol ausgebildet, um die Sith wieder an die Macht zu bringen. Ihre Flotte bleibt über viele Jahre ebenso vor Widerstand wie Erster Ordnung verborgen.

Sabrond hofft, dass ihre Mission, Kijimi zu vernichten, ihr Achtung von General Pryde einbringt.

CAPTAIN TYPHO

SENATORIN AMIDALAS SICHERHEITSCHEF

DATENBANK

ZUGEHÖRIGKEIT: Königliche Sicherheitskräfte der Naboo
HEIMATWELT: Naboo
SPEZIES: Mensch
GRÖSSE: 1,85 m
AUFTRETEN: II, III
SIEHE AUCH: Captain Panaka, Padmé Amidala

CAPTAIN TYPHO genießt hohes Ansehen für seine Loyalität. Sein Onkel, Captain Panaka, war Amidalas Sicherheitschef, als sie Königin von Naboo war. Nun kümmert sich Typho um die Sicherheit der jetzigen Senatorin.

BEI DER SCHLACHT

von Naboo war Typho eine junge Palastwache. Trotzdem schlug er sich tapfer und büßte in Erfüllung seiner Pflicht ein Auge ein. Captain Typho erhielt den Posten im Dienst der Senatorin aufgrund seiner Loyalität und enger Bande zu Panaka.

Captain Typho ist während der Klonkriege bei vielen Missionen an Amidalas Seite.

Eine gefährliche Welt

Captain Typho begleitet Senatorin Amidala nach Coruscant, wo bei einem Attentatsversuch sieben Personen unter seinem Kommando getötet werden, einschließlich der als Padmé verkleideten Zofe Cordé. Ihm wird klar, dass sogar seine strengen Sicherheitsmaßnahmen in den gefährlichen Klonkriegen nicht ausreichen könnten.

CARA DUNE

MARSHAL VON NEVARRO

DATENBANK

ZUGEHÖRIGKEIT: Rebellenallianz/Neue Republik
HEIMATWELT: Alderaan
SPEZIES: Mensch
GRÖSSE: 1,73 m
AUFTRETEN: M
SIEHE AUCH: Greef Karga, Grogu, Mandalorianer

CARA DUNE WAR eine Stoßtruppsoldatin der Rebellen und hat im Galaktischen Bürgerkrieg gekämpft. Nun hilft sie auf Nevarro als Marshal den Frieden zu wahren. Cara scheut keine Gefahr, steht treu zu ihren Freunden und hasst das Imperium.

NACH DEM Sturz des Imperiums wird Cara Dune zur Söldnerin und lebt allein auf dem Planeten Sorgan. Als sie den Mandalorianer und Grogu trifft, entscheidet sie sich, für die größere Sache zu kämpfen.

Siegertyp

Cara ist eine clevere, talentierte Kämpferin – auch ohne Blaster. Auf Sorgan verdient sie Geld, indem sie gegen Gegner antritt, die oft viel größer sind als sie. Cara lässt sich aber nicht einschüchtern und verliert nur selten.

Cara erzählt Carson Teva, dass sie alle Leute verloren hat, als Alderaan vernichtet wurde.

CARDO

WAFFENMEISTER DER RITTER VON REN

DATEN-BANK

GRUPPE: Ritter von Ren
HEIMATWELT: Unbekannt
SPEZIES: Unbekannt
GRÖSSE: 1,75 m
AUFTRETEN:
VII, IX
SIEHE AUCH:
Ap'lek, Kuruk, Kylo Ren, Trudgen, Ushar, Vicrul

Cardo und die anderen Ritter folgen Rey und ihren Freunden vom Widerstand zur Wüstenwelt Pasaana.

CARDO IST besessen vom Umbau von Waffen, mit denen er die anderen Ritter versorgt. Selbst nutzt er eine Kanone, mit der er auch Plasmabolzen und Flammenstrahlen verschießen kann.

DIE RITTER von Ren folgen nur ihrem Anführer Kylo Ren. Viele Offiziere der Ersten Ordnung wie General Hux verachten die schäbigen Ritter, die ihrer Ansicht nach nur die polierten Korridore ihrer makellosen Großkampfschiffe beflecken.

Auf der Jagd

Die Ritter von Ren suchen auf dem kalten und gebirgigen Planeten Kijimi nach Rey. In der Regel arbeiten sie als Team zusammen, um jegliche Gegner einzuschüchtern und ihnen im besten Fall zahlenmäßig überlegen zu sein.

CARSON TEVA

PILOT DER NEUEN REPUBLIK

DATENBANK

ZUGEHÖRIGKEIT: Rebellenallianz/Neue Republik
HEIMATWELT: Unbekannt
SPEZIES: Mensch
GRÖSSE: 1,75 m
AUFTRETEN: M
SIEHE AUCH: Cara Dune, Mandalorianer

CAPTAIN CARSON TEVA ist Pilot der Neuen Republik und unter Kollegen hoch angesehen. Er lädt Cara Dune ein, sich ihm anzuschließen und zu helfen, gegen die Reste des Imperiums im Äußeren Rand vorzugehen.

CARSON glaubt an die Neue Republik. Er vertraut auf Leute, die wie er dafür eintreten, Imperiale davon abzuhalten, anderen zu schaden. Ihm ist bewusst, dass der Mandalorianer in der Vergangenheit mit Kriminellen gearbeitet hat, aber er verhaftet ihn nicht, weil Mando auch viel Gutes getan hat.

Befragung des Magistrats

Carson Teva begibt sich nach Nevarro, um der Explosion in einer verlassenen imperialen Basis nachzugehen. Er möchte zudem wissen, ob Magistrat Greef Karga in letzter Zeit den Mandalorianer gesehen hat.

Spitzenpilot Carson Teva fliegt für die Neue Republik einen X-Flügel-Jäger.

CASSIAN ANDOR

REBELLENAGENT

DATEN-BANK

ZUGEHÖRIGKEIT: Rebellenallianz
HEIMATWELT: Fest
SPEZIES: Mensch
GRÖSSE: 1,78 m
AUFTRETEN: RO
SIEHE AUCH: Jyn Erso, K-2SO

FÜR CAPTAIN CASSIAN ANDOR ist die Rebellenallianz alles. Als Agent des Militärgeheimdienstes steht er oft an vorderster Front und sammelt Informationen, die gegen das Imperium von Nutzen sind. Er benutzt viele Namen und taucht in der Masse unter.

CASSIAN JERON Andor ist seit dem Alter von sechs Jahren von Gewalt umgeben. Seine traumatischen Erlebnisse lassen ihn umso entschiedener gegen das Imperium kämpfen. Dabei setzt er auf jeden rebellischen Akt, sei er noch so klein, und hofft, dass eines Tages alles zusammen Größeres bewirken wirkt.

Cassian greift auf ein galaxisweites Netzwerk von Informanten zurück, das der Rebellion gute Dienste leistet.

Auf eigene Faust

Für einen Geheimdienstoffizier gibt es keine größere Beute als die Pläne des Todessterns. Um sie zu stehlen, muss er Befehle ignorieren und sein Leben aufs Spiel setzen. Doch die Daten werden übertragen: Mission erfolgreich!

KANZLER VALORUM

VOR PALPATINE DAS OBERHAUPT DER REPUBLIK

DATEN-BANK

ZUGEHÖRIGKEIT: Republik
HEIMATWELT: Coruscant
SPEZIES: Mensch
GRÖSSE: 1,83 m
AUFTRETEN: I
SIEHE AUCH: Palpatine, Amidala, Mas Amedda

BEVOR PALPATINE Oberster Kanzler wird, hat Finis Valorum das höchste Amt im Galaktischen Senat inne. Er regiert die Republik, als Kriegsschiffe der Handelsföderation eine Blockade um das friedliche Naboo errichten. Padmé Amidala macht Valorum persönlich dafür verantwortlich.

Nach Valorums Rücktritt übernimmt Palpatine sein Amt und gelobt mehr Entschlossenheit.

VALORUM entstammt einer Politikerfamilie. Sein ganzes Leben lang wurde er auf das Amt des Obersten Kanzlers vorbereitet. Er genießt die Privilegien, die er als Staatsoberhaupt hat, allerdings macht ihn dies bei einfachen Wählern nicht sehr beliebt.

Schwacher Anführer

Während Naboo leidet, debattiert der Senat zwar darüber, greift jedoch nicht ein. Der Sprecher Mas Amedda (der insgeheim für Palpatine arbeitet) weiß, dass diese Unentschlossenheit Valorum schwach und nutzlos wirken lässt.

CHEWBACCA

WOOKIEE-KRIEGER, PILOT UND HELD

DATEN-BANK

ZUGEHÖRIGKEIT: Rebellenallianz/Widerstand
HEIMATWELT: Kashyyyk
SPEZIES: Wookiee
GRÖSSE: 2,28 m
AUFTRETEN: III, S, IV, V, VI, VII, VIII, IX
SIEHE AUCH: Han Solo, Tarfful

DER WOOKIEE Chewbacca ist ein Mechaniker und Pilot. Während der Klonkriege verteidigt er seinen Heimatplaneten. Zur Zeit des Imperiums ist er Han Solos bester Freund und Co-Pilot des *Millennium Falken.*

CHEWIE ist Han Solos bester Freund. Er genießt die spannenden Abenteuer, in die Solo sie immer wieder hineinbugsiert, versucht zuweilen jedoch, die Eigensinnigkeit seines Partners auszugleichen.

30 Jahre nach der Rebellion stehen Han und Chewie weiter Seite an Seite.

Ungleiche Freunde

Chewbacca trifft Han Solo erstmals in einer imperialen Gefängnisgrube auf Mimban – und ihr Kennenlernen verläuft recht unsanft. Han wird Chewie zum Fraß vorgeworfen, doch sie tun sich zusammen und fliehen.

HÄUPTLING CHIRPA

EWOK-OBERHAUPT

DATEN-BANK

ZUGEHÖRIGKEIT: Hellerbaumdorf
HEIMATWELT: Waldmond Endor
SPEZIES: Ewok
GRÖSSE: 1,32 m
AUFTRETEN: VI
SIEHE AUCH: Logray, Teebo

HÄUPTLING CHIRPA ist dem Hellerbaumdorf-Stamm auf dem Waldmond Endor seit 42 Jahren ein weiser Anführer. Als seine Ewoks einen Rebellentrupp gefangen nehmen, lässt er sich allein von C-3PO, den die abergläubischen Ewoks für einen »goldenen Gott« halten, davon abbringen, die Fremden zu opfern.

CHIRPA führt sein Volk mit viel Verständnis, obgleich er auf seine alten Tage etwas vergesslich geworden ist. Auf seinen Befehl hin stellen sich die Ewoks dem Kampf gegen das Imperium.

Die Ewoks leben in einem Dorf hoch oben in den Baumwipfeln.

Neue Rekruten

Nach C-3POs Bericht über den Widerstand gegen das Imperium sorgt Chirpa dafür, dass sich die Ewoks dem Kampf anschließen. In der Schlacht von Endor setzen sie ihre ganze List und Wildheit ein, um die imperiale Armee zu besiegen.

CHIRRUT ÎMWE

WÄCHTER DER WHILLS

DATEN-BANK

ZUGEHÖRIGKEIT: Wächter der Whills (ehemals)
HEIMATWELT: Jedha
SPEZIES: Mensch
GRÖSSE: 1,73 m
AUFTRETEN: RO
SIEHE AUCH: Baze Malbus, Bodhi Rook, Cassian Andor, Jyn Erso, K-2SO

CHIRRUT ÎMWE kann zwar mit seinen Augen nichts sehen, ist aber trotzdem ein hervorragender Kämpfer. Intensives Training und Konzentration haben seinen Körper in eine fähige Kampfmaschine verwandelt. Îmwe ist sehr spirituell und glaubt fest an die Macht.

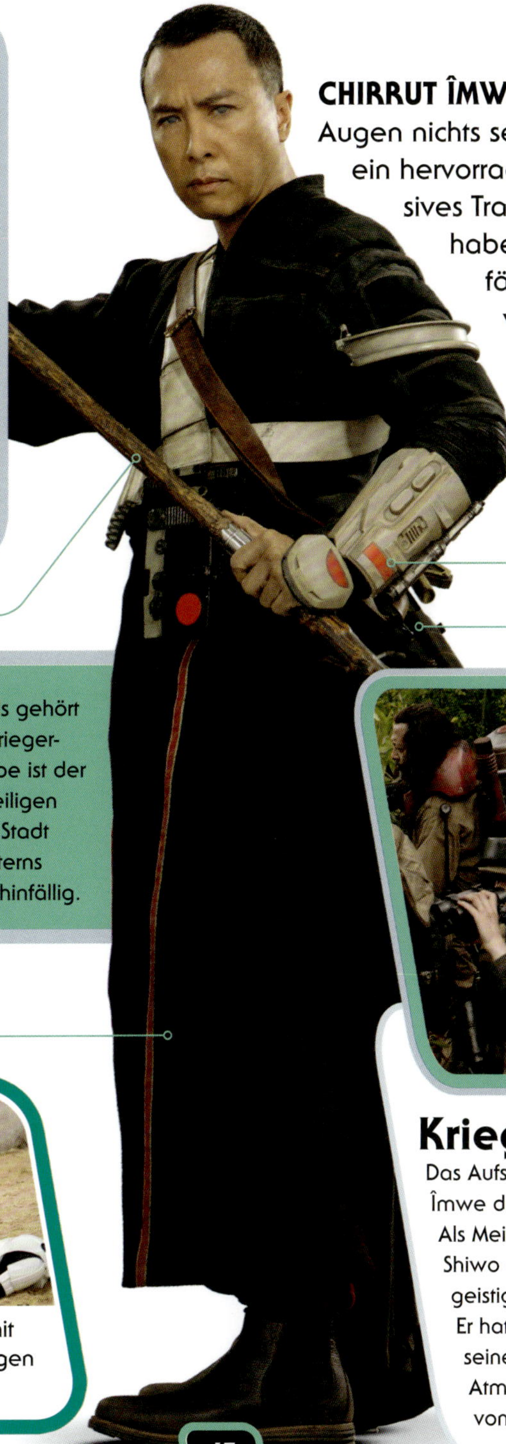

Stab aus Unetiholz

Armschutz zum Stabilisieren des Lichtbogens

Über die Schulter geworfener Lichtbogen

Traditionelle Kasaya-Robe

ALS WÄCHTER der Whills gehört Îmwe einem uralten Orden von Kriegermönchen an. Dessen Hauptaufgabe ist der Schutz des Kybertempels in der Heiligen Stadt von Jedha. Als die gesamte Stadt durch einen Testschuss des Todessterns vernichtet wird, ist diese Aufgabe hinfällig.

Îmwe schaltet Sturmtruppler mit eleganten, gezielten Schwüngen seines Unetiholzstabs aus.

Kriegermönch

Das Aufsagen von Mantras verleiht Îmwe die Kraft, sich Feinden zu stellen. Als Meister der Kampfkunst Zama-Shiwo erreicht er so einen Zustand geistigen und körperlichen Friedens. Er hat die volle Kontrolle über seinen Körper, selbst über Puls und Atmung – was er in der Schlacht von Scarif zu nutzen weiß.

CLIEGG LARS

SHMI SKYWALKERS EHEMANN

DATEN-
BANK

ZUGEHÖRIGKEIT: Keine
HEIMATWELT: Tatooine
SPEZIES: Mensch
GRÖSSE: 1,83 m
AUFTRETEN: II
SIEHE AUCH: Beru Lars, Owen Lars, Shmi Skywalker

ALS FEUCHTFARMER Cliegg Lars von Tatooine in Mos Espa eine Hilfskraft sucht, trifft er stattdessen Shmi Skywalker, die Mutter von Anakin Skywalker, und verliebt sich in sie. Um sie heiraten zu können, kauft er sie frei von Watto, dem fliegenden Schrotthändler, der sie als Sklavin hält.

Beim Versuch, Shmi von den Tusken zu befreien, verliert Cliegg ein Bein.

CLIEGGS Vater war Feuchtfarmer auf Tatooine, doch der junge Cliegg wollte das Leben der Kernwelten kennenlernen. Hier verliebte er sich in Aika und heiratete sie. Als Aika starb, kehrte er nach Tatooine zurück und übernahm den Familienbetrieb.

Gebrochenes Herz

Cliegg verliert Shmi, als Tusken-Räuber sie entführen und töten. Nach ihrem Tod will er weiter das Leben führen, das er sich so mühevoll aufgebaut hat. Traurigerweise stirbt er jedoch kurz darauf an einem gebrochenen Herzen.

DER KLIENT

RÄTSELHAFTER IMPERIALER

DATENBANK

ZUGEHÖRIGKEIT: Imperium/ Restimperium
HEIMATWELT: Unbekannt
SPEZIES: Mensch
GRÖSSE: 1,83 m
AUFTRETEN: M
SIEHE AUCH: Doktor Pershing, Mandalorianer, Moff Gideon

Der Klient und Doktor Pershing vergewissern sich, dass Grogu für ihre Experimente bereit ist.

DIESER NICHT NÄHER namentlich bekannte Auftraggeber heuert den Mandalorianer an, ein unbekanntes »Zielobjekt« zu finden, das wichtig für das Restimperium ist. Er gibt sich höflich, aber verfolgt todernste Absichten.

DIE ZEIT des Imperiums ist vorbei, doch der Klient blickt gern darauf zurück und trägt noch immer ein imperiales Medaillon. Er ist davon besessen, für seinen Vorgesetzten, Moff Gideon, das Kind Grogu zu finden.

Rückkehr zum Ruhm

Der Klient engagiert den Mandalorianer für einen hohen Preis, weil er den Ruf genießt, der Beste im Umkreis eines Parsec zu sein. Das viele Beskar soll ein Anfang sein, nach der Zerstörung Mandalores durch das Imperium etwas zurückzugeben.

KLONPILOT

SPEZIALISIERTE KLONFLIEGER

DATEN-BANK

ZUGEHÖRIGKEIT: Republik/ Imperium
HEIMATWELT: Kamino
SPEZIES: Mensch (Klon)
GRÖSSE: 1,83 m
STANDARDAUSRÜSTUNG: DC-15A-Blaster, Munition, Thermaldetonatoren
AUFTRETEN: II, III
SIEHE AUCH: Klonsoldat

DIESE FÄHIGEN Piloten sind dafür ausgebildet, in Diensten der Republik eine Vielzahl an Kampfschiffen zu fliegen, darunter ebenso TFAT-Kanonenboote wie auch ARC-170-Jäger oder Y- und V-Flügler.

Ein Pilot sowie ein Kopilot und Schütze fliegen in der Schlacht von Coruscant einen ARC-170-Jäger.

Kanonenboot-Piloten

Zu Beginn der Klonkriege, in der Schlacht von Geonosis, fliegen Klonpiloten TFAT/i- und TFAT/f-Kanonenboote. Sie tragen Kampfrüstungen der Phase I mit gelben Markierungen und geschlossene Spezialhelme.

IN DER SCHLACHT von Coruscant tragen die meisten Klonpiloten Phase-II-Pilotenrüstungen und Helme mit Blendschutzvisieren. V-Flügler-Piloten tragen jedoch geschlossene Helme, da sich keine Lebenserhaltungssysteme an Bord befinden.

KLONSOLDAT (PHASE I)

KLONKRIEGER DER ERSTEN GENERATION

DATEN-BANK

ZUGEHÖRIGKEIT: Republik
HEIMATWELT: Kamino
SPEZIES: Mensch (Klon)
GRÖSSE: 1,83 m
STANDARD-AUSRÜSTUNG: DC-15-Blaster, Munition, Thermal-detonatoren
AUFTRETEN: II
SIEHE AUCH: Jango Fett, Klonpilot, Klonsoldat (Phase II)

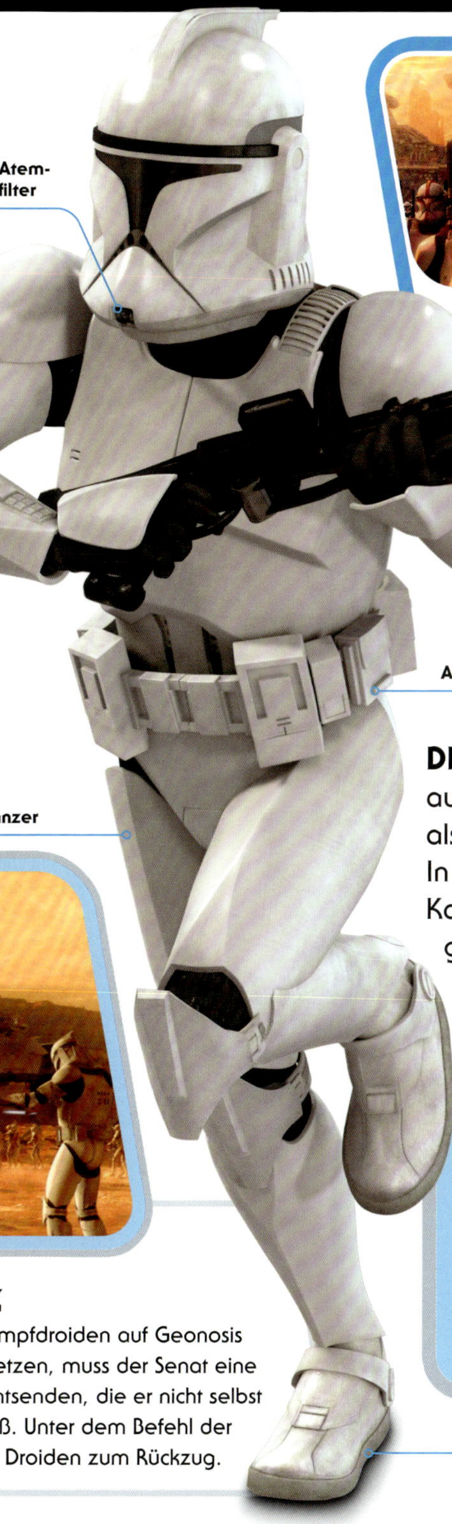

Die Klone werden mit Angriffs-schiffen befördert, die auch Kanonenboote an Bord haben.

DIE ERSTEN KLONE sind aufgrund der Art ihrer Rüstung als Phase-I-Truppen bekannt. In den Klonanlagen auf Kamino geboren und auf-gewachsen, sind sie allein für den Kampf ausgebildet worden und fühlen sich nahezu unbesiegbar.

Erster Einsatz

Als die Separatisten ihre Kampfdroiden auf Geonosis erstmals im großen Stil einsetzen, muss der Senat eine Armee von Klonsoldaten entsenden, die er nicht selbst aufstellen und ausbilden ließ. Unter dem Befehl der Jedi zwingen die Klone die Droiden zum Rückzug.

PHASE-I-RÜSTUNG

basiert auf der mandalorianischen Rüstung von Jango Fett. Sie besteht aus zwanzig Panzer-platten und wird oft als »Körper-kübel« bezeichnet, weil sie so schwer und unbequem ist.

KLONSOLDAT (PHASE II)

KLONKRIEGER DER ZWEITEN GENERATION

DATEN-BANK

ZUGEHÖRIGKEIT: Republik/ Imperium
HEIMATWELT: Kamino
SPEZIES: Mensch (Klon)
GRÖSSE: 1,83 m
STANDARDAUSRÜSTUNG: DC-15A-Blaster, Munition
AUFTRETEN: III
SIEHE AUCH: Klonsoldat (Phase I)

Die Klontruppen sind die beste militärische Streitmacht der Galaxis.

BEI DER SCHLACHT von Coruscant sieht man vom Kampf gezeichnete Klonsoldaten in verbesserter Phase-II-Rüstung. Sie altern doppelt so schnell wie normale Menschen und es sind nur noch zwei Drittel der ursprünglichen Klonarmee am Leben.

PHASE-II-RÜSTUNG ist widerstandsfähiger und vielseitiger als die der Phase I und in verschiedenen Spezialausführungen verfügbar.

Überlegene Soldaten

Klontruppen sind mit fortschrittlicheren Körperpanzern und Atemgeräten ausgerüstet als die Separatisten, weshalb sie die Reihen der Kampfdroiden ohne Mühe niedermähen.

COBB VANTH

MARSHAL VON MOS PELGO

DATEN-BANK

ZUGEHÖRIGKEIT: Mos Pelgo
HEIMATWELT: Tatooine
SPEZIES: Mensch
GRÖSSE: 1,83 m
AUFTRETEN: M
SIEHE AUCH: Mandalorianer, Tusken-Räuber

ALS MARSHAL sorgt Cobb Vanth für Ordnung in der kleinen Stadt Mos Pelgo auf Tatooine. Er trägt die Rüstung des legendären Kopfgeldjägers Boba Fett, die er später aber dem Mandalorianer überlässt – dafür, dass er ihm dabei hilft, einen gefährlichen Kraytdrachen zu besiegen.

IN TATOOINES Wüste ist Cobb Vanth dem Tode nahe, als eine Gruppe Jawas ihn findet. Er entdeckt eine mandalorianische Rüstung in ihrem Sandkriecher und erhält sie im Tausch gegen Silicax-Oxalat-Kristalle.

Ungewohntes Team

Der Mandalorianer und Cobb Vanth tun sich zusammen, um einen Kraytdrachen zu jagen. Dabei erhalten sie Hilfe von Tusken-Räubern. Die vorherigen Feinde erkennen, dass sie einander brauchen, um das Untier zu töten.

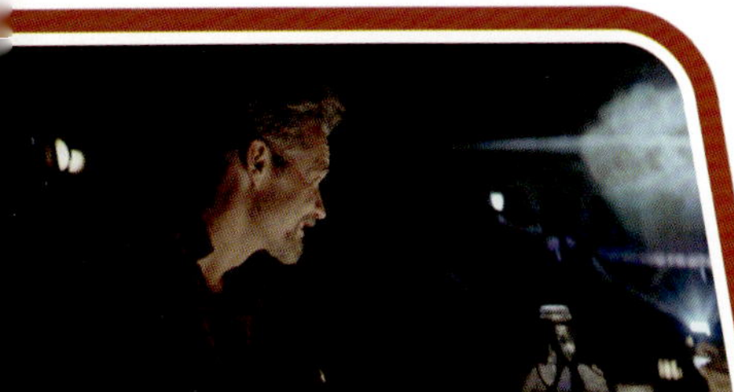

Vanth gönnt sich in Mos Pelgos düsterer Cantina einen Drink.

COLEMAN TREBOR

VURK-JEDI-MEISTER

DATEN-BANK

ZUGEHÖRIGKEIT: Jedi
HEIMATWELT: Sembla
SPEZIES: Vurk
GRÖSSE: 2,13 m
AUFTRETEN: II
SIEHE AUCH: Count Dooku, Yarael Poof

Nach dem Tod von Yarael Poof wird Coleman Trebor Mitglied des Hohen Rats der Jedi.

JEDI-MEISTER Coleman Trebor wird als geschickter Unterhändler geachtet, der schwierige Konflikte zum harmonischen Ende führt. Er ist auch ein fähiger Lichtschwertkämpfer und einer derjenigen, die Windu nach Geonosis begleiten.

Kampf gegen Dooku

Auf Geonosis nutzt Coleman Trebor die Gelegenheit, Count Dooku zu stellen, und startet überraschend einen Angriff auf den Separatistenanführer. Doch Kopfgeldjäger Jango Fett zückt rasch seine Blaster, woraufhin der edle Jedi zu Tode stürzt.

COLEMAN TREBOR

ist ein Vurk vom Meeresplaneten Sembla. Viele halten seine Spezies für primitiv, doch sie sind hocheinfühlsam und abgeklärt. Trebors Machtpotenzial wurde früh erkannt, und so trat er dem Jedi-Orden bei – angeblich der einzige Vurk, der das jemals tat.

COMMANDER BLY

AAYLA SECURAS KLONKOMMANDANT

DATENBANK

ZUGEHÖRIGKEIT: Republik/Imperium
HEIMATWELT: Kamino
SPEZIES: Mensch (Klon)
GRÖSSE: 1,83 m
AUFTRETEN: III
SIEHE AUCH: Aayla Secura, Klonsoldat (Phase II)

Nach der Order 66 wendet sich Bly gegen die Republik und dient dem Imperium.

COMMANDER BLY ist ein Klon von Jango Fett. Er gehört zur ersten Gruppe von Klonkommandanten, die durch ARC-Soldaten ausgebildet wurden. Blys Bestreben gilt stets ganz dem Erfolg seiner jeweiligen Mission.

Kaltblütiger Klon

Commander Bly und Jedi-General Aayla Secura verfolgen gerade die Separatistenanführerin Shu Mai auf dem exotischen Planeten Felucia, als Commander Bly von Palpatine die Order 66 erhält. Ohne zu zögern, erschießt er die Jedi-Ritterin, der er in vielen gefährlichen Missionen gedient hat.

KLON-KOMMANDANT

CC-5052, oder Bly, arbeitet eng mit Jedi-General Aayla Secura zusammen und schätzt ihren leidenschaftlichen Einsatz.

COMMANDER CODY

OBI-WAN KENOBIS KLONKOMMANDANT

DATEN-BANK

ZUGEHÖRIGKEIT: Republik/Imperium
HEIMATWELT: Kamino
SPEZIES: Mensch (Klon)
GRÖSSE: 1,83 m
AUFTRETEN: III
SIEHE AUCH: Klonsoldat (Phase II), Obi-Wan Kenobi

KLONEINHEIT 2224, bekannt als Commander Cody, wird oft Jedi-General Kenobi unterstellt. Er ist einer der ursprünglichen Klone von Kamino. Durch eine Zusatzausbildung hat er Führungsqualitäten.

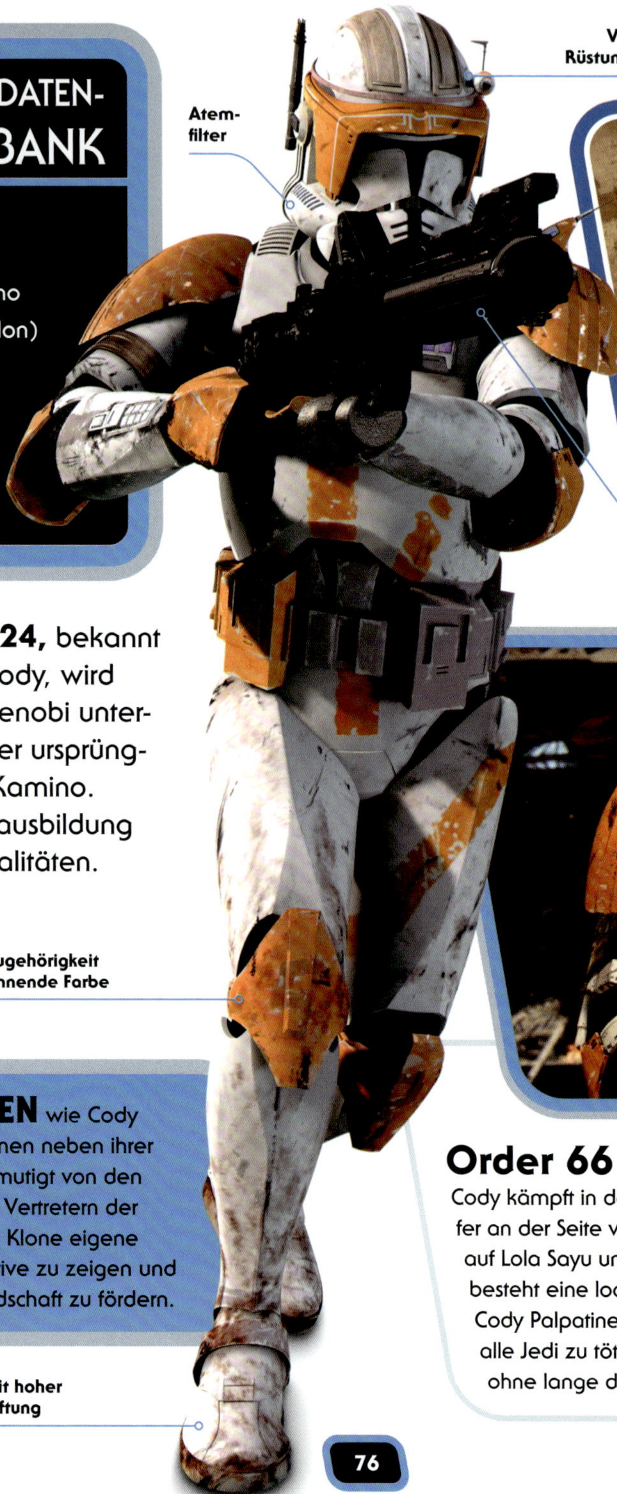

Codys letzte loyale Tat: Er gibt Kenobi das zuvor verlorene Lichtschwert zurück.

KLONSOLDATEN wie Cody verwenden einen Namen neben ihrer Nummernkennung. Ermutigt von den Jedi und weitsichtigen Vertretern der Republik wählen viele Klone eigene Spitznamen, um Initiative zu zeigen und eine stärkere Kameradschaft zu fördern.

Order 66

Cody kämpft in den Klonkriegen loyal und tapfer an der Seite von General Kenobi, so auch auf Lola Sayu und Utapau. Zwischen ihnen besteht eine lockere Kameradschaft. Doch als Cody Palpatines Order 66 erhält, die besagt, alle Jedi zu töten, führt er den Befehl aus, ohne lange darüber nachzudenken.

COMMANDER D'ACY

UNERSCHÜTTERLICHE OFFIZIERIN

DATEN-BANK

ZUGEHÖRIGKEIT: Widerstand
HEIMATWELT: Warlentta
SPEZIES: Mensch
GRÖSSE: 1,65 m
AUFTRETEN: VIII, IX
SIEHE AUCH: Lieutenant Connix, Prinzessin Leia, Vizeadmiral Holdo

D'ACY UND LEIA

sind eng verbunden. Leia warb sie persönlich für den Widerstand an. Nach ihrer Zusammenarbeit auf der *Raddus* ist D'Acy ihre erste Wahl, um beim Aufbau der neuen Basis auf dem Dschungelmond Ajan Kloss zu helfen.

COMMANDER LARMA

D'Acy ist Leias engste Beraterin in der Basis des Widerstands auf Ajan Kloss. Sie behält die Erste Ordnung im Auge und befehligt die Bodentruppen des Widerstands.

D'Acy küsst nach der Schlacht von Exegol erleichtert ihre Frau, A-Flügler-Pilotin Wrobie Tyce.

Beruhigende Art

D'Acys Fähigkeit, bei ihrer Arbeit Gefühle beiseitezuschieben, wird auf die Probe gestellt, als sie ihren Kameraden mitteilen muss, dass viele Führungskräfte der *Raddus* einem TIE-Jäger-Angriff zum Opfer fielen.

COMMANDER GREE

LEITENDER KLONKOMMANDANT AUF KASHYYYK

DATENBANK

ZUGEHÖRIGKEIT: Republik
HEIMATWELT: Kamino
SPEZIES: Mensch (Klon)
GRÖSSE: 1,83 m
AUFTRETEN: III
SIEHE AUCH: Luminara Unduli, Yoda

Letztlich nur Palpatine treu ergeben, greift Gree Yoda an. Doch dieser streckt den Klon nieder.

KLONKOMMANDANT GREE befehligt in den Klonkriegen das 41. Elitekorps. Unter Jedi-General Luminara Unduli ist das 41. auf Langzeitmissionen auf fremden Welten spezialisiert. Gree nutzt sein Wissen über fremdartige Spezies, um beim Aufbau von Allianzen mit Einheimischen zu helfen.

KLONEINHEIT

1004 wählte den Namen Gree wegen seines Interesses an den fremden Kulturen, die sich in der Galaxis finden. Die Gree sind eine kaum bekannte Alien-Spezies.

Wookiee-Verteidiger

Gree dient in der Schlacht von Kashyyyk unter Jedi-Meister Yoda. Grees Tarnrüstung bietet ihm Schutz in den grünen Urwäldern des Wookiee-Planeten. Seine kampfgestählten Klontruppen sind ebenfalls für den Dschungelkampf gerüstet.

COMMANDER NEYO

STASS ALLIES KLONKOMMANDANT

DATENBANK

ZUGEHÖRIGKEIT: Republik/Imperium
HEIMATWELT: Kamino
SPEZIES: Mensch (Klon)
GRÖSSE: 1,83 m
AUFTRETEN: III
SIEHE AUCH: Klonsoldat (Phase II), Stass Allie

COMMANDER NEYO gehört dem 91. Aufklärungskorps an, das häufig auf BARC-Gleiter zurückgreift. In den Klonkriegen kämpft Neyo während der Belagerungen im Äußeren Rand in vielen Schlachten.

Neyo dient mit der Jedi Stass Allie bei der Belagerung der Separatistenwelt Saleucami.

NEYO oder Einheit 8826 ist einer der ersten hundert Absolventen der experimentellen Klonkommandanten-Ausbildung auf Kamino. Allein für den Kampf gezüchtet, hat Neyo eine bestürzend kalte Persönlichkeit entwickelt.

Klon-Verrat

Als die Republik Saleucami eingenommen hat, bleibt Neyo dort, um die letzten Widerstandsnester zu zerschlagen. Bei einer Gleiterpatrouille mit Stass Allie empfängt er die Order 66 und richtet seine Blasterkanonen auf die Jedi-Meisterin.

COUNT DOOKU

SEPARATISTENANFÜHRER UND SITH-LORD

DATENBANK

ZUGEHÖRIGKEIT: Sith, Separatisten
HEIMATWELT: Serenno
SPEZIES: Mensch
GRÖSSE: 1,93 m
AUFTRETEN: II, III
SIEHE AUCH: Palpatine

Gefangen zwischen Anakins Klingen, trifft Sidious' Verrat Dooku unvorbereitet.

COUNT DOOKU war einst ein Jedi-Meister, doch sein unabhängiger Geist entfremdete ihn vom Orden. Später wurde er der Sith-Schüler Darth Tyranus. Als Dooku führt er die Bewegung der Separatisten an, die sich von der Republik abspalten will.

COUNT DOOKU ist Angehöriger des Adels seiner Heimatwelt Serenno und einer der reichsten Männer der Galaxis. Mit Wohlstand und Macht gewinnt er viele Sternensysteme für seine Separatistenbewegung.

In der ersten Schlacht von Geonosis kämpft Dooku gegen Yoda – seinen alten Meister.

Sith-Fähigkeiten

Count Dooku ist ein mächtiger Gegner. Sein Kampfstil zeichnet sich durch elegante Bewegungen und hohes Können aus. Aus den Fingerspitzen kann er mithilfe der Macht erzeugte Blitze entfesseln.

D-O

VORSICHTIGER DROIDE

DATEN-BANK

ZUGEHÖRIGKEIT: Sith-Ewige, Widerstand
TYP: Unikat
HERSTELLER: Unbekannter Droidenschmied
GRÖSSE: 46 cm
AUFTRETEN: IX
SIEHE AUCH: BB-8, Finn, Ochi von Bestoon, Rey

D-O IST EIN neugieriger Droide, den BB-8 auf einem Schiff entdeckt, das einst einem Sith-Attentäter gehörte. Er ist schreckhaft bei Unbekannten, aber lernt schnell, seinen neuen Freunden vom Widerstand zu vertrauen.

D-O teilt Informationen über den Sith-Planeten Exegol mit dem Widerstand.

D-O hängt die fiese Art des Sith-Attentäters Ochi von Bestoon nach, der den Erbauer des Droiden tötete. D-O will sich erst nicht von Rey anfassen lassen, aber als sie das Quietschen seines Rads behoben hat, ist er begeistert vom Ergebnis.

Droidenmentor

BB-8 lädt D-O wieder auf, nachdem er über zehn Jahre inaktiv war. Obwohl D-O einige Wörter Basic mit Menschen sprechen kann, fühlt er sich in Gesellschaft von Droiden am wohlsten. Immer wieder rollt er um BB-8 herum und sucht seine Anerkennung.

DUNKELTRUPPLER

EXPERIMENTELLER KAMPFDROIDE

DATEN-BANK

ZUGEHÖRIGKEIT: Restimperium
TYP: Kampfdroide der dritten Generation
HERSTELLER: Imperiale Abteilung für Militärforschung
GRÖSSE: 1,90 m
AUFTRETEN: M
SIEHE AUCH: Grogu, Moff Gideon, Luke Skywalker

DUNKELTRUPPLER sind schwer gepanzerte Spitzendroiden unter dem Kommando von Moff Gideon. Sie sind superstark, mit ihren Blastergewehren äußerst treffsicher und dank Schubdüsen an den Füßen fähig zu fliegen.

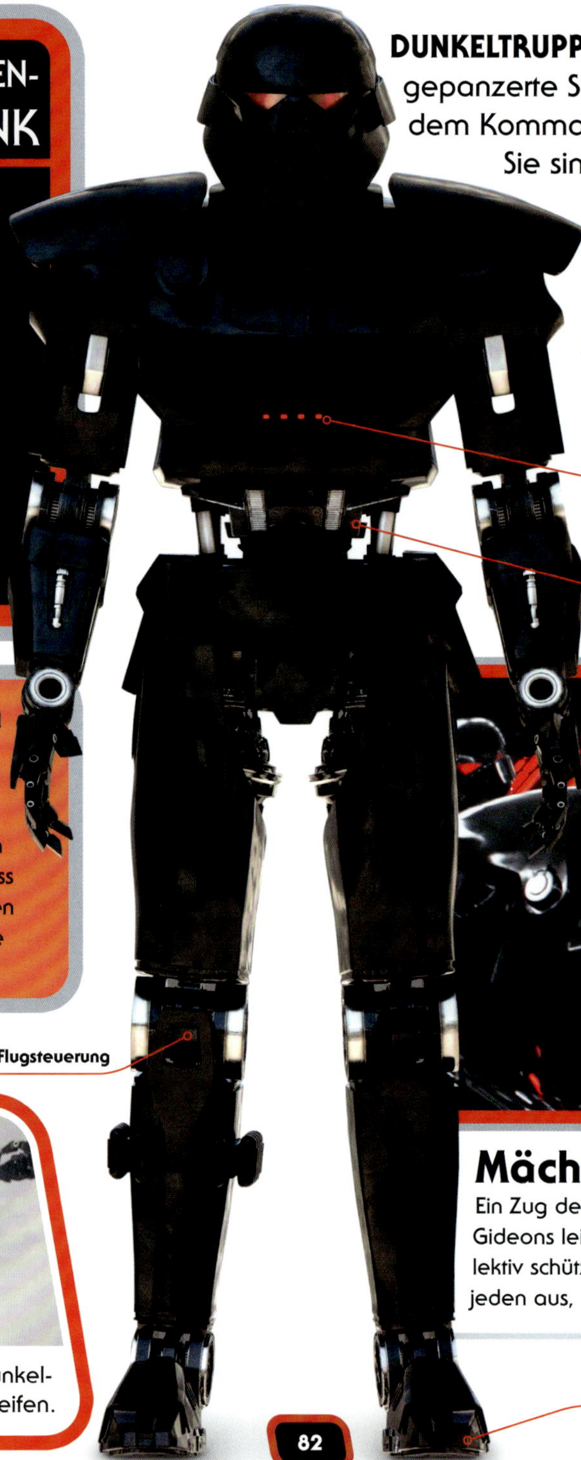

DIE PANZERUNG

der Dunkeltruppler war ursprünglich als Rüstung für menschliche Soldaten gedacht. Doch die erwiesen sich als Schwachstelle, sodass der Dunkeltruppler der dritten Generation als Kampfdroide entwickelt wurde.

Mächtig Ärger

Ein Zug der Dunkeltruppen wird auf Moff Gideons leichtem Kreuzer aktiviert. Im Kollektiv schützen sie das Schiff und schalten jeden aus, der sich an Bord stehlen will.

Moff Gideon schickt vier Dunkeltruppler, um Grogu zu ergreifen.

DARTH VADER

DUNKLER LORD DER SITH

DATEN-
BANK

ZUGEHÖRIGKEIT: Sith, Imperium
HEIMATWELT: Tatooine
SPEZIES: Mensch
GRÖSSE: 2,02 m
AUFTRETEN: III, RO, IV, V, VI
SIEHE AUCH: Anakin Skywalker, Luke Skywalker, Obi-Wan Kenobi, Palpatine

Darth Vaders Duell mit Obi-Wan führt dazu, dass er fortan auf seine Rüstung angewiesen ist.

DER DÜSTERE Darth Vader ist Imperator Palpatines Sith-Schüler und ein gefürchteter Militärkommandant. Vaders Wissen um die dunkle Seite der Macht lässt jeden erzittern.

NACH VADERS fast tödlichem Duell mit Obi-Wan steckt Palpatine seinen Schüler in eine schwarze Rüstung. Ohne die lebenserhaltenden Funktionen seines Anzugs kann Vader nicht überleben.

Vader verpasst die Rebellen knapp, als sie mit den gestohlenen Todessternplänen fliehen.

Vater und Sohn

Als Vader erfährt, dass Luke Skywalker sein Sohn ist, will er Luke auf die dunkle Seite ziehen und mit ihm über die Galaxis herrschen. Doch Luke glaubt weiter an das Menschliche unter Vaders Rüstung.

TODESSTERNSCHÜTZE

IMPERIALE WAFFENEXPERTEN

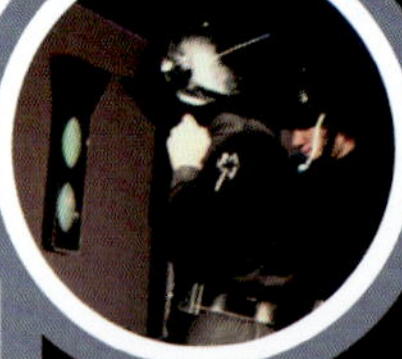

DATENBANK

ZUGEHÖRIGKEIT: Imperium
HEIMATWELT: Verschieden
SPEZIES: Mensch
GRÖSSE: Um 1,83 m
AUFTRETEN: RO, IV, VI
SIEHE AUCH: AT-AT-Pilot, AT-ST-Pilot, Sturmtruppler

Auf Plattformen überwachen die Schützen die gewaltige Energie des Todesstern-Superlasers.

Energieschutzstoff

Mit Durastahl verstärkte Handschuhe

TODESSTERNSCHÜTZEN bemannen die furchtbaren Waffen imperialer Kampfschiffe und Militärbasen sowie Gefechtsstationen der Todessterne. Sie besitzen ausgezeichnete Kenntnisse im Bedienen mächtiger Turbolaser und Ionenkanonen.

DIE IMPERIALE Flotte rüstet die Schützen des Todessterns mit besonderen Helmen aus. Die schlitzartigen Visiere schützen die Augen vor den hellen Blitzen der Turbolaser und des Superlasers. Viele Schützen finden jedoch, dass dies ihre Sicht einschränkt.

Turbolaser-Schützen

Imperiale Großkampfschiffe und der Todesstern starren vor Turbolasern. Ein Team von Schützen bemannt diese schweren, auf Türmen rotierenden Geschütze. Es überwacht die Aufladephase und Hitzelevel bei der Zielerfassung. Ein Schuss kann einen feindlichen Sternenjäger zerstören.

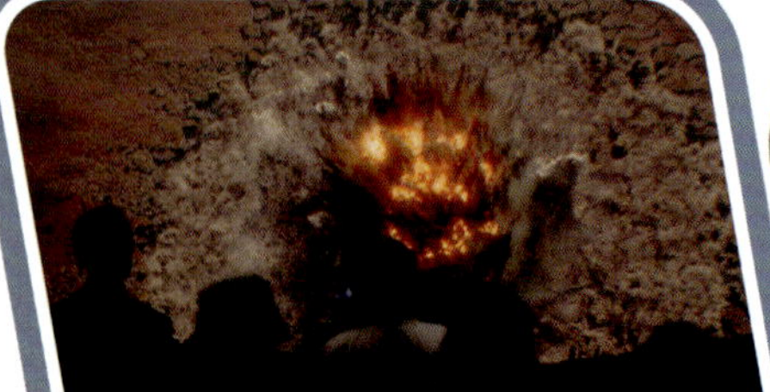

Mit dem Test auf Jedha zeigen die Schützen des Todessterns dessen verheerende Feuerkraft. Ein Schuss löscht die Heilige Stadt aus!

TODESTRUPPLER

ELITESTURMTRUPPLER

DATEN-BANK

ZUGEHÖRIGKEIT: Imperium
HEIMATWELT: Verschieden
SPEZIES: Mensch (modifiziert)
GRÖSSE: 1,96 m
STANDARDAUSRÜSTUNG: E-11D-Blastergewehr, schweres DLT-19D-Blastergewehr, leichter SE-14r-Repetierblaster, C-25-Splittergranate
AUFTRETEN: RO, M
SIEHE AUCH: Orson Krennic, Sturmtruppler

Blastergewehr E-11D

Reflec-Polymerüberzug auf der Rüstung zum Verzerren elektromagnetischer Signale

Splittergranate C-25

Flexible Lederstiefel

Eine Einheit der Dunkeltruppen beschützt Moff Gideon vom Restimperium auf Nevarro.

STURMTRUPPLER mit besonderem Potenzial können zu auserlesenen, schwarz gerüsteten Todestrupplern werden. Ihnen obliegt der Schutz höchster imperialer Offiziere wie denen der Tarkin-Initiative.

Treues Gefolge

Als Direktor Krennics persönliche Sicherheitstruppe folgen ihm Todestruppler an jeden Ort. Auf dem abgelegenen Planeten Lah'mu helfen sie dabei, den Wissenschaftler Galen Erso »einzusammeln«.

IN EINEM SPEZIELLEN

Lager auf Scarif erhalten Todestruppler ein Training, das sie härter, schneller und robuster als normale Sturmtruppler macht. Ihre Leistung wird sogar mit körperlichen Eingriffen gesteigert.

DENGAR

CORELLIANISCHER KOPFGELDJÄGER

DATENBANK

GRUPPE: Kopfgeldjäger
HEIMATWELT: Corellia
SPEZIES: Mensch
GRÖSSE: 1,83 m
AUFTRETEN: V, VI
SIEHE AUCH: Boba Fett, Bossk, Darth Vader

VON ANBEGINN der Klonkriege bis hin zur Zeit der Neuen Republik ist Dengar als Kopfgeldjäger aktiv. Anders als viele Kollegen seiner Tage, die sich langsam anpirschen, stellt er sich seinem Gegner lieber im offenen Kampf.

Darth Vader bietet dem, der den *Falken* findet, eine hohe Belohnung.

DENGAR SETZT auf Stärke und Feuerkraft. Der fähige Jäger ist bei Boba Fett angesehen, mit dem er oft gearbeitet hat. Trotz seines rauen Äußeren denkt Dengar, charmant sein zu können – ein Trugschluss!

Tödlicher Gegner

Dengar gehört zur finsteren Schar von Kopfgeldjägern, die von Darth Vader angeheuert werden, den *Millennium Falken* aufzuspüren. Sie können alles tun, was nötig ist, müssen dem Imperium die Crew aber lebendig ausliefern.

DEPA BILLABA

MITGLIED DES HOHEN RATS DER JEDI

DATEN-BANK

ZUGEHÖRIGKEIT: Jedi
HEIMATWELT: Chalacta
SPEZIES: Mensch
GRÖSSE: 1,68 m
AUFTRETEN: I, II
SIEHE AUCH: Mace Windu, Qui-Gon Jinn, Yoda

JEDI-MEISTERIN Depa Billaba gehört dem Hohen Rat der Jedi an, wo man sie als weise und spirituelle Führerin kennt. In den Klonkriegen dient sie als Jedi-General.

Den verschiedenen Meinungen ihrer Jedi-Gefährten setzt Billaba eine nüchterne Sicht entgegen.

BILLABAS TRUPPEN

erleiden auf Haruun Kal eine verheerende Niederlage gegen General Grievous. Die Schlacht fordert der Jedi körperlich und geistig so viel ab, dass einige an ihrer Genesung zweifeln. Als Billaba sich erholt, nimmt sie den jungen Caleb Dume als Padawan an. Sie opfert sich auf Kaller, damit ihr Schüler die Order 66 überleben kann.

Jedi-Gemeinschaft

Jedi-Meister Mace Windu rettete Billaba vor den Raumpiraten, die ihre Eltern töteten. Später nahm Windu Billaba als Padawanschülerin an. Im Laufe der Jahre bauten die beiden eine enge Beziehung zueinander auf.

DEXTER JETTSTER

VIERARMIGER INFORMANT UND KOCH

DATEN-BANK

ZUGEHÖRIGKEIT: Keine
HEIMATWELT: Ojom
SPEZIES: Besalisk
GRÖSSE: 1,88 m
AUFTRETEN: II
SIEHE AUCH: Obi-Wan Kenobi

Dexter ist in seinem Lokal in einem schäbigen Teil Coruscants Chefkoch und Tellerwäscher in einem.

DER VIERARMIGE Besalisk Dexter Jettster betreibt ein Lokal auf Coruscant. Dexter ist jemand mit vielen Kontakten. Darum sucht Obi-Wan Kenobi bei ihm Informationen über den merkwürdigen, vergifteten Säbelpfeil, mit dem die Attentäterin Zam Wesell getötet wurde.

DER RUPPIGE, aber gutherzige Dexter Jettster hat auf Bohranlagen in der ganzen Galaxis gearbeitet, war Barmann, Schläger und Waffenschmuggler. Auf Coruscant hat er mit seinem Lokal neu angefangen.

Informationsquelle

Dexters schlampiges Äußeres täuscht über eine scharfe Beobachtungsgabe und ein gutes Gedächtnis hinweg. Selbst einem Jedi-Ritter wie Obi-Wan Kenobi kann er wichtige Informationen liefern.

DJ

CLEVERER CODEKNACKER

DATEN-BANK

ZUGEHÖRIGKEIT: Keine
HEIMATWELT: Unbekannt
SPEZIES: Mensch
GRÖSSE: 1,88 m
AUFTRETEN: VIII
SIEHE AUCH: Finn, Rose Tico

Keine Moral

DJ ist nur sich selbst treu und verrät ohne zu zögern Rose und Finn an die Erste Ordnung. Seinem Motto gemäß schließt er sich keinem anderen an und denkt, er komme besser allein zurecht.

DJ IST KEIN mittelmäßiger Codeknacker – er hackt die Verschlüsselung eines jeden Computers! Sogar bio-hexakryptische Datensysteme der Ersten Ordnung sind für ihn kein Problem.

DJ HAT es mit seinem Talent für Kryptografie auf die reichen Besucher der Spielsäle von Canto Bight abgesehen und keine Skrupel, diese Kriminellen, Waffenhändler und Kriegsprofiteure zu bestehlen.

DJ will Finn und Rose auf die *Supremacy* der Ersten Ordnung helfen – wenn der Preis stimmt.

DOKTOR EVAZAN

MORDLUSTIGER KRIMINELLER

DATEN-
BANK

ZUGEHÖRIGKEIT: Schmuggler
HEIMATWELT: Alsakan
SPEZIES: Mensch
GRÖSSE: 1,77 m
AUFTRETEN: RO, IV
SIEHE AUCH: Ponda Baba

Evazan und Ponda Baba ziehen ihre Blaster: Barmann Wuher duckt sich, doch Kenobi bleibt gelassen.

DER MEHRFACH zum Tode verurteilte Doktor Evazan ist berüchtigt dafür, die Gliedmaßen von Lebewesen neu anzuordnen. Evazan und sein Partner Ponda Baba haben zudem Spaß an Schlägereien und schießen gerne Unschuldige nieder.

EVAZAN war einst ein vielversprechender Chirurg. Doch während seiner Ausbildung wurde er vom Wahnsinn befallen. Heutzutage praktiziert er »kreative Chirurgie« (ohne die Hilfe von Droiden) an Hunderten von Opfern, die er schrecklich entstellt.

Krimineller Schläger

Evazan ist ein Schmuggler und Mörder mit vielen Feinden in der ganzen Galaxis. Einst versuchte ein Kopfgeldjäger, ihn zu erledigen, und entstellte dabei sein Gesicht. Der aqualishanische Unruhestifter Ponda Baba rettete ihn und wurde sein Partner.

DOKTOR KALONIA

STABSÄRZTIN DES WIDERSTANDS

DATENBANK

ZUGEHÖRIGKEIT: Widerstand
HEIMATWELT: Unbekannt
SPEZIES: Mensch
GRÖSSE: 1,73 m
AUFTRETEN: VII
SIEHE AUCH: Admiral Statura, Chewbacca

DOKTOR HARTER KALONIAS mitfühlende Art am Krankenbett und ihr Humor bringen verwundete Mitglieder des Widerstands schnell wieder auf die Beine. Sie ist eine exzellente Ärztin und Chirurgin.

KALONIA MUSS im Hauptquartier des Widerstands auf D'Qar mit einem unterbesetzten Medizentrum vorliebnehmen. Bevor der Konflikt mit der Ersten Ordnung ausbrach, musste sie sich nur um kranke und an den Folgen des ungewohnten Klimas auf dem grünen Planeten leidende Soldaten kümmern.

Chefärztin

Kalonia hat den militärischen Rang eines Majors, doch im medizinischen Bereich ist ihre Autorität um einiges größer. Wenn es notwendig ist, kann sie so höhere Offiziere vom Dienst freistellen. Kalonia ist sehr sprachbegabt – dass sie Shyriiwook, die Sprache der Wookiees versteht, hilft ihr, den verletzten und nervösen Chewbacca zu beruhigen.

DOKTOR PERSHING

IMPERIALER ARZT UND FORSCHER

DATENBANK

ZUGEHÖRIGKEIT: Imperium/ Restimperium
HEIMATWELT: Unbekannt
SPEZIES: Mensch
GRÖSSE: 1,70 m
AUFTRETEN: M
SIEHE AUCH: Dunkeltruppler, der Klient, Moff Gideon

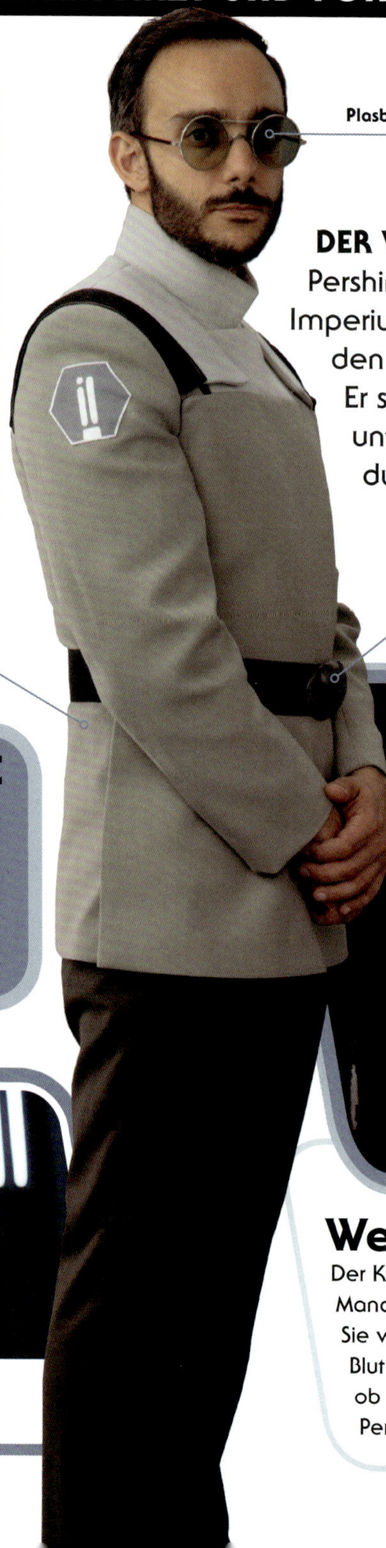

DER WISSENSCHAFTLER Doktor Pershing gehörte früher dem Imperium an und arbeitet nun für den Klienten und Moff Gideon. Er soll den mysteriösen Grogu untersuchen und seine Verbindung zur Macht ergründen.

DER ENGAGIERTE

Spitzenwissenschaftler Doktor Pershing will so viel wie nur möglich über Grogu erfahren. Er führt auch an anderen Probanden verschiedene Experimente durch.

Der Mythrol findet heraus, dass Pershing Grogus Blut analysiert.

Wertvolles Zielobjekt

Der Klient und Doktor Pershing sind froh, als der Mandalorianer ihnen das »Zielobjekt« bringt. Sie wollen Grogu für imperiale Experimente Blut abnehmen. Dem Klienten ist es egal, ob das Kind den Vorgang überlebt, aber Pershing will es am Leben halten.

DROOPY McCOOL

FLÖTIST DER MAX-REBO-BAND

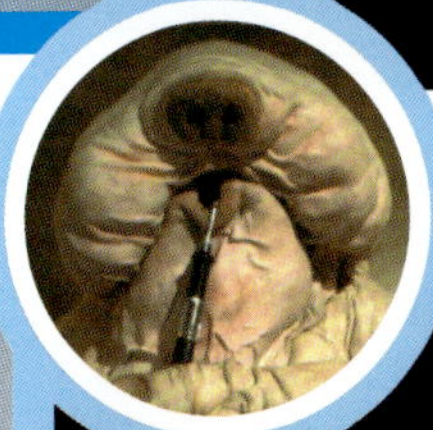

DATEN-BANK

ZUGEHÖRIGKEIT: Jabbas Hof
HEIMATWELT: Kirdo III
SPEZIES: Kitonak
GRÖSSE: 1,60 m
AUFTRETEN: VI
SIEHE AUCH: Jabba der Hutt, Max Rebo

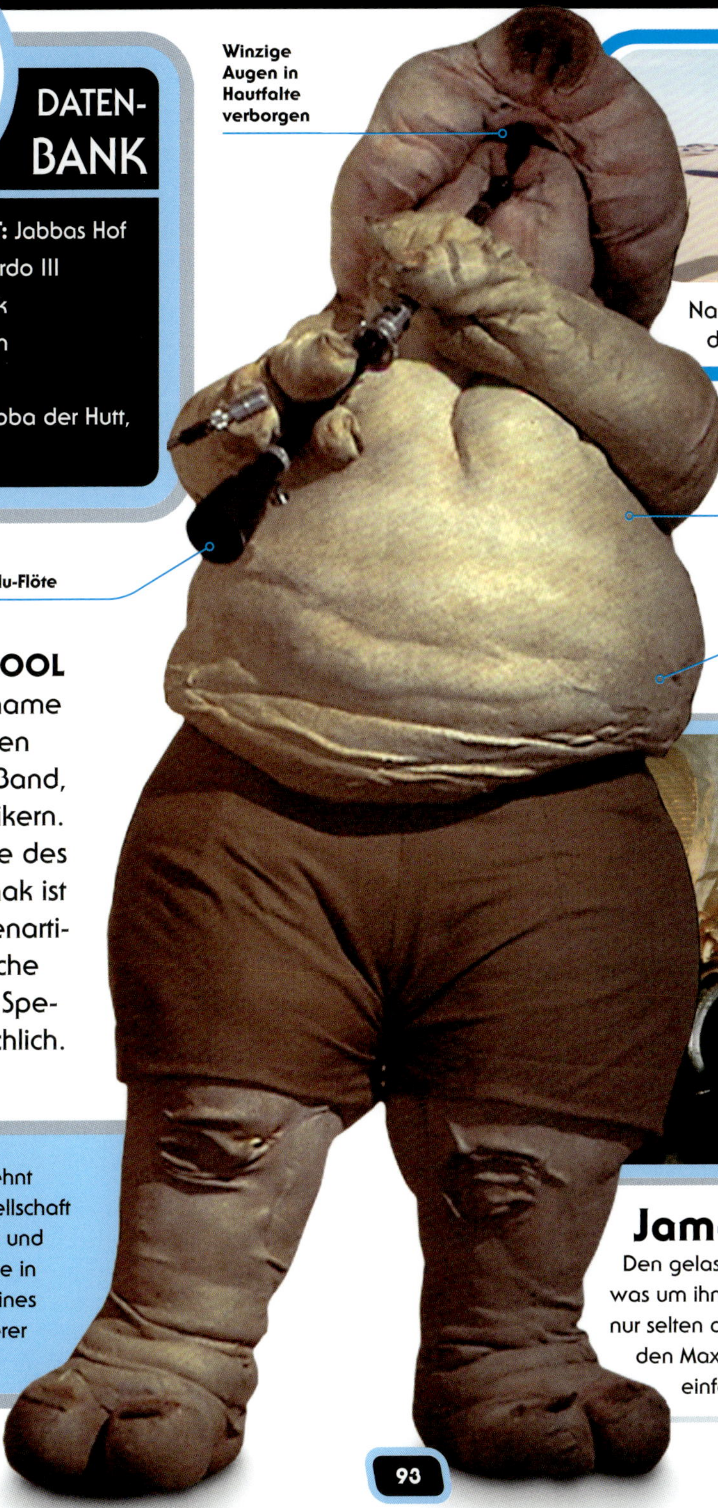

Nach Jabbas Tod verschwindet McCool in der Wüste.

DROOPY McCOOL ist der Künstlername des Hauptflötisten der Max-Rebo-Band, Jabbas Hofmusikern. Der echte Name des einsamen Kitonak ist eine Reihe flötenartiger Pfeifgeräusche und für andere Spezies unaussprechlich.

McCOOL sehnt sich nach der Gesellschaft eines Artgenossen und behauptet, er hätte in den Wüsten Tatooines die Stimmen anderer Kitonaks gehört.

Jam-Session

Den gelassenen Droopy lässt kalt, was um ihn herum geschieht. Er hört nur selten auf den Künstlernamen, den Max Rebo ihm gab, und spielt einfach bloß seine Musik.

DRYDEN VOS

KULTIVIERTER GANGSTER

DATENBANK

ZUGEHÖRIGKEIT: Crimson Dawn
HEIMATWELT: Unbekannt
SPEZIES: Fastmensch
GRÖSSE: 1,92 m
AUFTRETEN: S
SIEHE AUCH: Maul, Qi'ra

DRYDEN VOS LEITET nach außen hin das mächtige Verbrechersyndikat Crimson Dawn. Kaum jemand weiß, dass der dunkle Machtnutzer und einstige Sith Maul in Wahrheit die Fäden zieht. Vos wirkt charmant, aber hinter der Fassade lauert ein teuflischer Gangster, der lebenslange Treue erwartet.

ALS TYRANN im feinen Zwirn gibt Vos gern den herzlichen Gastgeber für die Reichen und Mächtigen an Bord seiner Sternenyacht, aber das Temperament kann schnell mit ihm durchgehen.

Harter Boss

Vos zeigt kurzzeitig Mitgefühl für Tobias Beckett und sein Team und gibt ihnen eine zweite Chance, das Coaxium anderswo zu besorgen. Für diese riskante Mission müssen sie ihr Leben aufs Spiel setzen – denn sollten sie scheitern, wäre dies ohnehin ihre Ende!

Drydens protzige Luxusyacht steckt voller unbezahlbarer Antiquitäten.

EETH KOTH

MITGLIED DES HOHEN RATS DER JEDI

DATENBANK

ZUGEHÖRIGKEIT: Jedi
HEIMATWELT: Iridonia
SPEZIES: Zabrak
GRÖSSE: 1,71 m
AUFTRETEN: I, II
SIEHE AUCH: Mace Windu, Plo Koon

JEDI-MEISTER und Ratsmitglied Eeth Koth ist ein iridonianischer Zabrak. Seine gehörnte Spezies ist bekannt für ihre Entschlossenheit und geistige Disziplin, die es diesem Volk erlaubt, enorme physische Schmerzen zu ertragen.

IN DEN KLONKRIEGEN

wird Eeth Koth von General Grievous als Geisel festgehalten. Dennoch kann er dem Jedi-Rat eine Botschaft senden, die seinen Aufenthaltsort verrät. Obi-Wan Kenobi und Adi Gallia starten eine gewagte Rettungsaktion und können den Jedi-Meister erfolgreich befreien.

Koth und die anderen im Rat müssen entscheiden, ob Anakin zum Jedi ausgebildet wird.

Spätzünder

Koth begann seine Ausbildung zum Jedi erst im Alter von vier Jahren. Daher ist er aufgeschlossener als andere Ratsmitglieder, als Qui-Gon darum bittet, Anakin Skywalker ausbilden zu dürfen.

ENFYS NEST

SWOOP-PIRATIN

DATENBANK

ZUGEHÖRIGKEIT: Himmelhunde
HEIMATWELT: Unbekannt
SPEZIES: Mensch
GRÖSSE: 1,67 m
AUFTRETEN: S
SIEHE AUCH: Han Solo

ENFYS NEST ist Anführerin der Himmelhunde, einer berüchtigten Piratenbande. Auf ihren Swoopschlitten legen sich diese Gesetzlosen mit dem Imperium und auch Verbrechersyndikaten wie der Crimson Dawn an.

ENFYS NESTS Ruf eilt ihr voraus. Ein ausgefeiltes Visier und das einschüchternde Outfit verbergen ihre wahre Identität. Sie ist bekannt dafür, Tobias Beckett und sein Team auszutricksen und ihnen das Leben schwer zu machen.

Mit ihren Swoops können Enfys Nest und ihre Bande Raumschiffe mitten in der Luft überfallen.

Gemeinsam stark

Nest vereint jene, die durch das Imperium alles verloren haben. Mit ihrer Beute unterstützen sie die noch junge Rebellenbewegung.

EV-9D9

SADISTISCHE DROIDENAUFSEHERIN

DATEN-BANK

ZUGEHÖRIGKEIT: Unabhängig
TYP: Überwachungsdroide
HERSTELLER: MerenData
GRÖSSE: 1,90 m
AUFTRETEN: VI, M
SIEHE AUCH: C-3PO, Mandalorianer, R2-D2

EV-9D9 arbeitet in den Kellern von Jabbas Palast auf Tatooine als Droidenaufseherin. Da ihre Programmierung fehlerhaft ist, schindet sie die Droiden des Hutts, bis sie auseinanderfallen, und wendet zur Motivation bizarre Formen der Droidenfolter an.

Neuer Job

Nachdem Jabbas Herrschaft auf Tatooine zu Ende ist, wird EV-9D9 umprogrammiert und Barkeeperin in Mos Eisley, wo sie dem Mandalorianer begegnet.

EV-9D9 ist nicht die einzige EV-Einheit mit einem Programmfehler, der grausames Verhalten auslöst – doch 9D9 ist eine der wenigen, die der großen Rückrufaktion entgingen. Nun genießt sie ihre Aufgabe als Aufseherin aller anderen Droiden in Jabbas Palast.

EV-9D9 hat ein drittes Auge, um Droidenleid zu »sehen«.

EVEN PIELL

LANNIK-JEDI-MEISTER

DATENBANK

ZUGEHÖRIGKEIT: Jedi
HEIMATWELT: Lannik
SPEZIES: Lannik
GRÖSSE: 1,22 m
AUFTRETEN: I, II
SIEHE AUCH: Anakin Skywalker, Qui-Gon Jinn, Yoda

DIESEN FORSCHEN JEDI-MEISTER sollte man nicht unterschätzen. Die Narbe, die Even Piell über dem Auge trägt, ist ein Andenken an einen Sieg über Terroristen, die den kleinwüchsigen Jedi nicht ernst genug nahmen.

PIELL stammt von Lannik, einem Planeten mit einer langen Geschichte voller Kriege. Er ist ein erfahrener Kämpfer, wird in den Klonkriegen aber in der berüchtigten Zitadelle eingesperrt. Bei der Flucht wird er tödlich verletzt, doch er kann noch bedeutende Informationen für den Fortgang des Krieges an Ahsoka Tano übermitteln.

Even Piell, der neben Yaddle sitzt, hat einen dauerhaften Sitz im Hohen Rat der Jedi.

Folgenschwere Ereignisse

Even Piell sitzt während der ersten Schritte in Richtung Krieg im Hohen Rat der Jedi. Er ist auch anwesend, als Qui-Gon Jinn den angesehenen Jedi-Anführern zum ersten Mal den jungen Anakin Skywalker vorstellt.

FENNEC SHAND

ELITESÖLDNERIN

DATENBANK

GRUPPE: Kopfgeldjäger
HEIMATWELT: Unbekannt
SPEZIES: Mensch
GRÖSSE: 1,63 m
AUFTRETEN: M
SIEHE AUCH: Boba Fett, Cara Dune, Mandalorianer

Zopf hält Haare aus dem Gesicht.

Gepanzerter Schutzhelm mit optimiertem Blickfeld

Panzergewebe

Fennec hat einen leisen Tritt.

Nach der Zusammenarbeit mit Mando übernehmen Shand und Boba Fett das Ruder im einstigen Palast von Jabba.

FENNEC SHAND ist eine Auftragsmörderin, die unter Druck ruhig bleibt und für die gefährlichsten Verbrecher der Galaxis arbeitet, auch die Hutts. Sie ist loyal gegenüber Gefährten, aber eine tödliche Gefahr für ihre Feinde.

Gute Schützin

Fennec ist eine Expertin mit dem Scharfschützengewehr und ihr Ruf bestätigt ihre Behauptung, dass sie nie ein Ziel verfehlt. Auch große Entfernungen und ein Aufstieg in die Lüfte sind für sie kein Hindernis.

ALS SIE SICH in Tatooines Dünenmeer versteckt, schießt Toro Calican auf Shand und lässt sie tot geglaubt zurück. Boba Fett rettet ihr mithilfe von Technik das Leben. Die beiden werden Partner und suchen Fetts verlorene Rüstung.

FIGRIN D'AN

BITH-BANDLEADER

DATEN-BANK

ZUGEHÖRIGKEIT: Modal Nodes
HEIMATWELT: Bith
SPEZIES: Bith
GRÖSSE: 1,79 m
AUFTRETEN: IV
SIEHE AUCH: Jabba der Hutt

Ein Wookiee namens Chalmun ist Besitzer der Cantina, in der die Modal Nodes oft spielen.

KLOO-HORN-SPIELER

Figrin D'an ist der Kopf der Modal Nodes, einer Gruppe von sieben Bith-Musikern. Sie spielen auf verschiedenen Bühnen auf Tatooine, darunter Chalmuns Cantina in Mos Eisley und Jabbas Wüstenpalast.

Bandmitglieder

Die Modal Nodes sind Figrin D'an am Kloo-Horn, Doikk Na'ts am dorenischen Beshniquel (oder Fizzz), Ickabel G'ont am Doppeljocimer, Tedn Dahai an der Fanfar, Tech Mo'r an der Ommni-Box, Nalan Cheel am Bandfill und Sun'il Ei'de am Schlagzeug. Lirin Car'n spielt oft das zweite Kloo-Horn.

FIGRIN ist ein anspruchsvoller Bandleader, der von seinen Musikern das Beste erwartet. Seine überhebliche Art hat ihm den Spitznamen »Feuriger« Figrin D'an eingebracht. Wenn er nicht Kloo-Horn spielt, ist Figrin ein zwanghafter Glücksspieler, der oft die Einnahmen der Band verwettet.

FINN

GENERAL DES WIDERSTANDS

DATEN-BANK

ZUGEHÖRIGKEIT: Erste Ordnung/Widerstand
HEIMATWELT: Unbekannt
SPEZIES: Mensch
GRÖSSE: 1,78 m
AUFTRETEN: VII, VIII, IX
SIEHE AUCH: Poe Dameron, Rey, Rose Tico

Finns Insiderwissen über Sternenzerstörer ist mehr als nützlich, als Rose, DJ und er in Snokes Schiff eindringen, um ein Ortungsgerät zu finden.

STURMTRUPPLER

FN-2187 weigert sich, Zivilisten anzugreifen, flieht von seiner Einheit und findet ein neues Zuhause beim Widerstand. Er nimmt den Namen Finn an und gibt alles im Kampf gegen die Erste Ordnung.

Nichts wie weg

Finn befreit den gefangenen Piloten des Widerstands Poe Dameron, damit er ihm bei seiner Flucht vor der Ersten Ordnung hilft. Nach einer Bruchlandung auf Jakku werden er und Poe getrennt, aber als Finn die Schrottsammlerin Rey und die geheimnisvolle Macht kennenlernt, ändert sich sein Leben schlagartig.

FINN IST ein geborener Anführer mit aufkeimender Affinität zur Macht, der alles dafür tut, seine Freunde zu beschützen. Nach Einsätzen auf der Starkiller-Basis, in Canto Bight und auf Crait wird er zum General des Widerstands befördert.

EXEKUTIONSTRUPPLER (ERSTE ORDNUNG)

SCHARFRICHTER FÜR VERRÄTER

DATENBANK

ZUGEHÖRIGKEIT: Erste Ordnung
HEIMATWELT: Verschieden
SPEZIES: Mensch
GRÖSSE: Um 1,83 m
AUSRÜSTUNG: Laseraxt
AUFTRETEN: VIII
SIEHE AUCH: Captain Phasma, Sturmtruppler (Erste Ordnung)

TOD DURCH BLASTER gilt manchmal als zu gut für jemanden, dem man Verrat an der Ersten Ordnung vorwirft. Spezielle Scharfrichter der Sturmtruppen tun daher mit Laseräxten der Gerechtigkeit Genüge.

JEDER STURMTRUPPLER

kann zum Exekutionsdienst herangezogen werden. Laseräxte mit vier scharfen Energiebändern sorgen für eindrucksvolle Machtdemonstrationen.

Die schwarze Fläche oben am Helm kennzeichnet den Soldaten als Exekutionstruppler.

Knappe Flucht

Finn machte sich Captain Phasma zum Feind, als er desertierte. Alsbald finden er und Widerstandskämpferin Rose sich in ihrem Gewahrsam wieder. Phasma befiehlt zwei Trupplern, die beiden zu töten – aber sie können fliehen, als das Raumschiff angegriffen wird.

FLAMMENTRUPPLER (ERSTE ORDNUNG)

BRANDWAFFEN-STURMTRUPPEN

DATEN-BANK

ZUGEHÖRIGKEIT: Erste Ordnung
HEIMATWELT: Verschieden
SPEZIES: Mensch
GRÖSSE: Um 1,83 m
AUSRÜSTUNG: Flammenwerfer
AUFTRETEN: VII, VIII
SIEHE AUCH: Sturmtruppler (Erste Ordnung)

FLAMMENTRUPPEN sind Spezialeinheiten der Ersten Ordnung, deren Waffen jedes Schlachtfeld in ein brennendes Inferno verwandeln können. Sie werden bei dem Angriff auf das Dorf Tuanul auf Jakku eingesetzt.

FLAMMENTRUPPLER tragen doppelläufige Flammenprojektoren vom Typ D-93 »Verascher«, die das entzündliche Gel Conflagrin-14 aus einem Doppelkammertank auf dem Rücken des Soldaten versprühen. Das elektrisch entzündete Gel hat eine Reichweite von bis zu 75 Metern.

Beim Widerstand nennt man die Flammentruppler auch »Röster«, »Hitzköpfe« oder »Burnouts«.

Feuer des Krieges

Die Flammentruppen-Rüstung besteht aus verstärktem, hitzebeständigem Cyramech. Das schmale Visier des Helms schirmt die Augen vor dem hellen Licht des Feuers ab. Flammentruppen werden zusammen mit normalen Sturmtruppen eingesetzt, um Feinde aus der Deckung zu treiben.

JETTRUPPLER (ERSTE ORDNUNG)

HOCH FLIEGENDE STURMTRUPPEN

DATENBANK

ZUGEHÖRIGKEIT: Erste Ordnung
HEIMATWELT: Verschieden
SPEZIES: Mensch
GRÖSSE: Um 1,83 m
AUSRÜSTUNG: Projektilwerfer G125 von Sonn-Blas
AUFTRETEN: IX
SIEHE AUCH: Sturmtruppler (Erste Ordnung)

Die Erste Ordnung verfolgt auf Kettengleitern Widerstandskämpfer durch die Wüste Pasaanas.

JETTRUPPLER der Ersten Ordnung sind Spezialkräfte, die zur Verfolgung ihrer Ziele in die Luft aufsteigen. Oftmals werden sie mit Kettengleitern vor Ort gebracht und mit deren Hilfe in die Höhe befördert.

Luftjagd

Jettruppler unterstützen ihre Kameraden am Boden, indem sie aus der Luft Projektile abfeuern, um Feinde in Schach zu halten. Im Flug sind Jettruppler anfällig für Angriffe mit Blastern und Thermaldetonatoren.

NUR DIE FITTESTEN

Rekruten werden für die Ausbildung zum Jettruppler ausgewählt, da die Gyroskope in ihren Jetpacks ein sehr hohes Maß an Körperbeherrschung erfordern. Jede kleine Bewegung kann zu unkontrollierten Drehungen führen, die schwer zu korrigieren sind.

SCHNEETRUPPLER (ERSTE ORDNUNG)

STURMTRUPPEN FÜR KALTES KLIMA

DATENBANK

ZUGEHÖRIGKEIT: Erste Ordnung
HEIMATWELT: Verschieden
SPEZIES: Mensch
GRÖSSE: Um 1,83 m
STANDARDAUSRÜSTUNG: Blastergewehr, Blasterpistole
AUFTRETEN: VII, VIII, IX
SIEHE AUCH: Flammen- und Sturmtruppler (Erste Ordnung)

Schneetruppen sind gut geeignet für den Einsatz auf Crait, dessen kristalline Oberfläche stark blendet. Die Heizung bleibt hier aus.

DA DIE BASIS für die Operation Starkiller der Ersten Ordnung sich auf einem Eisplaneten befindet, sind diese für kaltes Klima ausgerüsteten Sturmtruppler für die Sicherheit verantwortlich.

IHRE RÜSTUNG

bietet Schneetrupplern mehr Bewegungsfreiheit als die Standardrüstung, damit sie vereistes und verschneites Terrain besser bewältigen können. Sie ist mit isoliertem Stoff überzogen, während der Tornister eine Heizeinheit enthält, die die Körpertemperatur überwacht und reguliert.

Eiskalte Krieger

Schneetruppen sind ebenso für die Sicherheit der Starkiller-Basis wie für die Eroberung von Eiswelten zuständig. Exponierte Rüstungsteile aus Betaplast werden mit Frostschutzmittel imprägniert und das Helmvisier ist nur ein schmaler Schlitz, um nicht vom Schnee geblendet zu werden. Heizfäden säumen wichtige Teile der Ausrüstung.

STURMTRUPPLER (ERSTE ORDNUNG)

EINE NEUE GENERATION SOLDATEN

DATENBANK

ZUGEHÖRIGKEIT: Erste Ordnung
HEIMATWELT: Verschieden
SPEZIES: Mensch
GRÖSSE: Um 1,83 m
STANDARDAUSRÜSTUNG: Blastergewehr, Blasterpistole
AUFTRETEN: VII, VIII, IX
SIEHE AUCH: Finn, Phasma

DIE BODENTRUPPEN der Ersten Ordnung ähneln mit Absicht jenen gefürchteten Soldaten des Alten Imperiums, die wiederum auf die Klonsoldaten der Republik zurückgehen.

STURMTRUPPLER der Ersten Ordnung werden von Kindesbeinen an als Soldaten trainiert. Detaillierte Simulationen unterstützen den umfangreichen Drill, der in allen Rängen ein exzellentes Leistungsniveau garantieren soll, das das der imperialen Truppen übersteigt.

Die Standardwaffen der Sturmtruppler der Ersten Ordnung sind das F-11D-Blastergewehr sowie die SE-44C-Blasterpistole von Sonn-Blas.

Kampfeinsatz

Ein Standardtrupp umfasst zehn Sturmtruppler, von denen einer ein spezialisierter Soldat sein kann – ein Flammentruppler, ein Sturmtruppler mit einem FWMB-10-Megablaster oder ein Nahkampfspezialist.

TIE-JÄGER-PILOT (ERSTE ORDNUNG)

EINE NEUE GENERATION PILOTEN

DATENBANK

ZUGEHÖRIGKEIT: Erste Ordnung
HEIMATWELT: Verschieden
SPEZIES: Mensch
GRÖSSE: Um 1,83 m
AUSRÜSTUNG: Blasterpistole
AUFTRETEN: VII, VIII, IX
SIEHE AUCH: General Hux, Poe Dameron

MODERNE TIE-PILOTEN profitieren davon, dass die Erste Ordnung mehr Wert auf die Überlebensfähigkeit ihrer Truppen legt. Die neuen Jäger und Piloten sind viel besser ausgerüstet als ihre imperialen Vorgänger.

Der Standard-TIE-Jäger der Ersten Ordnung wird als TIE/EO bezeichnet.

DIE ERSTE ORDNUNG

hat keinen Zugang zu den alten Akademien des Imperiums und bildet ihre Piloten auf Sternenzerstörern ihrer stetig wachsenden Flotte aus. Die neuen TIE-Piloten verbringen die meiste Zeit ihres Lebens im All.

Spezialeinheiten

Zum TIE-Jäger-Korps der Ersten Ordnung gehören Spezialeinheiten, die man an roten Markierungen an ihren Helmen und Schiffen erkennt. Diese Elitepiloten fliegen einen speziellen Zweimannjäger mit verstärkten Schilden und Hyperantrieb.

FLÜGGER MYTHROL

GREEF KARGAS NERVÖSER ASSISTENT

DATENBANK

ZUGEHÖRIGKEIT: Magistrat von Nevarro
HEIMATWELT: Unbekannt
SPEZIES: Mythrol
GRÖSSE: 1,73 m
AUFTRETEN: M
SIEHE AUCH: Cara Dune, Greef Karga, Mandalorianer

DIESER JUNGE MYTHROL ist ein ehemaliger Dieb, der in Nevarros Magistratsbüro für Greef Karga arbeitet, um seine Schuld an der Gesellschaft abzutragen und ein besseres Leben zu führen. Er kennt sich gut mit Zahlen und Technik aus.

EIN MYTHROL WIRD

mit Kiemen und Kopfflossen geboren und häutet sich mehrfach während des Wachsens. Ein junger Mythrol wird als »flügge« bezeichnet. Wird einer ihrer Art nervös oder fühlt er sich unbehaglich, sondert er einen intensiven Moschusduft ab.

Viel verlangt

Greef Karga verlangt vom Mythrol, dass er von der Kontrollplattform einer imperialen Basis auf Nevarro aus die Kühlung des Reaktors leert, um die Basis zu zerstören. Der Mythrol mag weder große Höhen noch Hitze oder Lava, aber Greef bleibt hart.

Der Mandalorianer friert den jungen Mythrol zum Transport in Karbonit ein.

FROSCHLADY

HINGEBUNGSVOLLE AMPHIBIENMUTTER

DATEN-BANK

ZUGEHÖRIGKEIT: Unabhängig
HEIMATWELT: Unbekannt
SPEZIES: Unbekannt
GRÖSSE: 1,45 m
AUFTRETEN: M
SIEHE AUCH: Grogu, Mandalorianer

DIE FROSCHLADY trägt ihre letzten Eier auf dem Rücken. Sie will Tatooine verlassen und zu ihrem Mann, weil die Eier vor dem nächsten Äquinoktium befruchtet werden müssen, wenn ihre Linie nicht enden soll.

Die Froschlady ist geschickt mit ihrer Blasterpistole und beschützt Grogu damit vor Eisspinnen.

IST SIE in Gefahr, ist die Froschlady schneller als erwartet. Sie wechselt rasch auf alle viere und macht enorme Sprünge, um Eisspinnen und jedem anderen zu entwischen, der sie oder ihre Eier bedroht.

Noch ein Kind

In einer ruhigen Minute baut Grogu auf dem Mond Trask eine besondere Verbindung zu einem geschlüpften Baby der Froschlady auf.

GALEN ERSO

GENIALER WISSENSCHAFTLER

DATENBANK

ZUGEHÖRIGKEIT: Imperium, Rebellenallianz
HEIMATWELT: Grange
SPEZIES: Mensch
GRÖSSE: 1,83 m
AUFTRETEN: RO
SIEHE AUCH: Jyn Erso, Lyra Erso, Orson Krennic

DER PRÄMIERTE Wissenschaftler Galen Erso ist Experte für Kristallkunde. Seine Forschung über Kyberkristalle soll helfen, dass die Galaxis sich von den Klonkriegen erholt. Doch ohne es zu ahnen, ermöglicht er damit die verheerendste Superwaffe aller Zeiten, den Todesstern!

Galen sah seine Tochter zum letzten Mal mit acht Jahren. Als Jyn ihn auf Eadu findet, kann sie gerade noch Lebewohl sagen.

Wiedergutmachung

In einer imperialen Forschungseinrichtung gefangen, hadert Erso mit dem Schrecken, den er entfesselt hat. Er kann den Bau des Todessterns nicht verhindern, findet aber einen anderen Weg: Er sendet eine Holonachricht über eine verborgene Schwachstelle an die Rebellen! Ein Treffer an der richtigen Stelle und die Superwaffe ist Geschichte.

GALEN ERSO liebt die Wissenschaft und will die Galaxis zu einem besseren Ort machen. Als er entdeckt, wie man mit Kyberkristallen Unmengen Energie gewinnt, wird seine Forschung missbraucht. Direktor Krennic erkennt das zerstörerische Potenzial und zwingt Erso, für das Imperium zu arbeiten. Ersos Wissen kostet ihn seine Familie, die Freiheit und letztlich das Leben.

GAMORREANER-WACHE

WÄCHTER IN JABBAS PALAST

DATEN-BANK

ZUGEHÖRIGKEIT: Jabbas Hof
HEIMATWELT: Gamorr
SPEZIES: Gamorreaner
GRÖSSE: Um 1,73 m
AUFTRETEN: VI, M
SIEHE AUCH: Jabba der Hutt

STARKE, BRUTALE Gamorreaner-Wachen stehen überall in Jabbas Palast auf Tatooine. Diese stämmigen und begriffsstutzigen Kreaturen sind stur und loyal, neigen jedoch leicht zu barbarischen Gewaltausbrüchen.

Gamorreaner haben Freude an der häufigen Gewalt in Jabbas Palast.

GAMORREANER stammen von der Randwelt Gamorr. Männliche Gamorreaner, die man Keiler nennt, führen entweder Krieg oder bereiten sich auf den nächsten Krieg vor.

In Gor Koreshs Arena treten Gamorreaner zu Kämpfen mit Vibroäxten gegeneinander an.

Diensttauglich

Die geringe Intelligenz der Gamorreaner macht sie so gut wie unbestechlich, was für ihre Herren von großem Vorteil ist. Sie ziehen Äxte und Vibrolanzen Blastern vor.

GARINDAN

SPION IN MOS EISLEY

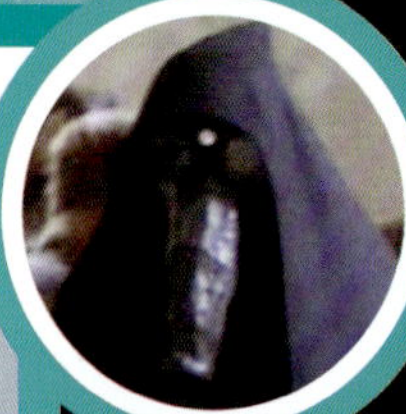

DATEN-BANK

ZUGEHÖRIGKEIT: Wechselt
HEIMATWELT: Kubindi
SPEZIES: Kubaz
GRÖSSE: 1,85 m
AUFTRETEN: IV
SIEHE AUCH: Luke Skywalker, Sandtruppler

GARINDAN ist ein gieriger und unmoralischer Kubaz vom Planeten Kubindi. Er arbeitet als Spitzel für den Meistbietenden. In Mos Eisley heuern die imperialen Behörden Garindan an, um zwei vermisste Droiden zu finden. Der zwielichtige Spion nimmt rasch die Spur von Luke Skywalker, Obi-Wan Kenobi, R2-D2 und C-3PO auf.

Auf der Fährte

Garindan erfährt vom Plan Luke Skywalkers und seiner Freunde, sich an der Startrampe 94 mit Han Solo zu treffen. Der listige Spion folgt ihnen und alarmiert mit seinem imperialen Komlink die Behörden, die sofort eine Sandtruppeneinheit schicken.

Garindan hat einen langen Rüssel, mit dem er seine Leibspeise verzehrt: Insekten.

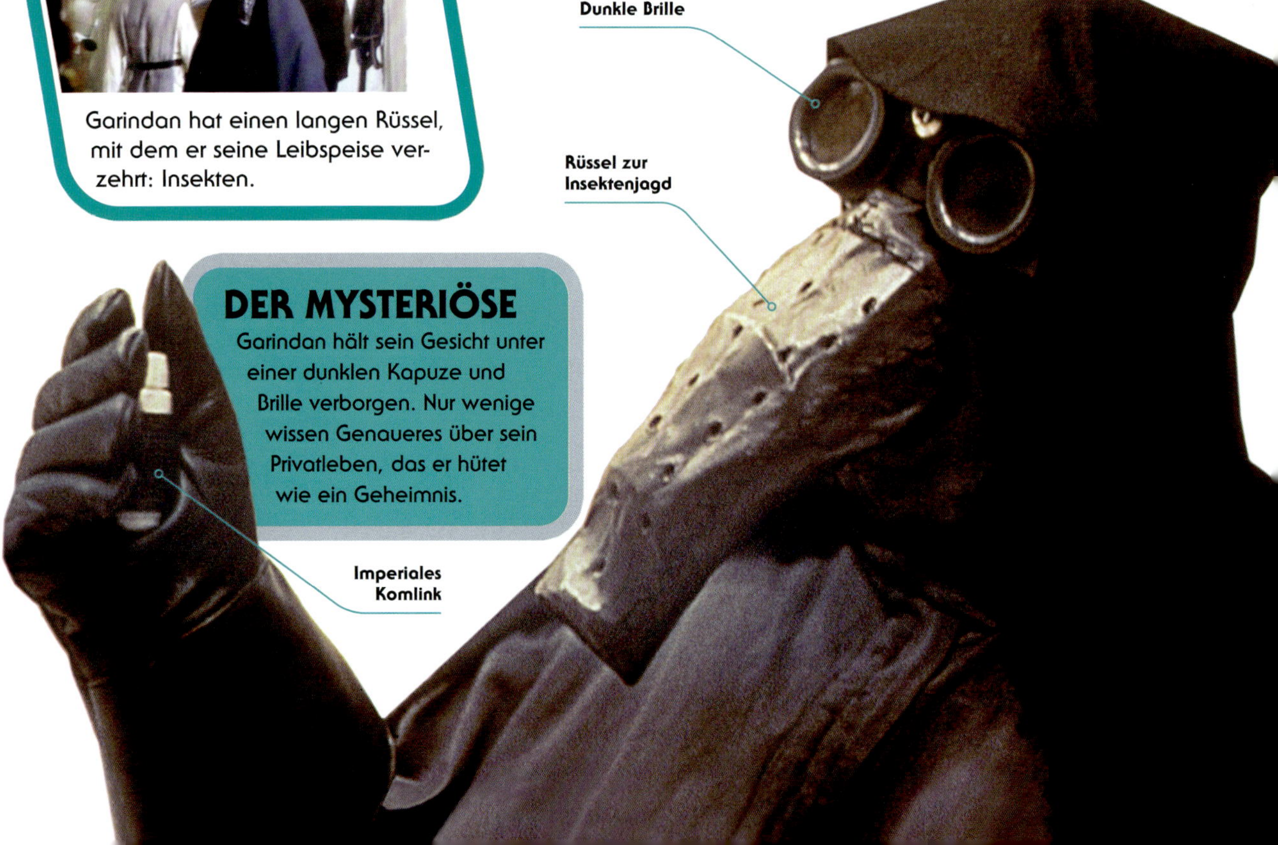

DER MYSTERIÖSE

Garindan hält sein Gesicht unter einer dunklen Kapuze und Brille verborgen. Nur wenige wissen Genaueres über sein Privatleben, das er hütet wie ein Geheimnis.

GENERAL DRAVEN

LEITER DES REBELLENGEHEIMDIENSTS

DATENBANK

ZUGEHÖRIGKEIT: Rebellenallianz
HEIMATWELT: Pendarr III
SPEZIES: Mensch
GRÖSSE: 1,91 m
AUFTRETEN: RO
SIEHE AUCH: Cassian Andor, General Merrick

GENERAL DAVITS DRAVEN ist Veteran der Klonkriege. Nun kämpft er gegen das imperiale Militär, dem viele seiner ehemaligen Kameraden aus Zeiten der Republik angehören. In der Yavin-Basis der Allianz ist er der leitende Geheimdienstoffizier.

Draven verfolgt die Mission auf Eadu. Wird Andor seinen Geheimauftrag erledigen und Galen Erso ausschalten?

Geheimoperation

Draven versucht, die Informationen über den Wissenschaftler Galen Erso und die vermeintlichen Pläne des Imperiums für eine Superwaffe zusammenzusetzen. Die Suche nach Erso wird »Operation Bruchstelle« genannt.

DRAVEN ist ein Pragmatiker, den Fakten interessieren und der auf Nummer sicher geht. Er hält die Informationen über den Todesstern für glaubhaft, aber ihren Ursprung, Galen Erso, für einen Risikofaktor. Daher zögert er nicht, den Befehl zu geben, Erso zu töten.

GENERAL EMATT

REBELLENVETERAN

DATEN-BANK

ZUGEHÖRIGKEIT: Widerstand
HEIMATWELT: Unbekannt
SPEZIES: Mensch
GRÖSSE: 1,80 m
AUFTRETEN: VII, VIII
SIEHE AUCH: Admiral Statura, C-3PO, Han Solo, Prinzessin Leia

CALUAN EMATT ein Veteran der Rebellenallianz, war einer der ersten Offiziere, der General Leia Organas Widerstand beitrat. Er wird vom Major zum General befördert, um die äußere Verteidigung der alten Rebellenbasis auf Crait zu leiten.

WÄHREND DES Galaktischen Bürgerkriegs war Ematt Anführer der »Würger«, eines speziellen Aufklärungsteams, das für die Erkundung, Sicherung und Vorbereitung neuer, sicherer Gebiete für die Rebellenallianz zuständig war.

Anwerber

In den Anfangszeiten des Widerstands war Ematt als Agent für General Organa tätig. Er diente weiterhin in den Streitkräften der Neuen Republik und hielt nach passenden Rekruten für den Widerstand Ausschau. Als die Menge an überlaufenden Piloten auffiel, gab Ematt den Posten bei der Republik auf, um sich ganz dem Widerstand zu widmen.

GENERAL GRIEVOUS

KOMMANDANT DER DROIDENARMEE

DATENBANK

ZUGEHÖRIGKEIT: Separatisten
HEIMATWELT: Kalee
SPEZIES: Kaleesh (Cyborg)
GRÖSSE: 2,16 m
AUFTRETEN: III
SIEHE AUCH: Count Dooku, Obi-Wan Kenobi, Palpatine

GENERAL GRIEVOUS ist während der Klonkriege Oberbefehlshaber der Droidenarmee. Grievous reagiert zornig auf Andeutungen, er sei ein Droide. Tatsächlich ist er ein Cyborg: eine bizarre Verbindung organischer Körperteile und mechanischer Rüstung, mit einem Buckel und schlimmem Husten.

Grievous' Ende ist gekommen, als Obi-Wan auf seinen ungeschützten Organbeutel feuert.

GRIEVOUS ist ein Kriegsherr der Kaleesh, der sich von seinem neuen Cyborgkörper größere Stärke erhofft. Er ist nicht machtsensitiv, aber Darth Tyranus (Dooku) unterwies ihn im Lichtschwertkampf.

Kampfbereit

Nach ihrem Kampf während der riskanten Befreiung von Palpatine treffen Obi-Wan Kenobi und Grievous in der Separatistenbasis auf Utapau erneut aufeinander. Diesmal teilt Grievous seine Arme und schwingt vier Lichtschwerter gleichzeitig.

Grievous wagt mit seinem Flaggschiff, der *Unsichtbaren Hand*, einen Angriff auf Coruscant.

GENERAL HUX

OFFIZIER DER ERSTEN ORDNUNG

DATEN-
BANK

ZUGEHÖRIGKEIT: Erste Ordnung
HEIMATWELT: Arkanis
SPEZIES: Mensch
GRÖSSE: 1,85 m
AUFTRETEN: VII, VIII, IX
SIEHE AUCH: Finn, Kylo Ren

DER JUNGE, skrupellose Offizier der Ersten Ordnung hat vollstes Vertrauen in seine Truppen und Technologie. Er genießt es sehr, schreckliche Waffen in der Galaxis zu entfesseln, und will endlich den Widerstand auslöschen.

Polierte Gürtelschnalle eines Offiziers

ALS SOHN eines hochdekorierten Imperialen blickt Hux ehrfürchtig zu den Errungenschaften des Galaktischen Imperiums auf. Wie viele andere in der Ersten Ordnung ist er der Meinung, dass die Neue Republik unrechtmäßig regiert und der Galaxis eine starke Hand fehlt.

Dunkelgraue Generalsuniform

Die Widerstandshelden Finn, Poe Dameron und Chewbacca sind perplex, als Hux sich als Spion offenbart und auf drei Sturmtruppler schießt.

Isolierte Stiefel

Hux und Kylo

Hux ist nicht froh, als Kylo Ren Snokes Platz einnimmt. Als jemand, der an Fakten glaubt, hat Hux wenig für die Macht übrig. Gegen Rens dunkle Kräfte hat er aber keine Chance. Später gibt Hux Informationen an den Widerstand weiter, um Rens Position in der Ersten Ordnung zu schwächen. Als man seinen Verrat erkennt, wird er getötet.

GENERAL MADINE

REBELLENKOMMANDANT UND STRATEGE

DATEN-BANK

ZUGEHÖRIGKEIT: Rebellen-allianz/Neue Republik
HEIMATWELT: Corellia
SPEZIES: Mensch
GRÖSSE: 1,73 m
AUFTRETEN: VI
SIEHE AUCH: Admiral Ackbar, Mon Mothma

ALS KOMMANDANT der Spezialeinheiten der Rebellenallianz entwickelt Madine den Plan zur Zerstörung des imperialen Schildgenerators auf dem Mond von Endor. Er trainiert zudem den Stoßtrupp, der den Mond infiltriert.

Madine hilft Admiral Ackbar, die Schlacht von Endor vom Flaggschiff der Rebellen aus zu leiten.

CRIX MADINE führte eine imperiale Kommandoeinheit, bis er zur Allianz überlief. Er ist Experte für kleine Bodeneinsätze. Madines Kommandotruppen bei den Rebellen waren für das Erbeuten imperialer Ausrüstung und Informationen mit großer Bedeutung für die Allianz verantwortlich.

Rebellen-Berater

Madine ist ein geachteter Berater der Rebellenanführerin Mon Mothma. Vor der Schlacht von Endor bereiten Madine und Mothma die Truppen an Bord des Rebellenflaggschiffs *Heimat Eins* auf den Einsatz vor. Nach dem Fall des Imperiums befehligt Madine die Spezialeinsatzkräfte der Neuen Republik.

GENERAL MERRICK

BLAU EINS IN DER SCHLACHT VON SCARIF

DATEN-BANK

ZUGEHÖRIGKEIT: Rebellen-allianz
HEIMATWELT: Virujansi
SPEZIES: Mensch
GRÖSSE: 1,82 m
AUFTRETEN: RO
SIEHE AUCH: General Draven

Helm K-22995 von Koensayr

Schleudersitz-gurtzeug von Guidenhauser

Schlauch für Luftaustausch

GENERAL ANTOC MERRICK hat das Kommando über alle Jägereinheiten der Massassi-Basis der Rebellen auf Yavin 4. In der Schlacht von Scarif führt der fähige Pilot in seinem T-65B-X-Flügler persönlich die Blaue Staffel an.

GENERAL Merrick hat die Befehlsgewalt über alle X-, Y- und U-Flügler-Piloten auf Yavin 4. Als einer von wenigen Piloten, die als »Blau Eins« die Blaue Staffel anführten, fliegt er in der Schlacht von Scarif zum ersten und letzten Mal unter diesem Rufnamen.

Fürsorglich

Anders als für den kühlen Pragmatiker Draven stehen für Merrick seine Piloten an erster Stelle. Er trommelt sie sofort zusammen, wenn man sie braucht, würde ihr Leben aber nie ohne Not aufs Spiel setzen. Besonders hoch stehen bei ihm die U-Flügler-Piloten im Kurs, setzen sie sich doch beim Absetzen von Bodentruppen dem größten Risiko aus.

Wenn er nicht im Flugeinsatz ist, bringt General Merrick seine Stimme im Rebellenrat zu Gehör.

GENERAL RIEEKAN

REBELLENKOMMANDANT DER ECHO-BASIS

DATENBANK

GRUPPE: Rebellenallianz
HEIMATWELT: Alderaan
SPEZIES: Mensch
GRÖSSE: 1,80 m
AUFTRETEN: V
SIEHE AUCH: Prinzessin Leia

GENERAL CARLIST RIEEKAN führt das Kommando in der Echo-Basis auf Hoth. Er hält die sieben Ebenen der geheimen Basis in ständiger Alarmbereitschaft und ist stets besorgt, das Imperium könnte sie entdecken. Rieekan weiß, dass Aktivitäten im eisigen Hoth-System leicht auszumachen sind.

RIEEKAN wurde auf Alderaan geboren, dem Planeten von Leia Organas Adoptiveltern. Er kämpfte in den Klonkriegen für die Republik und ist Gründungsmitglied der Rebellenallianz. Rieekan hält sich nicht auf Alderaan auf, als die Superwaffe des Todessterns den Planeten vernichtet, doch das schreckliche Ereignis verfolgt ihn sein Leben lang.

Rieekan wartet, bis alle Rebellentransporter Hoth verlassen haben, bevor er selbst flieht.

Ernster Anführer

Carlist Rieekan ist ein entschlossener Kommandant. Als die imperiale Armee die Echo-Basis entdeckt, will Rieekan Vaders Truppen lange genug aufhalten, bis die Rebellen die Basis evakuiert haben.

GENERAL VEERS

IMPERIALER KOMMANDANT AUF HOTH

DATEN-BANK

ZUGEHÖRIGKEIT: Imperium
HEIMATWELT: Denon
SPEZIES: Mensch
GRÖSSE: 1,93 m
AUFTRETEN: V
SIEHE AUCH: Admiral Ozzel, Admiral Piett

MAXIMILIAN VEERS ist ein listiger und fähiger General, der sich schnell hochgearbeitet hat. Als Familienmensch gilt Veers geradezu als Paradebeispiel für einen imperialen Offizier.

GENERAL VEERS schmiedete den Plan für den verheerenden Angriff des Imperiums auf die Echo-Basis, den Stützpunkt der Rebellenallianz auf Hoth. Er kommandiert den Einsatz persönlich aus dem Cockpit des AT-AT-Läufers mit dem Codenamen *Blizzard Eins.*

General Veers visiert im Cockpit seines AT-ATs die Rebellen an.

Grausamer Ehrgeiz

Entschlossen, sich Vader zu beweisen, führt Veers das AT-AT-Regiment an, das erfolgreich den Schildgenerator der Rebellen zerstört und Vader die Landung auf Hoth ermöglicht. Imperiale Schneetruppen, bewaffnet mit schweren Geschützen, erstürmen daraufhin mit beängstigendem Tempo die Echo-Basis.

GEONOSIANISCHER SOLDAT

SPEZIALISIERTE GEONOSIANERDROHNE

DATENBANK

ZUGEHÖRIGKEIT: Separatisten
HEIMATWELT: Geonosis
SPEZIES: Geonosianer
GRÖSSE: Um 1,70 m
AUFTRETEN: II
SIEHE AUCH: Count Dooku, Poggle der Geringere

SOLDATENDROHNEN wachsen schnell heran und können bereits im Alter von sechs Jahren kampfbereit sein. Sie tragen Schallblaster, die eine zerstörerische Schallkugel abfeuern.

GEONOSIANISCHE SOLDATENDROHNEN sind zäh und unbeirrbar. Sie werden zu furchtlosen Kämpfern ausgebildet, die sich bestens gegen brutale Gegner behaupten. Stehen sie jedoch intelligenten Widersachern gegenüber, sind sie unterlegen.

Es gab einst Milliarden von Geonosianern. Nach der Fertigstellung eines imperialen Geheimprojekts wurden sie praktisch ausgelöscht.

Wie geonosianische Blaster funktionieren auch LR1K-Kanonen auf Schallbasis.

Strikte Trennung

Der in Kasten aufgeteilte Planet Geonosis ist für die Separatisten unter der Führung Count Dookus zum Hauptlieferanten für Kampfdroiden geworden. Die gewaltigen Fabriken auf Geonosis stellen zahllose Droiden her.

GOR KORESH

VERLOGENER GANGSTER

DATEN-BANK

ZUGEHÖRIGKEIT: Kriminelle Unterwelt
HEIMATWELT: Unbekannt
SPEZIES: Abyssiner
GRÖSSE: 1,73 m
AUFTRETEN: M
SIEHE AUCH: Grogu, Mandalorianer

GOR KORESH VERDIENT sein Geld mit vielfältigen kriminellen Machenschaften wie gefährlichen Gladiatorenkämpfen in seiner Arena. Da er jeden hintergeht oder gar tötet, der seinen Plänen im Weg steht, sollte man ihm nicht trauen.

WENN JEMAND den Wert von Beskar kennt, dann Gor Koresh. Er würde alles tun, um dem Mandalorianer seine Rüstung abzunehmen. Aber Mando ist nicht so leicht auszutricksen.

Gangster-Etikette

Din Djarin fragt Gor Koresh, wo sich andere Mandalorianer verstecken. Der Abyssiner besteht aber darauf, dass sie erst einen Kampf ansehen und darauf wetten, bevor sie übers Geschäft reden.

Mando lässt Gor Koresh an einem Lichtmast hängend zurück, damit er ihn nicht verfolgen kann.

GROSSMOFF TARKIN

ARCHITEKT DES TODESSTERNS

DATEN-BANK

ZUGEHÖRIGKEIT: Republik/ Imperium
HEIMATWELT: Eriadu
SPEZIES: Mensch
GRÖSSE: 1,82 m
AUFTRETEN: III, RO, IV
SIEHE AUCH: Orson Krennic, Palpatine

AM ENDE der Klonkriege bekleidet Wilhuff Tarkin bereits eine hohe Stellung als einer von Palpatines Regionalgouverneuren. Als Großmoff sieht er den fürchterlichen Todesstern als Teil seiner Doktrin der Herrschaft durch Furcht.

Tarkin stirbt auf dem Todesstern, als X-Flügler der Rebellen die Raumstation zerstören.

SCHON OFT hat Tarkin Aufstände auf kaltblütigste Art und Weise niedergeschlagen. Auf ihn geht auch der Titel des Großmoffs zurück – Offiziere, denen es obliegt, in »Prioritätssektoren« des Imperiums Unruhen auszumerzen.

Durch Furcht

Damit Prinzessin Leia die Allianz verrät, befiehlt Tarkin die Zerstörung Alderaans durch den Todesstern. Tarkin hält nichts davon, die verstreuten Systeme in den Außenbereichen des Imperiums einzeln zu überwachen. Er ist sicher, dass die Furcht vor dem Todesstern die Völker der Galaxis gefügig machen wird.

Das von Orson Krennic geleitete Projekt Todesstern ist Teil der Tarkin-Initiative.

GREEDO

RODIANISCHER KOPFGELDJÄGER

DATEN-BANK

GRUPPE: Kopfgeldjäger
HEIMATWELT: Rodia
SPEZIES: Rodianer
GRÖSSE: 1,73 m
AUFTRETEN: IV
SIEHE AUCH: Han Solo, Jabba der Hutt

GREEDO wuchs auf Tatooine auf und ist für sein Temperament bekannt. Mitunter provoziert er Kämpfe – auch mit dem jungen Anakin Skywalker, als der noch in Mos Espa lebte.

GREEDO ist ein rodianischer Kopfgeldjäger, der für Jabba den Hutt arbeitet. Während der Klonkriege entführt er Baron Papanoidas Töchter Che Amanwe und Chi Eekway. Als Greedo in einer Cantina Mos Eisleys bei Han Solo Schulden eintreiben will, findet er seinen Meister.

Greedos Ende

Die Konfrontation zwischen Greedo und Han Solo in der überfüllten Cantina beginnt, als Greedo seinen Blaster zieht. Solo behauptet, er hätte das Geld nicht bei sich, dann fallen Blasterschüsse – und der Rodianer kippt tot zu Boden. Solo verlässt die Cantina und wirft dem Wirt ein paar Münzen zu, damit er den Vorfall vertuscht.

GREEF KARGA

MAGISTRAT VON NEVARRO

DATEN-BANK

GRUPPE: Kopfgeldjägergilde
HEIMATWELT: Nevarro
SPEZIES: Mensch
GRÖSSE: 1,88 m
AUFTRETEN: M
SIEHE AUCH: Cara Dune, Grogu, Mandalorianer

Greef Karga heuert Mando an, um etwas von Wert für das Restimperium zu beschaffen.

GREEF KARGA war nur Vertreter der Kopfgeldjägergilde auf Nevarro, aber nun gibt er alles, um in der kriminellen Unterwelt aufzuräumen. Sein oberstes Ziel ist es, dass die Imperialen seinen Planeten verlassen.

Neuer Posten

Als Magistrat soll Karga Nevarros kriminellen Abschaum loswerden und dem Volk seiner Region helfen. Für den Anfang baut er eine Schule für die einheimischen Kinder.

ANFANGS WILL Greef Karga Mando verraten und Grogu dem Restimperium ausliefern. Als das Kind ihm das Leben rettet, indem es eine vergiftete Wunde heilt, ändert er aber seine Meinung.

GROGU

MYSTERIÖSES KIND MIT MACHTKRÄFTEN

DATEN-BANK

ZUGEHÖRIGKEIT: Der Mandalorianer
HEIMATWELT: Unbekannt
SPEZIES: Unbekannt
GRÖSSE: 34 cm
AUFTRETEN: M
SIEHE AUCH: Ahsoka Tano, Luke Skywalker, Mandalorianer

DER KLEINE, GRÜNHÄUTIGE Grogu wird vom Mandalorianer auf Arvala-7 gefunden. Die beiden werden schnell Freunde und erleben viele Abenteuer in der Galaxis, während sie vor Truppen des Restimperiums fliehen. Wenig ist darüber bekannt, woher Grogu stammt, aber er ist sehr stark in der Macht.

GROGU wuchs im Jedi-Tempel auf Coruscant auf, bis er von einer unbekannten Person von dort fortgeschafft wurde. Seine Verbindung zur Macht verleiht ihm große Stärke, kann ihn aber auch sehr ermüden.

Familie

Mando und Grogu sind fast wie Vater und Sohn. Als der legendäre Jedi-Ritter Luke Skywalker eintrifft, um Grogu als seinen Schüler mit sich zu nehmen, setzt Mando zum ersten Mal den Helm vor dem Kind ab, um sich zu verabschieden.

Grogu hat eine besondere Machtfähigkeit, mit der er Verletzungen heilen kann.

GRUMMGAR

GROSSWILDJÄGER

DATEN-BANK

ZUGEHÖRIGKEIT: Keine
HEIMATWELT: Unbekannt
SPEZIES: Dowutin
GRÖSSE: 2,70 m
AUFTRETEN: VII
SIEHE AUCH: Bazine Netal, Maz Kanata

DER SÖLDNER und Großwildjäger Grummgar ist versessen auf Trophäen. So gewaltig wie seine Gestalt ist auch sein Ego. Er bemerkt nicht, dass ihn seine Partnerin Bazine Netal heimlich ausspioniert.

Jagdgründe

Grummgar erhofft sich von Besuchen in Maz' Schloss Tipps von Entdeckern, die den Wilden Raum und die Unbekannten Regionen durchstreifen. Welten voller Raubtiere befeuern seine Jagdlust und er kehrt von seinen Ausflügen stets mit abenteuerlichen Geschichten zurück.

ER MAG gewissenlos sein, aber Grummgar meidet allzu intelligente Beute – er jagt lieber wilde Tiere, statt sich als Kopfgeldjäger zu verdingen. Gesetze gegen Wilderei sind ihm herzlich egal. Er hat auf der Jagd nach einer Trophäe schon so manches gefährdete Exemplar in Schutzgebieten verfolgt.

GUAVIANISCHER SOLDAT

KRIMINELLER ELITEVOLLSTRECKER

DATEN-BANK

ZUGEHÖRIGKEIT: Guavianische Todesbringer
HEIMATWELT: Unbekannt
SPEZIES: Mensch (modifiziert)
GRÖSSE: Verschieden
STANDARDAUSRÜSTUNG: Perkussionskanone
AUFTRETEN: VII
SIEHE AUCH: Bala-Tik, Kanjiklub-Bande

DIE SICHERHEITSSOLDATEN der Guavianischen Todesbringer verfügen über kybernetische Verbesserungen und harte Rüstungen, was sie unter anderen Kriminellen hervorstechen lässt. Sie sind gesichtslose, stumme und gnadenlose Killer.

DIE MASKIERTEN

Kämpfer kommunizieren durch Hochfrequenzsignale, die durch die Scheibe in der Mitte des Helms übertragen werden. Ansonsten sind sie stumm, was sie umso bedrohlicher macht.

Illegal und unnatürlich

Ein spezieller Behälter am Bein des Soldaten funktioniert wie ein zweites Herz. Er pumpt ihm geheime Chemikalien in den Kreislauf, die seine Geschwindigkeit und Aggressivität steigern. Neuartige Waffen vom Schwarzmarkt machen diese widernatürlichen Soldaten noch gefährlicher.

HAN SOLO

SCHMUGGLER UND KRIEGSHELD

DATENBANK

ZUGEHÖRIGKEIT: Rebellenallianz/Widerstand
HEIMATWELT: Corellia
SPEZIES: Mensch
GRÖSSE: 1,80 m
AUFTRETEN: S, IV, V, VI, VII
SIEHE AUCH: Chewbacca, Prinzessin Leia, Qi'ra

Man erzählt sich, Han Solo habe den berüchtigten Kossal-Flug in weniger als 12 Parsec geschafft.

HAN SOLO ist Pirat, Schmuggler und Söldner. Mit dem treuen Chewbacca fliegt er eines der schnellsten Schiffe der Galaxis, den *Millennium Falken.* Han erweist sich im Dienste der Rebellenallianz als geborener Anführer.

VERÄNDERUNG ist schon immer ein Teil von Solos Leben gewesen. Als junger Mann war er seines eigenen Glückes Schmied und immer nur sich selbst der Nächste. Auch in späteren Jahren ist ihm ein friedliches Leben nicht vergönnt. Nach einer schrecklichen Tragödie kehrt er zu seinem Leben in der kriminellen Unterwelt zurück.

Stoßtrupp

Han Solo führt eine Gruppe von Rebellen bei einer riskanten Mission auf dem Mond von Endor an, wo sie den imperialen Schildgenerator zerstören sollen. Solo zeigt Leia, dass mehr in ihm steckt als nur ein Schurke mit bewegter Vergangenheit!

IG-11

VOM KOPFGELDJÄGER ZUM PFLEGEDROIDEN

DATEN-BANK

GRUPPE: Kopfgeldjägergilde
TYP: Attentäterdroide
HERSTELLER: Holowan Maschinenwerke
GRÖSSE: 2,19 m
AUFTRETEN: M
SIEHE AUCH: Grogu, IG-88, Kuiil, Mandalorianer

IG-11 WAR ein gnadenloser Attentäterdroide, bis er vom Ugnaught Kuiil zu einem Beschützer umprogrammiert wurde. Sein Geschick im Umgang mit dem Blaster macht ihn zum wertvollen Gefährten in jeder Lage.

IG-11 kämpft sich auf Arvala-7, wo er Mando kennenlernt, zum mysteriösen Zielobjekt vor.

IG-11 WIRD vom Mandalorianer zerstört, aber später vom Ugnaught Kuiil gefunden, der ein geschickter Handwerker ist. Kuiil repariert den Droiden und bringt ihm bei, höflicher und für andere eine Hilfe zu sein.

Aufopferung

IG-11 und seine Gefährten Cara Dune, Greef Karga, Grogu und Mando fliehen über einen Lavafluss vor dem Restimperium auf Nevarro. Als IG-11 sieht, dass Sturmtruppen ihnen auflauern, entscheidet er sich zu handeln. Um seiner Bestimmung gemäß Grogu zu beschützen, zerstört er sich selbst und rettet so seine Freunde.

IG-88

HINTERHÄLTIGER ATTENTÄTERDROIDE

DATEN-BANK

GRUPPE: Kopfgeldjäger
TYP: Attentäterdroide
HERSTELLER: Holowan Maschinenwerke
GRÖSSE: 1,96 m
AUFTRETEN: V
SIEHE AUCH: Boba Fett, Darth Vader

IG-88 ist ein schwer gepanzerter Attentäterdroide, der Darth Vader seine Dienste anbietet, um nach der Schlacht von Hoth den *Millennium Falken* aufzuspüren. Der auch als Phlutdroide bekannte IG-88 hat sich einen Ruf als gnadenloser Jäger erarbeitet.

IG-88 ist besessen vom Jagen und Ausschalten – eine Folge seiner unvollständigen Programmierung. Den Droiden der IG-Serie sollten eigentlich Blaster in die Arme eingebaut werden, wozu es jedoch nie kam.

Gesetzlose

IG-88 schließt sich auf Vaders Schiff, der *Executor,* einer bunten Truppe von Kopfgeldjägern an. Er und Boba Fett sind seit Langem Rivalen. Eigentlich wurden Attentäterdroiden wie IG-88 nach den Klonkriegen verboten. Trotzdem staksen immer noch einige von ihnen durch die Galaxis.

Ein schrottreifer IG-Droide bleibt in der Wolkenstadt zurück, als Boba Fett ihn auf seinen Fersen bemerkt.

IMPERIALER EHRENGARDIST

PALPATINES SICHERHEITSKRÄFTE

DATEN-BANK

ZUGEHÖRIGKEIT: Republik/Imperium
HEIMATWELT: Unbekannt
SPEZIES: Mensch
GRÖSSE: Um 1,83 m
STANDARDAUSRÜSTUNG: Energiepike
AUFTRETEN: II, III, RO, VI
SIEHE AUCH: Darth Vader, Palpatine

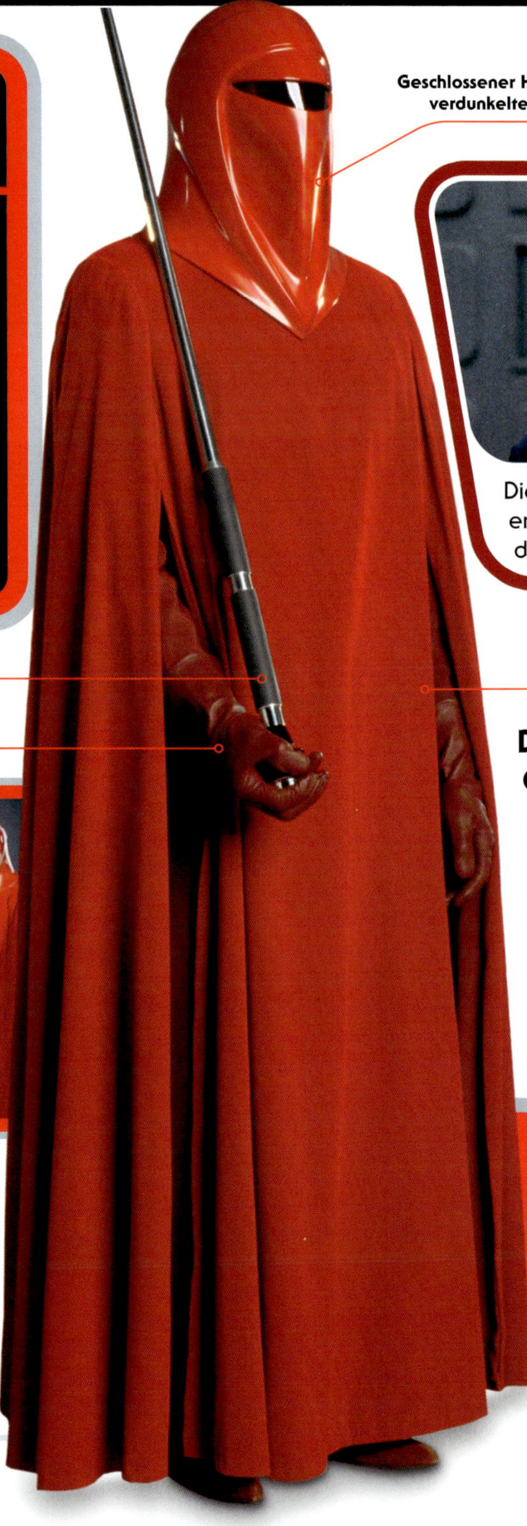

Die rot gewandeten Gardisten ersetzen die blauen Wachen des Galaktischen Senats.

DIE IMPERIALE EHRENGARDE – auch Rote Garde genannt – ist Imperator Palpatines persönliche Leibwache. Seit seiner Ernennung zum Obersten Kanzler ist sie Palpatines ständiger Begleiter.

Konfrontation

Als Moff Jerjerrod und zwei Ehrengardisten Vader den Zugang zum Thronsaal des Imperators auf dem zweiten Todesstern verwehren, würgt Vader den Offizier mit der Macht, ohne ihn aber zu töten.

EHRENGARDISTEN

benutzen vibroaktive Energiepiken, die präzise und tödliche Wunden zufügen. Palpatine hält Einzelheiten zur Kampfausbildung der Gardisten aus »Sicherheitsgründen« geheim.

FLAMMENTRUPPLER

FLAMMENWERFENDE STURMTRUPPEN

DATEN-BANK

ZUGEHÖRIGKEIT: Imperium/ Restimperium
HEIMATWELT: Verschieden
SPEZIES: Mensch
GRÖSSE: Um 1,83 m
STANDARDAUSRÜSTUNG: Flammenwerfer D-72w »Oppressor«
AUFTRETEN: M
SIEHE AUCH: Moff Gideon, Sturmtruppler

Flammentruppler sind hoch spezialisiert und werden intensiv im Kampf mit Feuer ausgebildet.

DIESER AUCH als Verbrennertruppler bekannte Soldat ist mit einem zerstörerischen Flammenwerfer bewaffnet. Dieser kann feindliche Barrieren, Fahrzeuge und Verstecke niederbrennen.

DIE RÜSTUNG des Flammentrupplers ist mit Cyraplast überzogen, um besseren Schutz als eine normale Sturmtruppenrüstung zu bieten. Sie ist hitzefest, damit der Soldat gegen das Feuer geschützt ist, das er gegen Feinde einsetzt.

Feuer frei!

Moff Gideon schickt einen seiner Flammentruppler in eine Cantina auf Nevarro, wo sich Cara Dune, Greef Karga und Mando verschanzt haben. Das Feuer ist verheerend, aber Grogu nutzt die Macht, um die Flammen zurückzuwerfen.

JABBA DER HUTT

BERÜCHTIGTER VERBRECHERLORD

DATEN-
BANK

ZUGEHÖRIGKEIT: Großer Hutt-Rat
HEIMATWELT: Tatooine
SPEZIES: Hutt
LÄNGE: 3,90 m
AUFTRETEN: I, IV, VI
SIEHE AUCH: Bib Fortuna, Salacious Crumb

DER ABSTOSSENDE GANGSTERBOSS Jabba der Hutt ist Herrscher über ein weitreichendes Verbrecherimperium. Er baute seine Organisation durch etliche krumme Deals, Drohungen, Erpressungen, Morde und einen exzellenten Geschäftssinn auf. Nun lebt Jabba in seinem Palast in den Tiefen der Wüste von Tatooine ein Leben der Sündhaftigkeit.

Jabba schaut das Boonta Eve Classic von seiner Loge in der Arena von Mos Espa an.

Herrscher

Von seinem von dem Gefolge des Hutts umgebenen Thron aus herrscht Jabba über einen Hof voller Verderbtheit. Viele Söldner und Kopfgeldjäger suchen hier nach Arbeit.

JABBA STEHT dem Großen Hutt-Rat vor und leitet eins der größten Verbrecherimperien der Galaxis. Er ist lieber auf Tatooine als auf Nal Hutta, daher vertritt Gardulla die Hutt ihn oft im Rat. Aus Dank für die Befreiung seines entführten Sohns Rotta gestattet Jabba der Republik in den Klonkriegen, private Hyperraumrouten der Hutts zu nutzen.

JAN DODONNA

REBELLENKOMMANDANT AUF YAVIN 4

DATEN-
BANK

ZUGEHÖRIGKEIT: Rebellenallianz
HEIMATWELT: Commenor
SPEZIES: Mensch
GRÖSSE: 1,83 m
AUFTRETEN: RO, IV
SIEHE AUCH: Mon Mothma

GENERAL JAN DODONNA ist ein meisterhafter Stratege der Rebellenallianz. Bei der Schlacht von Yavin koordiniert er den Angriff auf den Todesstern und findet den einzigen Schwachpunkt der Kampfstation: einen kleinen Ventilationsschacht, der direkt zum explosiven Hauptreaktor führt.

JAN DODONNA stellt seine Erfahrung in den Dienst der Allianz, als das Imperium an Macht gewinnt. Nach der Schlacht von Yavin hat er großen Anteil daran, eine neue Basis für die Rebellion zu finden.

Rebellenbasis

Während des Angriffs auf den Todesstern unterstützt Dodonna die Piloten von Yavin aus. Seine Strategie ermöglicht es einer Flotte von 30 Einmannjägern, eine Kampfstation mit einem Durchmesser von über 160 Kilometern zu zerstören.

Uniform eines Rebellentaktikers

Dodonna instruiert die Rebellenpiloten im Besprechungsraum des Stützpunkts auf Yavin 4.

JANGO FETT

KLONVORLAGE UND KOPFGELDJÄGER

DATEN-
BANK

ZUGEHÖRIGKEIT: Kopfgeldjäger, Separatisten
HEIMATWELT: Unbekannt
SPEZIES: Mensch
GRÖSSE: 1,83 m
AUFTRETEN: II
SIEHE AUCH: Boba Fett

Fett ist ein Spitzenpilot und unterrichtet seinen Sohn Boba von klein auf.

JANGO FETT wurde als mandalorianisches Findelkind als Krieger aufgezogen und kämpfte im Mandalorianischen Bürgerkrieg. In den letzten Jahren der Republik gilt er als bester Kopfgeldjäger der Galaxis.

Im Asteroidenfeld um Geonosis schießt Fett mit seinem Schiff auf Obi-Wan Kenobis Jedi-Sternenjäger.

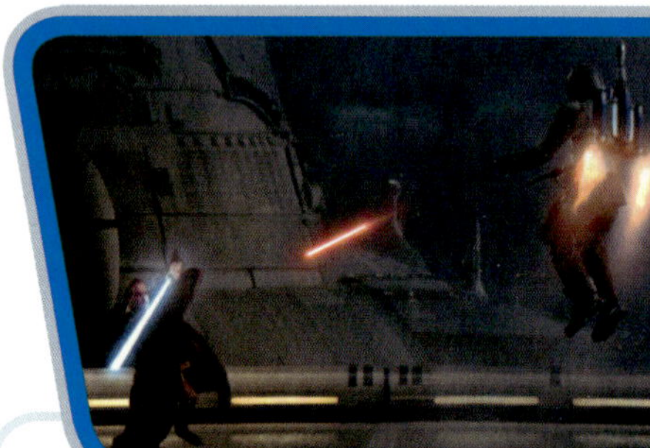

Tödlicher Gegner

Im Kampf mit Obi-Wan Kenobi erhebt sich Fett mit seinem Jetpack in die Lüfte. Er trägt viele Waffen bei sich, darunter Raketenwerfer in der Knieplatte, Seilwerfer an den Handgelenken und Pfeil- und Klingenwerfer an der Armschiene.

WEGEN FETTS Ruf als überlegener Kämpfer rekrutiert Count Dooku ihn für ein geheimes Armeeprojekt: Er ist die Vorlage für alle ihre Klonsoldaten. Fett erhält dafür etliche Credits und verlangt zudem einen unveränderten Klon, den er als Sohn großzieht.

JANNAH

ANFÜHRERIN DER KOMPANIE 77

DATEN-BANK

ZUGEHÖRIGKEIT: Kompanie 77/Widerstand
HEIMATWELT: Kef Bir
SPEZIES: Mensch
GRÖSSE: 1,68 m
AUFTRETEN: IX
SIEHE AUCH: Finn, Lando Calrissian, Poe Dameron

Jannah und Finn erfahren, dass sie beide als Kinder entführt wurden, um der Ersten Ordnung zu dienen.

JANNAH FÜHRT die Kompanie 77 an, eine Sturmtruppeneinheit der Ersten Ordnung, die desertiert, als sie Unschuldige töten soll. Als der Widerstand auf Kef Bir landet, bietet Jannah ihre Hilfe an und kämpft später in der Schlacht von Exegol.

Gute Kämpferin

Für den Bodenangriff auf dem Rumpf des Sternenzerstörers *Steadfast* bringt Jannah Finn und anderen Widerstandsmitgliedern bei, Orbaks zu reiten. Mit ihrem Bogen schaltet sie einen Sith-Jettruppler aus.

NACH IHRER FLUCHT lassen sich Jannah und die Kompanie 77 auf dem Endormond Kef Bir nieder. Sie nutzen Teile der Ersten Ordnung, vom Wrack des zweiten Todessterns und heimische Ressourcen zum Überleben.

JAR JAR BINKS

VOM GUNGAN-AUSSENSEITER ZUM SENATOR

DATEN-BANK

ZUGEHÖRIGKEIT: Große Armee der Gungans, Republik
HEIMATWELT: Naboo
SPEZIES: Gungan
GRÖSSE: 1,96 m
AUFTRETEN: I, II, III
SIEHE AUCH: Padmé Amidala, Qui-Gon Jinn

JAR JAR BINKS ist ein amphibischer Gungan von Naboo. Bei der Invasion des Planeten begegnet ihm der Jedi Qui-Gon Jinn und rettet ihn. Jar Jar wird General in der Großen Armee der Gungans und später Abgeordneter im Galaktischen Senat.

Haillu (Ohrlappen)

Abgetragene, elastische Gungan-Hose

Kräftige Wadenmuskeln zum Schwimmen

Enge Hosenbeine, um Sumpfkriecher abzuhalten

Der tollpatschige Jar Jar ist in der Schlacht von Naboo zunächst mehr Hindernis als Hilfe.

In den Klonkriegen unternimmt Jar Jar viele diplomatische Missionen, um der Republik zu helfen.

JAR JAR meint es gut, neigt jedoch zu Missgeschicken. Der schlichte Gungan wird im Senat in eine Position gebracht, die ihn überfordern könnte. Zum Glück schätzen die Naboo ein reines Herz mehr als andere Führungsqualitäten.

Gute Absichten

In Padmés Abwesenheit repräsentiert Jar Jar Naboo im Senat. In bester Absicht leitet er eine neue galaktische Ära ein, indem er beantragt, Kanzler Palpatine Notstandsvollmachten zu erteilen. So soll der Bedrohung durch die Separatisten begegnet werden.

JAWA

GESCHÄFTSTÜCHTIGE SCHROTTHÄNDLER

DATEN-BANK

ZUGEHÖRIGKEIT: Keine
HEIMATWELT: Tatooine
SPEZIES: Jawa
GRÖSSE: Um 1 m
AUFTRETEN: I, II, IV, VI, M, IX
SIEHE AUCH: R2-D2, Tusken-Räuber

JAWAS SAMMELN Altmetall, verirrte Droiden und anderes Gerät auf Tatooine. Wenn Jawas in Siedlungen auftauchen, um ihre Waren zu verkaufen, halten Droiden sich fern und die Bewohner ihre Landgleiter im Auge. Nicht selten verschwinden Dinge, wenn Jawas in der Nähe sind!

DIE SCHEUEN, habgierigen Jawas tragen zum Schutz vor Tatooines Zwillingssonnen dunkle Kutten. Mit ihren Augen können sie in finsteren Klüften sehen, in denen sie sich verkriechen. Nichtjawas finden ihre nagetierartigen Gesichter hässlich.

Einige mutige Jawas sind zu anderen Planeten wie Arvala-7 aufgebrochen.

Wüstenfund

Unglückselige Droiden, die sich verirren oder als Schrott entsorgt werden, sind leichte Beute. Die Jawas schaffen alles, was sie finden, zu ihren Sandkriechern, wo magnetische Saugröhren es in diese uralten Minenraupen befördern.

JESS PAVA

PILOTIN DES WIDERSTANDS

DATENBANK

ZUGEHÖRIGKEIT: Widerstand
HEIMATWELT: Dandoran
SPEZIES: Mensch
GRÖSSE: 1,69 m
AUFTRETEN: VII
SIEHE AUCH: Nien Nunb, Poe Dameron, Snap Wexley

DIE JUNGE, mutige Pilotin Jess »Testor« Pava fliegt unter dem Rufnamen Blau Drei für den Widerstand. Mit Snap Wexley und Poe Dameron fliegt sie den entscheidenden Einsatz gegen den Starkiller.

IM HOFFNUNGSLOS unterbesetzten Widerstand hat jeder mehrere Aufgaben. Jess ist nicht nur Pilotin, sondern hilft auch bei der Verwaltung der Astromechdroiden in der Basis auf D'Qar.

Stoff für Legenden

Wie viele andere Mitglieder des Widerstands auch verehrt Jess die legendären Piloten der älteren Generation. Sie stürzt sich mutig in den Kampf über der Starkiller-Basis und tritt in die Fußstapfen der alten Rebellenpiloten, als sie sich freiwillig meldet, ihre Mission trotz der übermächtigen Ersten Ordnung nicht abzubrechen.

JYN ERSO

UNABHÄNGIGE REBELLIN

DATEN-BANK

ZUGEHÖRIGKEIT: Saw Gerreras Miliz/Rebellenallianz
HEIMATWELT: Vallt
SPEZIES: Mensch
GRÖSSE: 1,60 m
AUFTRETEN: RO
SIEHE AUCH: Cassian Andor, Galen Erso, Lyra Erso, Saw Gerrera

JEDER, DER JYN ERSO in ihrem Leben nahe stand, hat sie allein gelassen – zwar stets zu ihrem eigenen Schutz, aber das ist ein schwacher Trost. So ist sie es gewohnt, auf sich gestellt zu sein, gibt sich trotzig und traut niemandem.

SCHON IN JUNGEN Jahren muss Jyn lernen, sich in einer rauen Welt mit krimineller Energie allein durchzuschlagen. Sie baut eine harte Schale auf und lernt, mit den Händen und mit improvisierten Waffen zu kämpfen. Wo immer es geht, attackiert sie das Imperium.

Jyn war immer bereit zu flüchten. Im Alter von nur acht Jahren muss sie letztlich ihre Familie verlassen.

Untypische Rekrutin

Die Rebellenallianz braucht Jyns Hilfe, aber sie trauen einander nicht. Solange ihre Interessen sich decken, will Jyn kooperieren – zu ihren Bedingungen.

K-2SO

UMPROGRAMMIERTER SICHERHEITSDROIDE

DATEN-BANK

ZUGEHÖRIGKEIT: Imperium/ Rebellenallianz
TYP: Sicherheitsdroide der KX-Serie
HERSTELLER: Arakyd Industries
GRÖSSE: 2,16 m
AUFTRETEN: RO
SIEHE AUCH: Cassian Andor, Jyn Erso

K-2SO hat den Körper eines imperialen Sicherheitsdroiden, was ihn auf einer Rebellenbasis bedrohlich wirken lässt. Doch Programmierung ist alles – und seit Cassian Andor an ihm herumgebastelt hat, dient er loyal der Rebellion.

DIE INTERNEN

Schaltkreise zu manipulieren und K-2SO neu zu programmieren hat Nebenwirkungen. Er spricht nun frei heraus – egal wie unangebracht es ist – und will keine Befehle befolgen, die er für langweilig hält.

K-2SO weiß noch genug über das Imperium, um auf Scarif die Todessternpläne zu finden.

Falscher Imperialer

Anders als Jyn und Cassian muss K-2SO keine imperiale Uniform anziehen, um auf Scarif nicht aufzufallen. Er steigt einfach aus dem gestohlenen Shuttle aus und bewegt sich frei in der Anlage, weil er wie jeder andere Sicherheitsdroide aussieht.

KANJIKLUB-BANDE

GRENZWELT-BANDITEN

DATEN-BANK

ZUGEHÖRIGKEIT: Kanjiklub
HEIMATWELT: Nar Kanji
SPEZIES: Mensch
GRÖSSE: Verschieden
STANDARDAUSRÜSTUNG: Zusammengeflickte Blasterwaffen
AUFTRETEN: VII
SIEHE AUCH: Razoo Qin-Fee, Tasu Leech

DIE BEWOHNER des Planeten Nar Kanji waren einst Sklaven der Hutts, schlugen ihre Unterdrücker jedoch bei einer Rebellion nieder. Nun ist der Kanjiklub eine berüchtigte Piratenbande.

BANDENMITGLIED

Volzang Li-Thrull besitzt ein äußerst gefährliches, illegal modifiziertes Boilergewehr. Die explosive Tibanna-Gasmischung verdoppelt die Feuerkraft dieser übermächtigen Blasterwaffe.

Tödliche Krieger

Als Sklaven der Hutts entwickelten die Bewohner Nar Kanjis Kampftechniken mit improvisierten Waffen. Die heutigen Kanjiklubber ehren ihre Vorfahren, indem sie sich umgebaute Rüstungen und Waffen zulegen. Mit diesen Gangstern ist nicht zu spaßen, wie Han Solo herausfinden muss, als er sich bei ihnen verschuldet.

KI-ADI-MUNDI

CEREANISCHER JEDI-MEISTER

DATEN-BANK

ZUGEHÖRIGKEIT: Jedi
HEIMATWELT: Cerea
SPEZIES: Cereaner
GRÖSSE: 1,98 m
AUFTRETEN: I, II, III
SIEHE AUCH: Yoda

Der logisch denkende Ki-Adi-Mundi kann den unvorstellbaren Verrat an den Jedi nicht vorhersehen.

DER CEREANISCHE JEDI
Ki-Adi-Mundi hat einen lang gezogenen Schädel mit einem komplexen Binärgehirn. In den Klonkriegen kämpft er als Jedi-General auf Geonosis und vielen anderen Welten.

Auf in den Kampf

Ki-Adi-Mundi erlebt viele Schlachten mit Commander Bacara, unter anderem beim Angriff auf Mygeeto. Doch als die Order 66 erteilt wird, wenden sich die Klonsoldaten gegen ihn. Er wehrt sich tapfer, wird letztlich aber getötet.

Ki-Adi-Mundi ist ein angesehenes Mitglied des Hohen Rats der Jedi.

KI-ADI-MUNDI ist ein besonnener Jedi, der im Kampf großes Können und Mut beweist. Er findet die abenteuerlustige Art von Anakin Skywalker und Ahsoka Tano ungewöhnlich.

KIT FISTO

NAUTOLANISCHER JEDI-MEISTER

DATENBANK

ZUGEHÖRIGKEIT: Jedi
HEIMATWELT: Glee Anselm
SPEZIES: Nautolaner
GRÖSSE: 1,96 m
AUFTRETEN: II, III
SIEHE AUCH: Mace Windu

JEDI-MEISTER KIT FISTO ist ein furchtloser Kämpfer, der sich den über 200 Jedi anschließt, die die Gefangenen aus der Hinrichtungsarena auf Geonosis befreien wollen. In den Klonkriegen erhält Fisto einen Sitz im Jedi-Rat. Er ist ein Veteran zahlreicher Schlachten.

ALS AMPHIBISCHER

Nautolaner von Glee Anselm kann Kit Fisto an Land und im Wasser leben. Mit seinen empfindlichen Kopftentakeln kann er die Gefühle anderer wahrnehmen und so die Unsicherheit eines Feindes im Kampf sofort ausnutzen.

Gefallener Jedi

Die meisten Jedi erfüllen Missionen auf fernen Welten, doch Mace Windu findet in Fisto und zwei weiteren Meistern Unterstützung bei der Verhaftung Palpatines. Aber nur wenige Jedi aus Mace' Generation haben je gegen einen Sith-Lord gekämpft und so fallen sie Sidious zum Opfer.

In der Schlacht von Geonosis führt Kit Fisto eine Klon-Spezialeinheit an.

KLAUD

WOHLGESINNTER MECHANIKER

DATENBANK

ZUGEHÖRIGKEIT: Widerstand
HEIMATWELT: Unbekannt
SPEZIES: Trodatome
GRÖSSE: 1,89 m
AUFTRETEN: IX
SIEHE AUCH: Chewbacca, Finn, Poe Dameron

Klaud gibt sein Bestes, um Poe Dameron und Chewbacca im *Millennium Falken* zu helfen.

KLAUD IST ein Trodatome, der nach einer Verwechslung Teil von Commander Rose Ticos Mechanikertruppe wird. Sein scharfer Verstand und seine positive Einstellung machen ihn zum wertvollen Rekruten für den Widerstand.

Holpriger Start

Klaud spricht eine komplexe Sprache, die für einige wie den Piloten Snap Wexley schwer zu verstehen ist. Doch Klaud fühlt sich allmählich wohler, als er für sein Talent geschätzt wird, ältere mechanische Systeme zu reparieren.

TRODATOMEN haben keine Arme, aber acht Fühler, mit denen sie Gegenstände greifen und benutzen können. Poe Dameron bittet Klaud, bei der Reparatur des *Falken* zu helfen, als sie auf dem Weg zur Sinta-Gletscherkolonie sind.

KORR SELLA

ABGESANDTE BEI DER NEUEN REPUBLIK

DATEN-BANK

ZUGEHÖRIGKEIT: Widerstand
HEIMATWELT: Unbekannt
SPEZIES: Mensch
GRÖSSE: 1,65 m
AUFTRETEN: VII
SIEHE AUCH: Admiral Ackbar, Admiral Statura, Prinzessin Leia

LEIA ORGANA hat sich durch ihre aggressive Haltung gegenüber der Ersten Ordnung politisch isoliert. Sie verlässt sich auf Abgesandte wie Korr Sella, um weiter mit der Regierung der Neuen Republik in Kontakt zu bleiben.

IN DER UNIFORM des Widerstands ist Korr Sella für die Pazifisten der Neuen Republik eine unbequeme Erinnerung daran, dass Krieg manchmal unausweichlich ist. Leia Organa ist durch ihre Warnungen vor der Ersten Ordnung bei der Neuen Republik als Kriegstreiberin verschrien.

Stimme des Widerstands

Korr Sella ist zwar die Tochter von Politikern der Neuen Republik, doch sie steht hinter Leia Organa. Als hervorragende Diplomatin hält sie die sensible Kommunikation zwischen Senat und Widerstand aufrecht. Als die Lage ernst wird, schickt Leia Sella zum Hauptsitz der Republik auf Hosnian Prime, um die Regierung um Hilfe zu bitten.

KOSKA REEVES

MANDALORIANISCHE KRIEGERIN

DATENBANK

GRUPPE: Mandalorianer
HEIMATWELT: Unbekannt
SPEZIES: Mensch
GRÖSSE: 1,70 m
AUFTRETEN: M
SIEHE AUCH: Axe Woves, Bo-Katan Kryze, Mandalorianer

EINE GRUPPE Seeleute wirft Grogu in ein Becken mit einem tödlichen Mamacore. Koska springt furchtlos hinterher, tötet das Seeungeheuer und rettet das Kind.

KOSKA REEVES IST eine mutige mandalorianische Kriegerin und Bo-Katans Clan Kryze treu ergeben. Sie kann hervorragend kämpfen, besonders auch ohne Waffen. Koska hilft Bo-Katan bei der Suche nach dem mystischen Dunkelschwert.

Team Mandalore

Koska Reeves, der Mandalorianer, Bo-Katan und Axe Woves stürmen einen imperialen Kreuzer, um das bewaffnete Schiff für die Zurückeroberung von Mandalore zu stehlen.

Koska ist Teil des ungewöhnlichen Teams, das herbeieilt, um Grogu aus Moff Gideons Fängen zu befreien.

KUIIL

FRIEDLICHER FARMER

DATEN-BANK

ZUGEHÖRIGKEIT: Imperium/unabhängig
HEIMATWELT: Arvala-7
SPEZIES: Ugnaught
GRÖSSE: 1,45 m
AUFTRETEN: M
SIEHE AUCH: Grogu, IG-11, Mandalorianer

FARMER KUIIL lebt allein auf Arvala-7 und kann fast jede Maschine reparieren. Er ist klug und sanftmütig und hilft dem Mandalorianer dabei, dass Grogu sicher ist. Kuiil sehnt sich nach Frieden und Sicherheit für seinen Planeten.

Kuiil eilt zur *Razor Crest*, um Grogu vor Moff Gideon und den Imperialen in Sicherheit zu bringen.

Guter Handwerker

Kuiil wurde mehrere Menschenleben lang zur Arbeit für andere gezwungen, bis er seine Freiheit vom Imperium erlangte. Er ist handwerklich begabt und kann vielerlei Technik bauen, reparieren und verbessern, was ihn zum wertvollen Verbündeten macht.

KUIIL BRINGT in anderen das Beste hervor, nicht zuletzt in IG-11. Der Ugnaught programmiert den Attentäterdroiden neu, damit er nicht mehr tötet, sondern beschützt, und macht ihn zu einem wertvollen Helfer. IG-11 kann nun sogar Tee servieren, Kuiils Blurrgs versorgen und sich um Grogu kümmern.

KURUK

SCHÜTZE UND PILOT DER RITTER VON REN

DATEN-BANK

GRUPPE: Ritter von Ren
HEIMATWELT: Unbekannt
SPEZIES: Unbekannt
GRÖSSE: 1,79 m
AUFTRETEN: VII, IX
SIEHE AUCH: Ap'lek, Cardo, Kylo, Trudgen, Ushar, Vicrul

Viele Soldaten der Ersten Ordnung fürchten die Ritter von Ren und ihre engen Bande zum Obersten Anführer Kylo Ren.

KURUK IST Pilot der Ritter von Ren und ein fähiger Scharfschütze, der den anderen Deckung gibt. Sein Spezialgewehr dient ebenso zum Schießen aus dem Hinterhalt wie als Schnellfeuerwaffe.

DAS SCHIFF, das Kuruk fliegt, die *Night Buzzard,* ist ein umgebauter, alter Gefangenentransporter. Nach der Befreiung von Gefangenen aus dem Schiff, übernehmen die Ritter es selbst und verstärken die Bewaffnung und den Antrieb.

Neues Gefolge

Der Oberste Anführer Snoke ermutigt den jungen Ben Solo, die Ritter von Ren zu suchen, um mehr über die dunkle Seite der Macht zu lernen. Nachdem Ben den nur als Ren bekannten Anführer der Ritter besiegt hat, nimmt er den Namen Kylo Ren an.

KYLO REN

OBERSTER ANFÜHRER DER ERSTEN ORDNUNG

DATENBANK

ZUGEHÖRIGKEIT: Ritter von Ren, Erste Ordnung
HEIMATWELT: Chandrila
SPEZIES: Mensch
GRÖSSE: 1,89 m
AUFTRETEN: VII, VIII, IX
SIEHE AUCH: Han Solo, Luke Skywalker, Rey

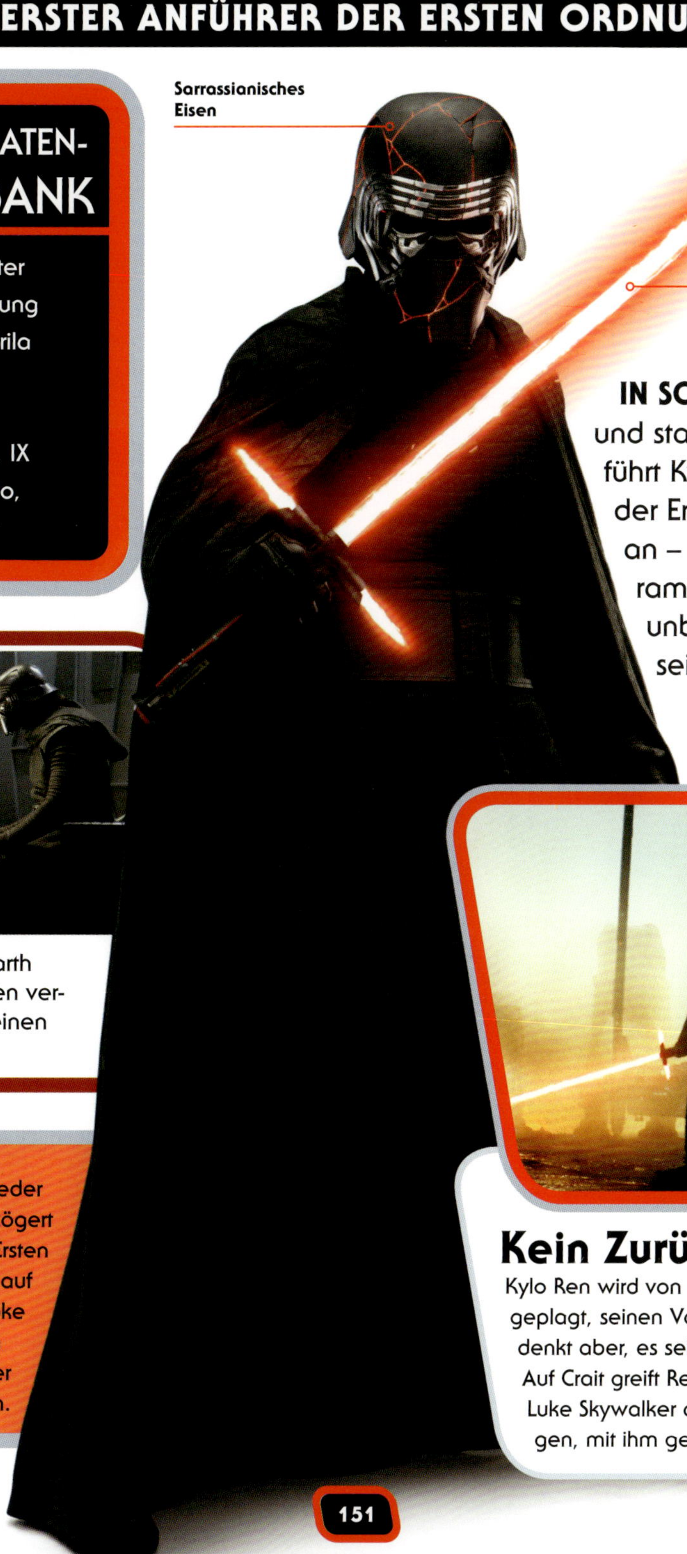

IN SCHWARZER Robe und stark in der Macht führt Kylo Ren Missionen der Ersten Ordnung an – mit einem Temperament, so feurig und unberechenbar wie sein Lichtschwert.

Kylo Ren verehrt Darth Vader. Er hat dessen verkohlten Helm in seinen Besitz gebracht.

KYLO REN ist weder Jedi noch Sith, aber er zögert nicht, die Offiziere der Ersten Ordnung mit der Macht auf Spur zu bringen. Als Snoke beseitigt ist, will er auch Palpatine töten, um über die Galaxis zu herrschen.

Kein Zurück

Kylo Ren wird von der Erinnerung daran geplagt, seinen Vater getötet zu haben, denkt aber, es sei zu spät, sich zu ändern. Auf Crait greift Ren seinen früheren Meister Luke Skywalker an und will Rey überzeugen, mit ihm gemeinsam zu herrschen.

L3-37

PILOTIN UND DROIDENRECHTLERIN

DATEN-BANK

ZUGEHÖRIGKEIT: Unabhängiger Geist
TYP: Droidenpilotin
HERSTELLER: Eigenbau
GRÖSSE: 1,79 m
AUFTRETEN: S
SIEHE AUCH: Chewbacca, Han Solo, Lando Calrissian

TEILS ASTROMECH, teils Protokolldroide – L3-37 hat ihren Körper zum bunten Mix aus Droidenteilen umgebaut. Auch ihre Persönlichkeit hat sich entwickelt. Anders als Standarddroiden denkt sie nicht nur an sich, sondern stellt sich ernste philosophische Fragen.

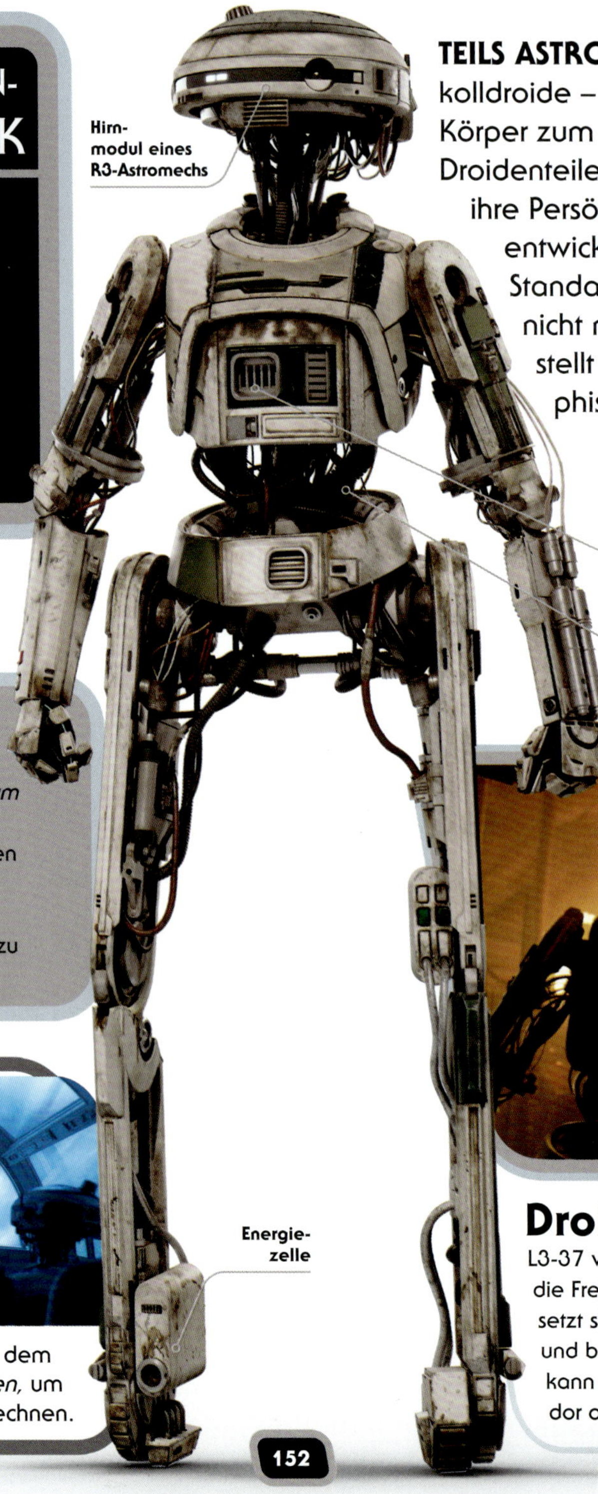

L3-37 ist eine exzellente Pilotin, die zusammen mit Lando Calrissian den *Millennium Falken* fliegt. Ohne sie hätte Han Solos Team nie die nötigen Hyperraumsprünge machen können, um den gefährlichen Kossal-Flug in rund 12 Parsec zu schaffen.

L3-37 verbindet sich mit dem Navicomputer des *Falken,* um schnelle Routen zu berechnen.

Droidenbefreierin

L3-37 wünscht sich für alle Droiden die Freiheiten, die sie genießt. Sie setzt sich für Unabhängigkeit ein und befreit alle Droiden, die sie kann – in Kampfgruben auf Vandor oder in den Minen von Kessel.

LADY PROXIMA

MATRIARCHIN DER WEISSWÜRMER

DATEN-BANK

ZUGEHÖRIGKEIT: Weißwürmer
HEIMATWELT: Corellia
SPEZIES: Grindalidin
GRÖSSE: 4,88 m
AUFTRETEN: S
SIEHE AUCH: Han Solo, Moloch, Qi'ra

LADY PROXIMA ist ein riesiges, wurmartiges Wesen und Matriarchin der Weißwürmerbande, die Corellias Schwarzmarkt im Griff hat. Arme Menschenkinder, die »Wühlratten«, arbeiten für sie als Taschendiebe und jagen Getier zum Füttern ihrer Babywürmer.

Verzierte Panzerplatten

Die Haut entwickelte sich auf der Heimatwelt der Grindaliden, deren dichte Atmosphäre kaum Licht durchlässt.

Schwache Beine

Grindalidenhaut verbrennt im Sonnenlicht. Als Han Solo einen Stein durch ein verdunkeltes Fenster wirft, lassen die Sonnenstrahlen Proximas Haut brutzeln.

Wühlratten

Han Solo und Qi'ra wachsen auf Corellia auf. Sie kommen zu den Weißwürmern und sind als bewährte Wühlratten bald nicht mehr nur für Taschendiebstähle zuständig. Eines Tages lehnen sie sich aber gegen Lady Proxima auf und Han lässt nicht nur die Bande, sondern den ganzen Planeten hinter sich.

LADY PROXIMA

geht nie nach draußen – dafür hat sie ihre Wühlratten. Ihre Geschäfte führt sie von einem Kanalnetz unter der Stadt Coronet aus. In der Unterwelt verbringt sie in einem Wasserbecken die meiste Zeit mit der Aufzucht ihrer Jungen und taucht nur für Audienzen mit ihren Handlangern und »menschlichen Kindern« daraus auf.

LAMA SU

PREMIERMINISTER VON KAMINO

DATEN-BANK

ZUGEHÖRIGKEIT: Keine
HEIMATWELT: Kamino
SPEZIES: Kaminoaner
GRÖSSE: 2,29 m
AUFTRETEN: II
SIEHE AUCH: Obi-Wan Kenobi

Kaminoaner fliegen auf sogenannten Aiwhas, die auch gute Schwimmer sind, zwischen Städten hin und her.

LAMA SU ist der Premierminister von Kamino, wo die Klonarmee erschaffen wird. Er traf sich mit Sifo-Dyas, dem mysteriösen Jedi, der die Klonarmee in Auftrag gab. Der Zweck dieser Armee interessiert Lama nicht, bloß der finanzielle Vorteil für sein Volk.

KAMINO ist eine Meereswelt, fern der großen Ereignisse der Galaxis. Lama Su interessiert sich kaum für außenweltliche Politik und hat nur die technischen Herausforderungen des Klonens einer gewaltigen Armee im Blick.

Große Führung

Lama Su führt Obi-Wan Kenobi persönlich durch die Klonfabrik. Der Premierminister ist einer der wenigen Kaminoaner, die Kontakt zu Außenweltlern haben. Allerdings fühlt er sich in ihrer Gegenwart nicht sehr wohl. Er stört sich nicht daran, dass Kenobi nicht mit dem Projekt vertraut ist.

LANAI

HÜTER DER TEMPELINSEL

DATEN-
BANK

ZUGEHÖRIGKEIT: Keine
HEIMATWELT: Ahch-To
SPEZIES: Lanai
GRÖSSE: Verschieden
AUFTRETEN: VIII
SIEHE AUCH: Luke Skywalker, Rey

DIE LANAIS leben seit Tausenden von Jahren auf der Tempelinsel. Die humanoiden Wesen haben zwei vogelartige Beine und schuppige, fischähnliche Köpfe und kümmern sich um die Insel und die uralten Jedi-Gebäude.

DIE LANAIS leben getrennt nach Geschlechtern. Ihre Frauen, die »Hüterinnen«, kümmern sich um die Insel und das Leben im Dorf. Die »Besucher« genannten Männer sind Fischer. Sie verbringen ihr Leben auf dem Meer und kehren nur einmal im Monat ins Dorf zurück, um ihren Fang zu feiern.

Porgs

Auch Porgs, eine niedere, entfernt mit den Lanais verwandte Vogelart, sind heimisch auf Ahch-To. Beide stammen von Meeresvögeln ab und leben harmonisch in der zerklüfteten Küstenregion der Tempelinsel. Die Porgs bauen ihre Nester an den Klippen, wo sie ihre Jungen, die Porglinge, aufziehen.

Im Dorf der Lanais halten die Hüterinnen Werte wie Reinlichkeit, Ordnung und Anstand hoch.

LANDO CALRISSIAN

BARON-ADMINISTRATOR DER WOLKENSTADT

DATENBANK

ZUGEHÖRIGKEIT: Rebellenallianz
SPEZIES: Mensch
GRÖSSE: 1,78 m
AUFTRETEN: S, V, VI, IX
SIEHE AUCH: Han Solo, L3-37, Lobot, Ugnaught

NACH VERLASSEN der Wolkenstadt schließt Lando sich der Rebellion an und wird zum General. Nach Untergang des Imperiums hilft Lando seinen Freunden und zieht sich dann auf Pasaana zurück. Als Leia Hilfe gegen die Erste Ordnung benötigt, ist er dennoch bereit.

Auf Numidian Prime verliert Lando den *Millennium Falken* bei einer Partie Sabacc an Han Solo.

Lando und das Team schießen sich mit dem Coaxium den Weg aus den Minen von Kessel frei.

DER VERWEGENE LANDO Calrissian ist ein Gauner, Betrüger, Schmuggler und Glücksspieler, der die Kontrolle über die Wolkenstadt beim Sabacc gewann. Er genießt die Verantwortung als Baron-Administrator.

Verrat

Calrissian ist gezwungen, Han Solo und seine Freunde an das Imperium zu verraten, um die Unabhängigkeit der Wolkenstadt zu sichern. Als Darth Vader seinen Teil der Abmachung nicht einhält, plant Lando eine Rettungsaktion und flieht aus der Stadt, die er einst führte.

LIEUTENANT CONNIX

KOMMUNIKATIONSOFFIZIERIN

DATENBANK

ZUGEHÖRIGKEIT: Widerstand
HEIMATWELT: Dulathia
SPEZIES: Mensch
GRÖSSE: 1,55 m
AUFTRETEN: VII, VIII, IX
SIEHE AUCH: Poe Dameron, Prinzessin Leia, PZ-4CO

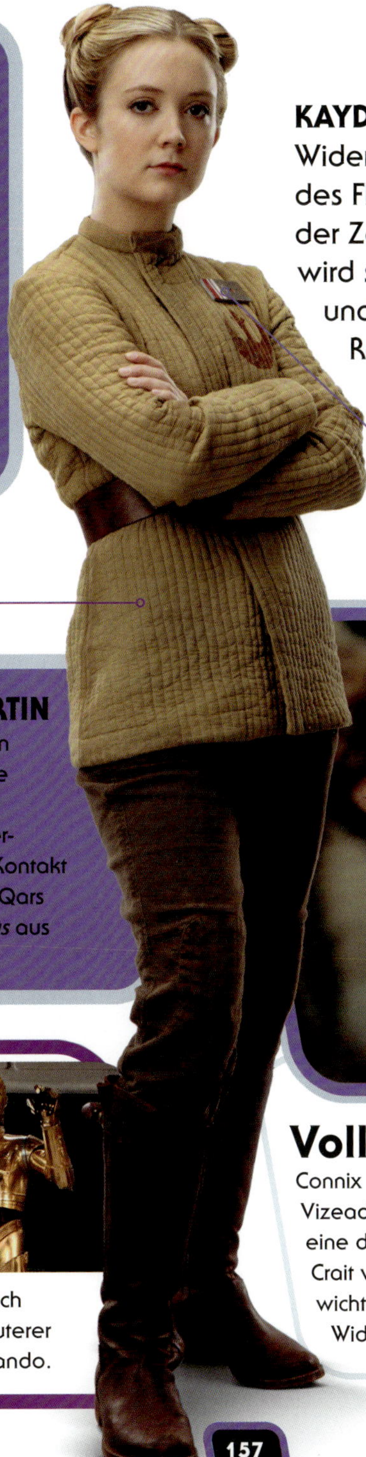

KAYDEL KO CONNIX tritt dem Widerstand als Teil der Einsatzleitung des Flottenkommandos bei. Nach der Zerstörung der Starkiller-Basis wird sie zum Lieutenant befördert und spielt eine entscheidende Rolle bei der Evakuierung von D'Qar.

Neue Rangplakette eines Lieutenants

Braune Offiziersuniform

KOMMUNIKATIONSEXPERTIN

Kaydel Ko Connix ist wichtig für den Widerstand. Bei dem Angriff auf die Starkiller-Basis beweist Connix ihre Fähigkeiten, indem sie die X-Flügler-Piloten mit ihren Befehlshabern in Kontakt hält. Später bei der Evakuierung D'Qars sorgt sie von der Brücke der *Raddus* aus für einen reibungslosen Ablauf.

Als Leia zurückkehrt, fügen sich Connix und die anderen Meuterer schnell wieder ihrem Kommando.

Voller Überzeugung

Connix steht hinter Poe Damerons Meuterei gegen Vizeadmiral Holdo und verriegelt die Brückentür. Als eine der wenigen Überlebenden der Ereignisse auf Crait verzeiht General Organa ihr, woraufhin sie eine wichtige Rolle beim Aufbau der neuen Basis des Widerstands auf Ajan Kloss spielt.

LIEUTENANT TYCE

A-FLÜGLER-PILOTIN DES WIDERSTANDS

DATEN-BANK

ZUGEHÖRIGKEIT: Widerstand
HEIMATWELT: Warlentta
SPEZIES: Mensch
GRÖSSE: 1,65 m
AUFTRETEN: IX
SIEHE AUCH: Commander D'Acy, Poe Dameron, Snap Wexley

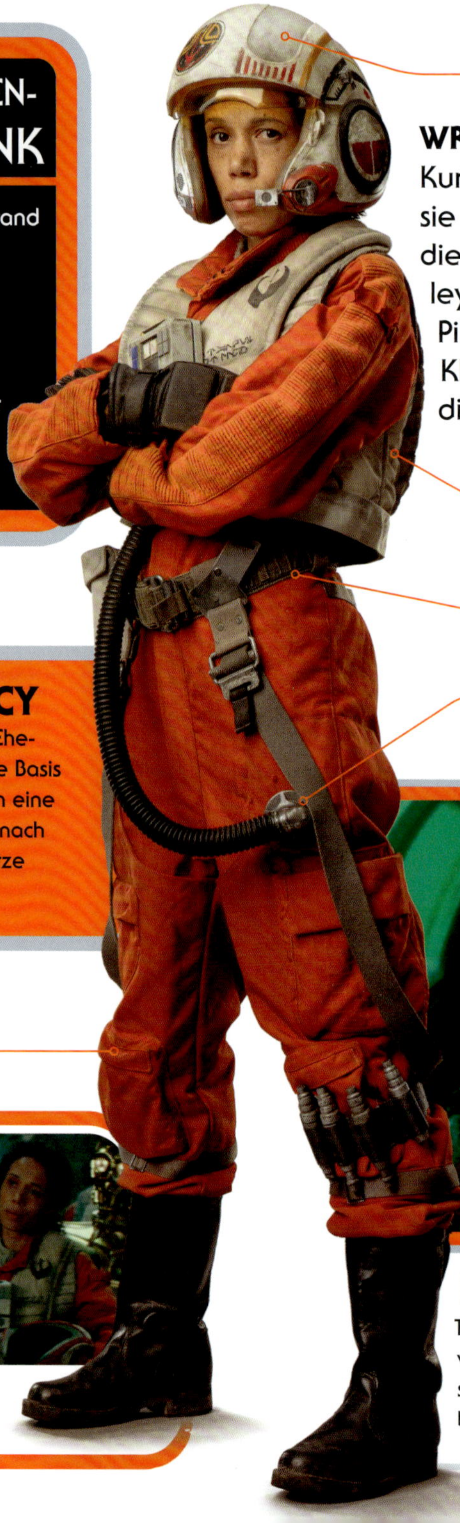

WROBIE TYCE wechselt von der Kurierpilotin zur Kampffliegerin, als sie dem Widerstand beitritt. Tyce dient unter Staffelführer Snap Wexley und ist Mentorin für andere Piloten in der Basis auf Ajan Kloss, wo ihre Frau Larma D'Acy die Bodentruppen befehligt.

TYCE UND D'ACY sind eines von mehreren Ehepaaren im Widerstand. Die Basis auf Ajan Kloss bietet ihnen eine seltene Gelegenheit, sich nach Monaten getrennter Einsätze zu sehen.

Letzter Schlag

Tyce ist mit ihrem A-Flügler Teil der Schlacht von Exegol, dem finalen Aufgebot des Widerstands gegen die Erste Ordnung. Poes Flieger bieten Deckung für Finns Team am Boden.

Tyce beteiligt sich aktiv an Einsatzbesprechungen.

LIEUTENANT VANIK

WAGEMUTIGER WIDERSTANDSPILOT

DATEN-BANK

ZUGEHÖRIGKEIT: Widerstand
HEIMATWELT: Messert
SPEZIES: Mensch
GRÖSSE: 1,67 m
AUFTRETEN: IX
SIEHE AUCH: Lieutenant Tyce, Poe Dameron, Snap Wexley

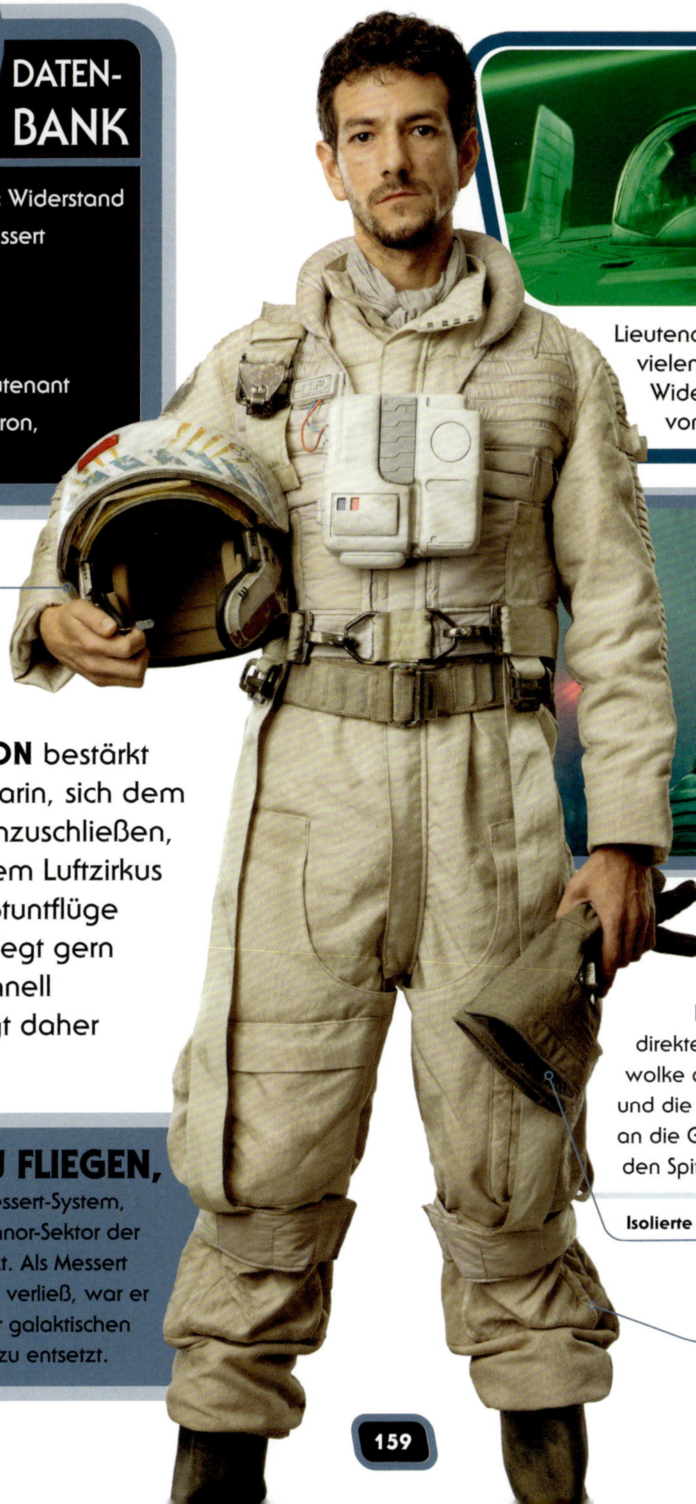

Lieutenant Vanik ist einer der vielen tapferen Piloten des Widerstands, die die Schlacht von Exegol nicht überleben.

POE DAMERON bestärkt Seftin Vanik darin, sich dem Widerstand anzuschließen, als er bei einem Luftzirkus einen seiner Stuntflüge sieht. Vanik fliegt gern besonders schnell und bevorzugt daher A-Flügler.

Teufelskerl

Vanik lebt sich schnell beim Widerstand auf Ajan Kloss ein. Dass er nach einem direkten Treffer durch die Explosionswolke des zerstörten Gegners fliegt und die Schilde seines A-Flüglers bis an die Grenze belastet, bringt ihm den Spitznamen »Schildbrutzler« ein.

RASANT ZU FLIEGEN, lernte Vanik im Messert-System, das an den Mytaranor-Sektor der Wookiees angrenzt. Als Messert die Neue Republik verließ, war er als Befürworter der galaktischen Regierung geradezu entsetzt.

LOBOT

VERWALTUNGSASSISTENT DER WOLKENSTADT

DATEN-
BANK

ZUGEHÖRIGKEIT: Rebellen
HEIMATWELT: Bespin
SPEZIES: Mensch (Cyborg)
GRÖSSE: 1,75 m
AUFTRETEN: V
SIEHE AUCH: Lando Calrissian

Der effiziente, ruhige Lobot ist der perfekte Assistent für den extravaganten Lando Calrissian.

LOBOT ist Hauptverwaltungsassistent der Wolkenstadt. Durch kybernetische Implantate am Kopf steht er jederzeit mit dem Zentralcomputer in Verbindung. Lobot kann zahlreiche Dinge gleichzeitig überwachen.

MIT DEN IMPLANTATEN im Gehirn kann Lobot unglaublich schnell Informationen verarbeiten, aber weitgehend seine Persönlichkeit bewahren. Dummerweise musste er ihnen bei einem missglückten Coup mit Lando die volle Kontrolle über seinen Verstand überlassen und wurde so auf ewig ein maschinenartiger Assistent.

Zur Rettung

Lobot ist kein Freund des Imperiums. Als Lando Calrissian sich gegen Vader wendet und beschließt, Han Solos Gefährten zu retten, erweist sich Lobots Verbindung zum Zentralcomputer als nützlich. Auf Landos »Code: Einheit Sieben« hin taucht er mit Wachen der Wolkenstadt auf, um Leia, Chewbacca und C-3PO zu befreien.

LOGRAY

OBERSTER SCHAMANE DER EWOKS

DATEN-BANK

ZUGEHÖRIGKEIT: Hellerbaumdorf
HEIMATWELT: Waldmond Endor
SPEZIES: Ewok
GRÖSSE: 1,32 m
AUFTRETEN: VI
SIEHE AUCH: Häuptling Chirpa

Logray und Chirpa überzeugen ihren Stamm, sich den Rebellen im Kampf anzuschließen.

LOGRAY ist Stammesschamane und Medizinmann der Ewoks. Er setzt sein Wissen über Rituale und Magie ein, um seinem Volk zu helfen und ihm Ehrfurcht einzuflößen. Logray hält die alten Ewok-Traditionen wie Initiationsriten und Opferungen hoch.

Ehrenbankett

Logray will Han Solo, Luke Skywalker, Chewbacca und R2-D2 zunächst opfern. Sie sollen der Hauptgang eines Festmahls zu Ehren von C-3PO sein, den die Ewoks für einen »goldenen Gott« halten.

IN SEINER Jugend war Logray ein großer Krieger. Sein Stab der Macht ist mit Trophäen wie den Knochen alter Feinde geschmückt. Logray misstraut allen Fremden und die Ankunft der Imperialen hat ihn darin noch bekräftigt.

LOR SAN TEKKA

WEISER ÜBERLEBENSKÜNSTLER

DATEN-BANK

ZUGEHÖRIGKEIT: Kirche der Macht
HEIMATWELT: Unbekannt
SPEZIES: Mensch
GRÖSSE: 1,85 m
AUFTRETEN: VII
SIEHE AUCH: BB-8, Kylo Ren, Poe Dameron, Prinzessin Leia

LOR SAN TEKKA hat auf der Suche nach altertümlichen Artefakten die ganze Galaxis bereist und ist ein Hüter verborgener Geheimnisse. Für den Widerstand erweist sich Lors Wissen als überlebenswichtig.

Kette der Weisheit

Gürtel aus Gundarkleder

Lor kannte Kylo Ren bereits in dessen früherem Leben. Die Erinnerung an diese Zeit versetzt Kylo in blinde Wut, und er streckt den alten Mann nieder.

Harte Zeiten

General Leia Organa versucht verzweifelt, Lor San Tekka zu kontaktieren. Sie glaubt, er habe Informationen, die sie zu ihrem Bruder, dem letzten Jedi der Galaxis, führen können. Sie entsendet Poe Dameron ins Dorf Tuanul auf Jakku, wo der alte Abenteurer lebt.

AUF REISEN hat Lor viele Überbleibsel alter Jedi-Traditionen gefunden, die das Galaktische Imperium hartnäckig zerstören wollte. Als Luke Skywalker mit der Erforschung der Geschichte der Jedi begann, um den Orden wieder aufzubauen, konnte er viel von Lor San Tekka lernen.

LUKE SKYWALKER

LEGENDÄRER JEDI-RITTER

DATENBANK

ZUGEHÖRIGKEIT: Rebellenallianz, Jedi
HEIMATWELT: Tatooine
SPEZIES: Mensch
GRÖSSE: 1,72 m
AUFTRETEN: III, IV, V, VI, M, VII, VIII, IX
SIEHE AUCH: Darth Vader, Han Solo, Prinzessin Leia, Rey, Yoda

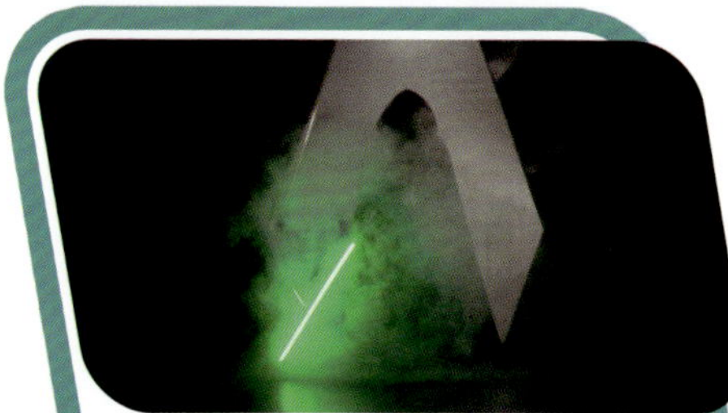

Luke spürt eine Präsenz in der Macht und entert einen Kreuzer des Restimperiums, um ein machtsensitives Kind zu retten.

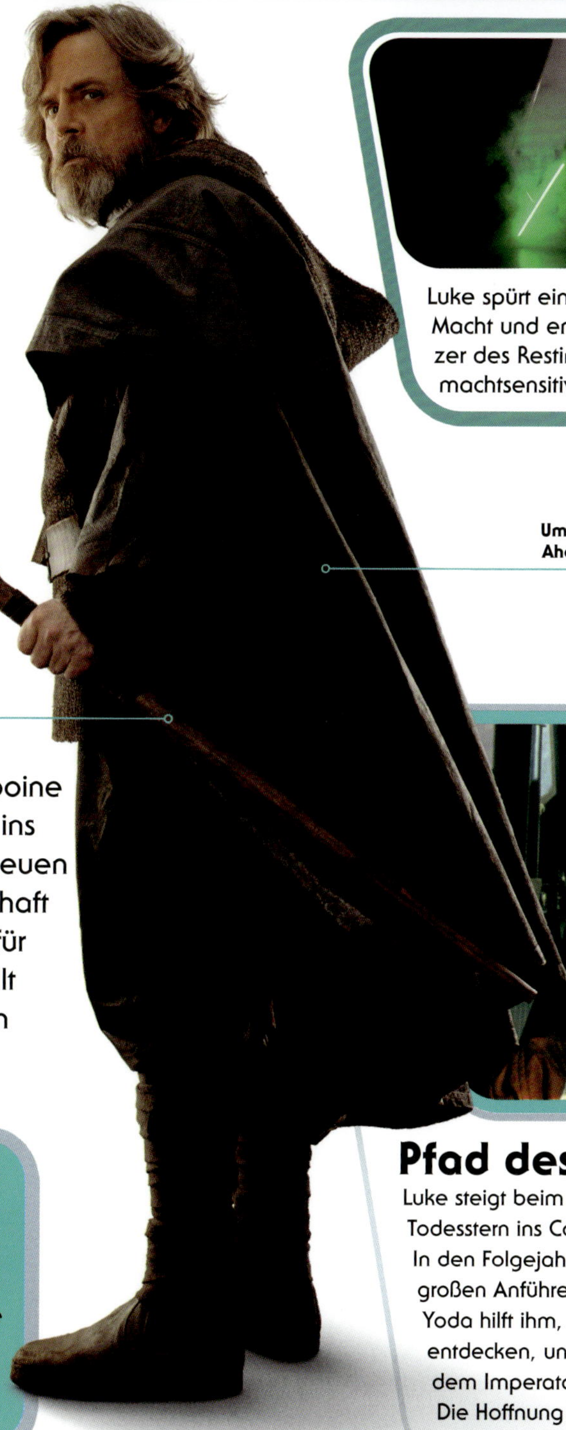

Umhang als Schutz vor Ahch-Tos rauem Klima

Geschnitzter Gehstock

ALS FARMERJUNGE von Tatooine stürzt Luke Skywalker mitten ins Abenteuer, als er in einem neuen Droiden eine geheime Botschaft findet. Luke wird Raumpilot für die Rebellenallianz und erfüllt als legendärer Jedi-Ritter sein Schicksal.

Pfad des Jedi

Luke steigt beim Angriff auf den ersten Todesstern ins Cockpit eines X-Flüglers. In den Folgejahren wird er zu einem großen Anführer der Rebellenallianz. Yoda hilft ihm, seine Machtkräfte zu entdecken, und als Jedi stellt er sich dem Imperator und Darth Vader. Die Hoffnung der Galaxis auf Freiheit liegt in seiner Hand.

NACH DEM Sieg über das Imperium verbringt Luke Zeit mit Studien, Reisen und Nachdenken, ehe er eine neue Generation Jedi unterweist. Mit Kylo Rens Erscheinen erfahren diese aber einen grauenvollen Rückschlag. Luke gibt sich die Schuld, geht ins Exil und wendet sich von der Macht ab.

LUMINARA UNDULI

MIRIALANISCHE JEDI-MEISTERIN

DATEN-BANK

ZUGEHÖRIGKEIT: Jedi
HEIMATWELT: Mirial
SPEZIES: Mirialanerin
GRÖSSE: 1,70 m
AUFTRETEN: II, III
SIEHE AUCH: Barriss Offee

Luminara dient auf Kashyyyk, bis sie nach Erteilung der Order 66 von Klontruppen gestellt wird.

LUMINARA UNDULI wurde auf der trockenen Welt Mirial geboren und kam jung zum Jedi-Orden. In der Schlacht von Geonosis kämpft sie gegen Dookus Droidenarmee, ist eine der wenigen Jedi, die überleben, und dient in den Klonkriegen als General.

Schlacht von Geonosis

Luminara Unduli und über 200 andere Jedi kämpfen in der Arena von Geonosis gegen Count Dookus Armee. Als Jedi-Meister Yoda mit der neu erschaffenen Klonarmee eintrifft, übernimmt Unduli das Kommando über eine Einheit, um die Separatisten zurückzuschlagen.

LUMINARA UNDULI stirbt in einem imperialen Gefängnis auf Stygeon Prime. Der Großinquisitor streut Gerüchte, dass sie noch lebt, und nutzt die Machtpräsenz ihrer Überreste, um überlebende Jedi anzulocken.

LYRA ERSO

JYN ERSOS MUTTER

DATENBANK

ZUGEHÖRIGKEIT: Keine
HEIMATWELT: Aria Prime
SPEZIES: Mensch
GRÖSSE: 1,70 m
AUFTRETEN: RO
SIEHE AUCH: Galen Erso, Jyn Erso, Orson Krennic

DIE SCHARFSINNIGE und tapfere Lyra Erso tut alles zum Schutz ihrer Familie. Sie war es, die erkannte, dass die Forschung ihres Mannes militärisch genutzt werden könnte. Mit ihrer Tochter Jyn fliehen Lyra und Galen vor dem Imperium. Im Exil auf Lah'mu bleibt sie wachsam, damit man sie nicht findet.

Schlichtes Gewand aus Pflanzenfasern

Rot, die Farbe der an die Macht glaubenden »Erleuchteten«

Komlink, um im Notfall mit der Familie Kontakt aufzunehmen

Lyra schenkt ihrer Tochter Jyn den Splitter eines Kyberkristalls und sagt: »Vertraue der Macht.«

Aufgespürt

Verglichen mit Coruscant ist es auf Lah'mu sehr viel ruhiger. Fern vom Einfluss des Imperiums vermitteln Lyra und Galen ihrer Tochter ein starkes Gespür für Richtig und Falsch. Doch nach vier Jahren findet das Imperium sie. Jyn flüchtet, wie sie es gelernt hat, und Galen wird abgeführt, aber Lyra stirbt dabei.

LYRA STUDIERT die Geschichte und Philosophie des Jedi-Ordens. Sie glaubt fest an die Jedi, obwohl sie selbst nie einem begegnet ist. Wie die Machtgläubigen auf Jedha trägt Lyra eine rote Schärpe, um ihren Glauben sichtbar zu bezeugen.

MACE WINDU

LEGENDÄRER JEDI-MEISTER

DATEN-BANK

ZUGEHÖRIGKEIT: Jedi
HEIMATWELT: Haruun Kal
SPEZIES: Mensch
GRÖSSE: 1,88 m
AUFTRETEN: I, II, III
SIEHE AUCH: Anakin Skywalker, Palpatine, Yoda

Mace Windu ist ein Meister des Kampfes und einer der größten lebenden Lichtschwertduellanten.

MACE WINDU ist ein führendes Mitglied des Hohen Rats der Jedi. Seine Weisheit und sein Können im Kampf sind legendär. Windu ist ernst und objektiv, doch bei drohender Gefahr auch zu drastischen Taten fähig.

Bauchgefühl

Mace Windus Argwohn gegenüber dem Kanzler ist gerechtfertigt, denn Anakin offenbart, dass Palpatine ein Sith-Lord ist. Windu handelt unverzüglich und will ihn in Gewahrsam nehmen – tot oder lebendig.

MACE ist einer der Ersten, der die Gefahr spürt, die von Anakin Skywalker ausgeht, und er führt ohne zu zögern eine Jedi-Eingreiftruppe nach Geonosis, als man dort Kriegsvorbereitungen aufdeckt.

Beim Duell zwischen Mace und Sidious hat Anakin die Wahl: Verrat an den Jedi oder Gefangennahme des Sith-Lords.

MAGNAWÄCHTER

GENERAL GRIEVOUS' DROIDEN-LEIBWÄCHTER

DATEN-BANK

ZUGEHÖRIGKEIT: Separatisten
TYP: Leibwächterdroide
HERSTELLER: Holowan Maschinenwerke
GRÖSSE: 1,95 m
AUFTRETEN: III
SIEHE AUCH: General Grievous

Primäre Fotorezeptoren

Mumuu-Umhangs-muster wie auf Grievous' Maske

Elektrostäbe halten Lichtschwert-schlägen stand.

Umhang zeigt Kampfspuren.

Kampfspuren an den Beinen

GENERAL GRIEVOUS' LEIBWÄCHTER wurden nach den Wünschen des Alien-Cyborgs gebaut und von ihm selbst ausgebildet. MagnaWächter kämpfen oft zu zweit und können ihren Kampfstil dem ihres Gegners anpassen. Sie sind mit tödlichen Elektrostäben oder auch Granaten und Raketenwerfern ausgerüstet.

MAGNAWÄCHTER ahmen die Elitekrieger nach, die Grievous stets begleiteten, als er noch ein Kriegsherr der Kaleesh war. Andere Separatistenanführer wie Count Dooku setzen die MagnaWächter ebenfalls als Leibwächter oder Soldaten ein.

MagnaWächter benutzen ihre Elektrostäbe, um Feinde zu betäuben oder zu töten.

Doppelter Ärger

Als Anakin Skywalker und Obi-Wan Kenobi versuchen, Palpatine zu retten, müssen sie auf Grievous' Flaggschiff, der *Unsichtbaren Hand,* mit den zwei MagnaWächtern IG-101 und IG-102 kämpfen. Als Kenobi einem den Kopf abschlägt, kämpft er mit seinen Reserveprozessoren weiter!

MALAKILI

WÄRTER VON JABBAS RANCOR

DATENBANK

ZUGEHÖRIGKEIT: Jabbas Hof
HEIMATWELT: Corellia
SPEZIES: Mensch
GRÖSSE: 1,72 m
AUFTRETEN: VI
SIEHE AUCH: Jabba der Hutt

JABBAS TIERPFLEGER Malakili kümmert sich um einen mörderischen Rancor, den Jabba unter seinem Thronsaal hält. Der Hutt lässt gern Leute, die ihm nicht gefallen, in die Rancorgrube stürzen. Malakili versorgt die Wunden, die das Monster von seinen unfreiwilligen Snacks erhält.

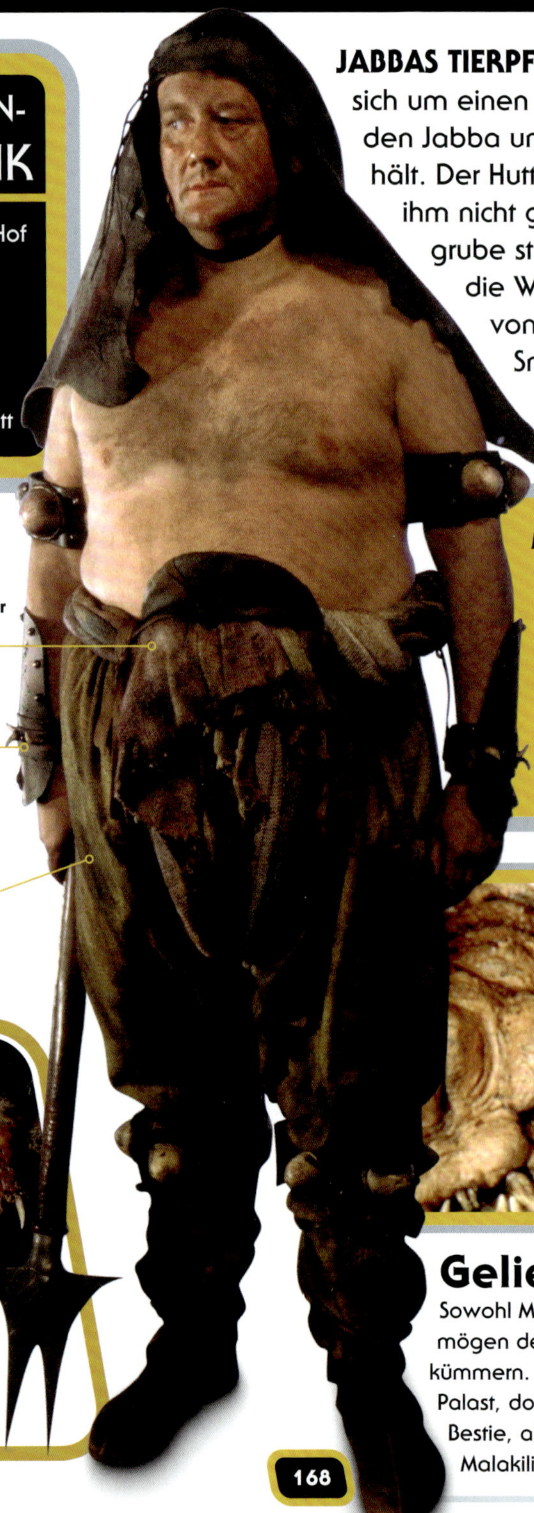

MALAKILI arbeitete einst als Tierpfleger in einem Wanderzirkus. Als eine seiner gefährlichen Zirkusbestien während einer Vorstellung auf Nar Shaddaa ausbrach und mehrere Zuschauer tötete, wurde Malakili versklavt und an Jabba den Hutt verkauft.

Jabbas Rancor rettete Malakili einst das Leben, als er von Sandleuten angegriffen wurde.

Geliebte Bestie

Sowohl Malakili als auch sein Kollege Giran mögen den Rancor sehr, um den sie sich kümmern. Er ist ihr Lieblingstier in Jabbas Palast, doch Luke Skywalker tötet die brutale Bestie, als sie versucht, ihn zu verschlingen. Malakili und Giran weinen bitterlich.

DER MANDALORIANER

VOM KOPFGELDJÄGER ZUM BESCHÜTZER

DATEN-BANK

ZUGEHÖRIGKEIT: Kinder der Watch, Mandalorianer
HEIMATWELT: Aq Vetina
SPEZIES: Mensch
GRÖSSE: 1,80 m
AUFTRETEN: M
SIEHE AUCH: Grogu, Kuiil, die Schmiedin

Mando ist ein Waffenexperte. Durch sein Kampfverständnis verliert er selten eine Schlacht.

DER ALS DER Mandalorianer bekannte Kopfgeldjäger gilt als sehr erfolgreich und ist gut im Aufspüren wie im Kämpfen. Freunden gegenüber loyal und gefährlich für Feinde, findet er eine neue Aufgabe, als er das Kind Grogu rettet.

Neue Pfade

Mando und einige andere Mandalorianer setzen ihre Helme vor anderen nicht ab. Als Grogu gefangen wird, ist er ihm jedoch wichtiger als diese Regel. Er gestattet einen Scan seines Gesichts, um Grogus Aufenthaltsort herauszufinden.

ALS Din Djarin ein Kind war, wurden seine Eltern von Superkampfdroiden der Separatisten getötet. Er selbst wurde von einem Mandalorianer gerettet und gemäß dem alten Weg erzogen. Nun kennen die meisten ihn nur noch als Mando.

MAS AMEDDA

CHAGRIANISCHER SENATSSPRECHER

DATEN-BANK

ZUGEHÖRIGKEIT: Rep./Imp.
HEIMATWELT: Champala
SPEZIES: Chagrianer
GRÖSSE: 1,96 m
AUFTRETEN: I, II, III
SIEHE AUCH: Palpatine

MAS AMEDDA ist Sprecher des Galaktischen Senats auf Coruscant, wo er in Debatten für Ordnung sorgt. Amedda ist ein ernster und stoischer Chagrianer und einer der wenigen, die wissen, dass Palpatine mehr ist, als er zu sein scheint.

Amedda schlägt als Erster vor, der Senat solle Palpatine Notstandsvollmachten erteilen.

WÄHREND Valorums Kanzlerschaft ist Mas Amedda stellvertretender Vorsitzender des Senats. Da er insgeheim für Palpatine arbeitet, tut er alles, damit der Senat sich in endlose Debatten verstrickt. Dadurch verliert Valorum die Unterstützung vieler Senatoren.

Zusammenhalt

Mas Amedda ist nach dem Kampf mit Yoda im Senat an Palpatines Seite, während dessen Stoßtruppsoldaten nach dem Jedi-Meister suchen. Als Palpatine die Republik ins Galaktische Imperium umwandelt, dient Amedda ihm als Großwesir.

MAUL

ÜBERLEBENDER SITH UND VERBRECHERLORD

DATENBANK

ZUGEHÖRIGKEIT: Sith/ Nachtbrüder, Crimson Dawn
HEIMATWELT: Dathomir
SPEZIES: Zabrak
GRÖSSE: 1,75 m
AUFTRETEN: I, S
SIEHE AUCH: Obi-Wan Kenobi, Palpatine, Qi'ra

Kampfrobe

Durch die Art des internen Kristalls rote Lichtschwertklinge

VOR JAHREN war Maul als Darth Sidious' Schüler einer der gefährlichsten und am besten ausgebildeten Sith in der Geschichte des Ordens. Sein gesamter Körper ist mit Stammessymbolen tätowiert, die seine Wurzeln beim Kriegerclan der Nachtbrüder von Dathomir zeigen.

MAUL WIRD von den Jedi für tot gehalten, doch sein Rachedurst hält ihn am Leben. Durch die Magie der Nachtschwestern wiederhergestellt, kehrt Maul in den Klonkriegen zurück und mischt die kriminelle Unterwelt auf. Als Darth Sidious ihn gefangen nimmt, entgeht Maul erneut knapp dem Tod.

Maul gegen Kenobi

Maul, der Königin Amidala ergreifen soll, gibt Qui-Gon Jinn und Obi-Wan Kenobi die seltene Gelegenheit, gegen einen ausgebildeten Sith-Krieger zu kämpfen. Nach Jinns erstem Duell mit Maul auf Tatooine trifft er ihn später gemeinsam mit Kenobi auf Naboo. Obi-Wan glaubt, den Sith getötet zu haben, doch Maul erliegt seiner schweren Verletzung nicht.

Während der Zeit des Galaktischen Imperiums führt Maul das rücksichtslose Verbrechersyndikat Crimson Dawn an.

MAX REBO

LEITER VON JABBAS HOFBAND

DATEN-BANK

ZUGEHÖRIGKEIT: Jabbas Hof
HEIMATWELT: Orto
SPEZIES: Ortolaner
GRÖSSE: 1,50 m
AUFTRETEN: VI
SIEHE AUCH: Droopy McCool, Sy Snootles

DER IN DER BRANCHE als Max Rebo bekannte blaue Ortolaner ist ein halb wahnsinniger, völlig vom Essen besessener Organist. Als der vergnügungssüchtige Verbrecherlord Jabba der Hutt Max einen Vertrag anbietet, der als Gage nur freie Verpflegung vorsieht, nimmt er sofort an – zum Entsetzen der anderen Bandmitglieder!

Unter Vertrag

Jabba ist so begeistert von der wilden Musik der Max-Rebo-Band, dass er ihr einen Vertrag auf Lebenszeit anbietet. Die Band spielt, als Luke Skywalker den Palast betritt, um Han Solo zu retten. Nach Jabbas Tod löst sich die Band auf.

FÜR EINEN ORTOLANER

ist Max Rebo recht dürr. Wegen seiner Esssucht trifft er als Bandleader oft falsche Entscheidungen, doch er ist ein hingebungsvoller Musiker und sehr gut an seinem Instrument – der Rotballdüsenorgel.

Max Rebos Band begleitet Jabbas Gefolge auch auf der Segelbarke des Hutts.

MAZ KANATA

LEGENDÄRE PIRATIN

DATEN-BANK

ZUGEHÖRIGKEIT: Piraten, Widerstand
HEIMATWELT: Takodana
SPEZIES: Unbekannt
GRÖSSE: 1,24 m
AUFTRETEN: VII, VIII, IX
SIEHE AUCH: Finn, Han Solo, Prinzessin Leia, Rey

Brille mit verstellbaren Korrektionsgläsern

Armband der Sutro

Selbst gestrickte Kleidung

DIE SPITZBÜBISCHE Piratin Maz, die sich Jahrhunderte lang am Rande der Galaxis durchgeschlagen hat, wird von den härtesten Kriminellen respektiert. Maz hat eine starke Verbindung zur Macht, ist jedoch keine Jedi. Nichtsdestotrotz unterstützt sie den Widerstand in seinem Kampf gegen die dunkle Seite der Macht.

MAZ' GASTFREUNDSCHAFT ist legendär – jede unabhängige Crew ist herzlich in ihrem Schloss auf Takodana willkommen. Solange die Gäste keinen Ärger machen und Feindschaften und Politik draußen bleiben, darf sich jeder Gesetzesverbieger auf Reisen bei ihr aufhalten.

Lieblingsschurke

Han Solo kennt Maz seit Jahrzehnten und beschreibt sie als »ein bisschen speziell«. Sie mag klein sein, aber sie hat eine gewaltige Persönlichkeit. Ihre Weisheit teilt sie mit einer Mischung aus Humor und strenger Kritik. Als Solo Maz nach 25 Jahren wieder besucht, braucht er ihre Hilfe auf der Suche nach dem Widerstand. Seine beiden Begleiter sind auf der Flucht vor der Ersten Ordnung. Am Ende findet der Widerstand ihn.

ME-8D9

URALTER PROTOKOLLDROIDE

DATEN-BANK

ZUGEHÖRIGKEIT: Keine
TYP: Unbekannt
HERSTELLER: Unbekannt
GRÖSSE: 1,72 m
AUFTRETEN: VII
SIEHE AUCH: Bazine Netal, Maz Kanata

DIE HALUNKEN in Maz' Schloss auf Takodana haben den Protokolldroiden ME-8D9 »Emmie« getauft. Sie wird bei halblegalen Verhandlungen in den Spiel- und Speisesälen des Anwesens als Dolmetscherin hinzugezogen.

EMMIE IST ein uralter Droide unbekannter Bauart und Gerüchten zufolge so alt wie das Schloss selbst. Da sie unzählige Male neu programmiert wurde, befinden sich kaum noch Erinnerungen an ihre ursprünglichen Funktionen in ihrem Datenspeicher.

Mysteriöse Geschichte

Hin und wieder werden Teile von Emmies Vergangenheit offenbar – ein Nebeneffekt ihres veralteten Designs. Sie wurde zwar als Protokolldroide gebaut, hat aber auch schon als Attentäterin für Kriminelle wie die berüchtigte Crymorah gearbeitet. Einige denken, dass sie einst im Dienst des alten Jedi-Ordens stand.

MIGS MAYFELD

SÖLDNER UND SCHARFSCHÜTZE

DATEN-BANK

ZUGEHÖRIGKEIT: Imperium/ unabhängiger Söldner
HEIMATWELT: Unbekannt
SPEZIES: Mensch
GRÖSSE: 1,70 m
AUFTRETEN: M
SIEHE AUCH: Cara Dune, Mandalorianer, Valin Hess

Eine automatisierte Neurolink-Waffeneinheit gestattet es Mayfeld, eine Extrawaffe mit seinen Gedanken zu steuern.

MIGS MAYFELD ist ein krimineller Söldner, der die Leute um sich herum immer wieder aufregt. Er ist clever und ein genialer Schütze, aber mit seiner hitzigen Art bringt er sich und andere oftmals in Schwierigkeiten.

Zwiespalt

Mayfeld wird verhaftet und muss auf den Karthonischen Schrottfeldern arbeiten. Cara Dune lässt ihn als Marshal der Neuen Republik frei, damit er Mando hilft, Moff Gideon und Grogu zu finden, indem er eine imperiale Raffinerie infiltriert.

MAYFELD WAR früher ein imperialer Scharfschütze, aber ihm gefiel nicht, wie das Imperium mit Leuten umging. Er ist wütend, dass sein einstiger Vorgesetzter Valin Hess sich mehr um das Imperium als um den Schutz Unschuldiger sorgt.

MOFF GIDEON

FIESER IMPERIALER ANFÜHRER

DATENBANK

ZUGEHÖRIGKEIT: Imperium/Restimperium
HEIMATWELT: Unbekannt
SPEZIES: Mensch
GRÖSSE: 1,83 m
AUFTRETEN: M
SIEHE AUCH: Bo-Katan Kryze, Grogu, Mandalorianer

MOFF GIDEON sucht die Galaxis nach dem Kind Grogu ab. Er zeigt keine Gnade, wenn ihm jemand im Weg steht – und seien es eigene Sturmtruppen.

Mandos Beskarlanze trifft bei ihrem Kampf um Grogu auf Moff Gideons Dunkelschwert.

Keine Gnade

Moff Gideon drängt Cara Dune, Greef Karga und den Mandalorianer in einer Cantina auf Nevarro in die Enge. Er will Grogu und verspricht nichts – auch nicht, wenn er bekommt, was er will.

FRÜHER WAR Gideon ein Offizier des Imperialen Sicherheitsbüros (ISB), nun führt der intelligente und rücksichtslose Moff einen Teil des Restimperiums an. Obwohl er keine Machtkräfte hat, ist er gewandt im Umgang mit dem Dunkelschwert.

MOFF JERJERROD

KOMMANDANT DES ZWEITEN TODESSTERNS

DATEN-BANK

ZUGEHÖRIGKEIT: Imperium
HEIMATWELT: Tinnel IV
SPEZIES: Mensch
GRÖSSE: 1,83 m
AUFTRETEN: VI
SIEHE AUCH: Captain Needa, Darth Vader

MOFF JERJERROD überwacht den Bau des zweiten Todessterns. Während der Schlacht von Endor lässt Jerjerrod den Superlaser der Station gegen die Rebellenstreitkräfte einsetzen. Er stirbt, als die Rebellen den Reaktor des Todessterns in die Luft jagen.

Die Bauverzögerung beim Todesstern liegt für Jerjerrod am Mangel an Arbeitern.

JERJERROD wurde als Sohn einer wohlhabenden Familie auf der Kernwelt Tinnel IV geboren. Er hat eine hinterhältige Art und kaum höhere Ambitionen – beides vorteilhaft für einen Moff. Beim Geheimprojekt zum Bau des zweiten Todessterns trägt er zur Tarnung den Titel Direktor der Imperialen Energiesysteme.

Volle Verantwortung

Als der Bau des Todessterns in Verzug gerät, schickt der Imperator Darth Vader, um Druck auf Moff Jerjerrod auszuüben. Als dieser erfährt, dass der Imperator bald persönlich eintreffen wird, versichert er Vader, dass seine Männer ihre Bemühungen verdoppeln werden.

MOLOCH

VOLLSTRECKER DER WEISSWÜRMER

DATEN-BANK

ZUGEHÖRIGKEIT: Weißwürmer
HEIMATWELT: Corellia
SPEZIES: Grindalid
GRÖSSE: 2 m
AUFTRETEN: S
SIEHE AUCH: Han Solo, Lady Proxima, Qi'ra

DER BRUTALE Moloch ist ein Vollstrecker von Lady Proximas Bande, den Weißwürmern. Grindaliden wie er kontrollieren Coronets Schwarzmarkt und ernähren sich von Ratten, die ihre Untergebenen ihnen heranschaffen.

Wühlratten, die sich als nützlich erweisen, können sich für ernstere Verbrechen qualifizieren.

DIE MEISTEN Grindaliden bleiben in ihrer Höhle, da Corellias Sonne ihre Haut verbrennt, aber Moloch geht auch nach draußen. Er trägt lange Gewänder und eine Maske, um seinen Körper zu verhüllen. Er hat gelernt, sich so auf dem Schwanz zu bewegen, als hätte er menschliche Beine.

Treuer Diener

Moloch dient seiner Matriarchin Lady Proxima. Ihre Bande hat eine Horde menschlicher »Wühlratten« unter sich – verzweifelte Kinder, die gezwungen werden, für ihre Brut Ratten zu fangen und als Taschendiebe zu arbeiten. Auch Han Solo und Qi'ra begannen ihr kriminelles Leben als Wühlratten.

MON MOTHMA

ANFÜHRERIN DER REBELLENALLIANZ

DATEN-BANK

ZUGEHÖRIGKEIT: Republik/Rebellion/Neue Republik
HEIMATWELT: Chandrila
SPEZIES: Mensch
GRÖSSE: 1,73 m
AUFTRETEN: III, RO, VI
SIEHE AUCH: Bail Organa

MON MOTHMA ist die oberste Anführerin der Rebellion. Als Mitglied des Galaktischen Senats kämpft sie für die Freiheit, bis das böse Imperium immer mehr um sich greift. Mothma kehrt dem Senat den Rücken zu und arbeitet mit Bail Organa an der Gründung einer Rebellenallianz zum Sturz des Imperiums.

Mon Mothma hört im Rebellenrat verschiedene Meinungen zum angeblichen Todesstern.

MON MOTHMA

stammt aus einer Politikerfamilie und trat sehr jung in den Senat ein. Als die Republik zusammenbricht, geht sie in den Untergrund und vereint mehrere Widerstandszellen zu einer einzelnen Gruppe, der Allianz zur Wiederherstellung der Republik (kurz: Rebellenallianz).

Gründer der Rebellion

Mon Mothma und Bail Organa sind überzeugt, Palpatine Widerstand leisten zu müssen. Er hat die Kontrolle über den Senat, und seine neuen Gouverneure überwachen sämtliche Sternensysteme. Daher paktieren sie mit einigen vertrauenswürdigen Senatoren, um eine geheime Rebellenbewegung zu gründen.

MORGAN ELSBETH

GRAUSAME TYRANNIN

DATEN-BANK

ZUGEHÖRIGKEIT: Unbekannt
HEIMATWELT: Corvus
SPEZIES: Mensch
GRÖSSE: 1,65 m
AUFTRETEN: M
SIEHE AUCH: Ahsoka Tano, Captain Lang

MORGAN ELSBETH herrscht über Calodan, eine Stadt auf dem Planeten Corvus. Sie steht in Konflikt mit Ahsoka Tano, weil die Magistratin der ehemaligen Jedi nicht verraten will, wo sich Großadmiral Thrawn aufhält.

MORGAN ELSBETH beutete einst Welten für den Aufbau der Imperialen Flotte aus. Nach Ende des Imperiums erobert sie weiterhin Planeten.

Tödlicher Deal

Morgan engagiert den Mandalorianer Din Djarin, um Tano zu erledigen. Als Bezahlung bietet sie eine Lanze aus Beskar an, ein fast unzerstörbares Metall der Mandalorianer.

Tano verteidigt sich gegen Elsbeths Attacke in den Mauern von Calodan.

SCHLAMMTRUPPLER

IMPERIALE SUMPFTRUPPEN

DATENBANK

ZUGEHÖRIGKEIT: Imperium
HEIMATWELT: Verschieden
SPEZIES: Mensch
GRÖSSE: Verschieden
STANDARDAUSRÜSTUNG: E-10-Blastergewehr
AUFTRETEN: S
SIEHE AUCH: Han Solo, Tobias Beckett

DIE IMPERIALE ARMEE setzt neben den Sturmtruppen auch reguläre Soldaten ein. Auf der Sumpfwelt Mimban kämpfen die Schlammtruppler der 224. Panzerdivision mitten im Morast gegen die heimischen Mimbanesen.

Als Han von der imperialen Flugakademie fliegt, wird er nach Mimban geschickt.

Frontlager

Die Lage auf dem sumpfigen Mimban ist hart. Neben den Gefahren durch die lokalen Aufständischen riskiert man im stehenden Wasser Fußbrand und wegen der Pilzsporen in der Luft eine Lungenerkrankung. Selbst Wasser aus Evaporatoren enthält gefährliche Mikroben.

KAUM EINER wählt ein Leben als Schlammtruppler – die meisten Soldaten auf Mimban wurden dazu verpflichtet. Ein paar sind sogar nach Fehltritten in anderen Truppenteilen zur Strafe dort, einige erhoffen sich durch den Dienst ein Militärstipendium.

NABOO-WACHE

LEIBWÄCHTER DES KÖNIGSHAUSES VON NABOO

DATEN-BANK

ZUGEHÖRIGKEIT: Königliche Sicherheitskräfte der Naboo
HEIMATWELT: Naboo
SPEZIES: Mensch
GRÖSSE: Verschieden
STANDARDAUSRÜSTUNG: S-5-Blasterpistole
AUFTRETEN: I, II
SIEHE AUCH: Captain Panaka

DIE PALASTGARDE von Naboo ist die speziell ausgebildete Leibwache von Königin und Hof der Naboo. Diese treuen Soldaten sammeln auf anderen Welten Kampferfahrung und kehren dann heim, um das Königshaus zu schützen.

Die Truppen von Naboo versuchen, die einfallenden Droiden mit kleinen Gian-Landgleitern abzuwehren.

DIE PALASTGARDE ist Teil der Königlichen Sicherheitskräfte von Naboo. Ihre Angehörigen arbeiten mit der Sicherheitsgarde, die größtenteils Wachposten und Patrouillen stellt, und dem Raumjägerkorps, das die N-1-Sternenjäger fliegt, zusammen.

Rückkehr der Truppen

Als die Droidenarmee der Handelsföderation auf Naboo einfällt, erfährt die Palastgarde, was es heißt, wirklich zu kämpfen. Doch Naboo unterliegt der Übermacht der Kampfdroiden. Zum Glück können Königin Amidala und Sicherheitschef Panaka fliehen. Sie kehren mit den Gungans zurück, um der Besatzung ein Ende zu bereiten.

NAMBI GHIMA

FREUNDLICHE JUGENDLICHE

DATENBANK

ZUGEHÖRIGKEIT: Aki-Aki
HEIMATWELT: Pasaana
SPEZIES: Aki-Aki
GRÖSSE: 1,30 m
AUFTRETEN: IX
SIEHE AUCH: C-3PO, Rey

NAMBI GHIMA ist eine junge Aki-Aki, die auf Pasaana mit ihrem Volk das Fest der Ahnen feiert, das zu Ehren von Vergangenheit und Zukunft begangen wird. Sie schenkt Rey eine Kette als Willkommensgruß.

Mithilfe des Protokolldroiden C-3PO fragt Nambi Ghima Rey nach ihrem Nachnamen.

DAS FEST der Ahnen findet alle 42 Jahre auf Pasaana statt. Die meisten Teilnehmer sind einheimische Aki-Aki, aber auch einige Außenweltler besuchen das Fest, um sich an Musik und Tanz und feilgebotenen Leckereien und Kunsthandwerk zu erfreuen.

Machtverbindung

Die Macht verbindet Rey und Kylo Ren kurz nach ihrem Gespräch mit Nambi. Ren greift wütend nach Reys Kette, obwohl sie physisch weit voneinander entfernt sind. Durch die Perlen daran folgert die Erste Ordnung, dass sie auf Pasaana ist.

NIEN NUNB

HELDENHAFTER SULLUSTANISCHER PILOT

DATEN-BANK

ZUGEHÖRIGKEIT: Rebellenallianz/Widerstand
HEIMATWELT: Sullust
SPEZIES: Sullustaner
GRÖSSE: 1,79 m
AUFTRETEN: VI, VII, VIII, IX
SIEHE AUCH: Lando Calrissian, Poe Dameron, Prinzessin Leia

BEI DER SCHLACHT von Endor ist Nien Nunb Lando Calrissians Kopilot an Bord des *Millennium Falken*. Lando versteht Nunbs sullustanische Sprache und hat ihn für diese Mission ausgewählt, da dessen Heldentaten mit seinem eigenen Schiff, der *Mellraupe,* ihn sehr beeindruckt haben.

NIEN NUNB ist einer der vielen Sullustaner, die als Kampfpiloten in der Rebellenallianz dienen. Sein Heimatplanet Sullust war vor der Schlacht von Endor der Sammelpunkt für die Rebellenflotte. Die Allianz belohnte Nunb für seine Tapferkeit in der Schlacht mit einem Orden, dem Mond des Kalidor.

Nien Nunb dient in der Flotte des Widerstands. Er überlebt D'Qar und Crait, stirbt aber in der Schlacht von Exegol.

Zuverlässiger Pilot

Nunb erwarb seine Flugkünste als Frachterpilot für die SoroSuub-Gesellschaft. Als SoroSuub das Imperium unterstützt, zeigt Nunb seinen Widerstand, indem er das Unternehmen für die Rebellenallianz bestiehlt. Anfangs ist Nunb noch als unabhängiger Schmuggler aktiv, doch letzten Endes wird er ein vollwertiges Mitglied der Allianz.

NUTE GUNRAY

NEIMOIDIANISCHER VIZEKÖNIG

DATEN-BANK

ZUGEHÖRIGKEIT: Handelsföderation, Separatisten
HEIMATWELT: Neimoidia
SPEZIES: Neimoidianer
GRÖSSE: 1,91 m
AUFTRETEN: I, II, III
SIEHE AUCH: Padmé Amidala, Palpatine

DER MÄCHTIGE VIZEKÖNIG der Handelsföderation Nute Gunray ist hinterhältig und geht für seine Geschäftsziele über Leichen. Gunray wird zur Spielfigur von Darth Sidious, als er sich bereit erklärt, den friedlichen Planeten Naboo zu belagern.

Die Handelsföderation unterstützt in den Klonkriegen insgeheim die Separatisten.

Sidious braucht die Handelsföderation nur, bis seine Herrschaft über die Galaxis gesichert ist.

NUTE GUNRAY ist ein Neimoidianer – eine Spezies, die für ihre enorme Gier berüchtigt ist. Er schließt eine Allianz mit Darth Sidious, um mit einer Handelsblockade um Naboo gegen höhere Steuern zu protestieren. Doch als dieses Bündnis zu Kampfhandlungen führt, wird Gunray zunehmend nervös.

Wahres Gesicht

Gunrays wahre Feigheit zeigt sich, als Padmé Amidalas Freiheitskämpfer den Palast stürmen. Als er sich nicht mehr hinter Kampfdroiden verstecken kann, wird Gunray verhaftet. Es zeigt den Niedergang der Republik, dass er sich später seine Freilassung erkaufen und Vizekönig der Handelsföderation bleiben kann.

OBI-WAN KENOBI

LEGENDÄRER JEDI-MEISTER

DATEN-BANK

ZUGEHÖRIGKEIT: Jedi
HEIMATWELT: Stewjon
SPEZIES: Mensch
GRÖSSE: 1,79 m
AUFTRETEN: I, II, III, IV, V, VI
SIEHE AUCH: Anakin Skywalker, Luke Skywalker

Kenobi stellt sich Darth Vader – einst als Kenobis Padawan Anakin Skywalker bekannt – im Duell.

OBI-WAN KENOBI ist ein wahrlich großer Jedi, der inmitten galaktischer Unruhen miterlebt, wie die Republik zerfällt und zusammenbricht. Er ist von Natur aus vorsichtig, doch er besitzt auch eine gesunde Willensstärke und geht ausgezeichnet mit dem Lichtschwert um.

KENOBIS Weg führt ihn in eine gänzlich andere Richtung als seinen Jedi-Schüler Anakin Skywalker. Nach der Order 66 hilft er dabei, Luke Skywalker und Leia Organa zu beschützen. Viele Jahre harrt Kenobi auf Tatooine im Verborgenen aus und wacht über Luke, die letzte Hoffnung für den Jedi-Orden.

General Kenobi

Kenobi wird in den Klonkriegen zu einem großen Jedi-General und Piloten (obwohl er nur ungern fliegt). Nach dem Tod seines eigensinnigen Meisters Qui-Gon Jinn nimmt er dessen Schützling Anakin Skywalker selbst zum Schüler. Das Band zwischen Obi-Wan und Anakin ist stark, wenn sie Seite an Seite kämpfen.

Obi-Wans bedachtes Vorgehen und Anakins forsche Art vertragen sich nicht immer.

OCHI VON BESTOON

SITH-ATTENTÄTER

DATEN-BANK

ZUGEHÖRIGKEIT: Akolythen des Jenseits, Sith-Ewige
HEIMATWELT: Unbekannt
SPEZIES: Unbekannt
GRÖSSE: 1,83 m
AUFTRETEN: IX
SIEHE AUCH: C-3PO, D-O, Palpatine, Rey

OCHI VON BESTOON ist ein sagenhafter Jäger von Sith-Artefakten, der Darth Sidious auch als Attentäter dient. Obwohl Ochi die Macht nicht nutzt, glaubt er, dass sie ihn leitet. Er findet sein Ende im Treibsand auf Pasaana.

DER GEHEIME Kult der Sith-Ewigen schickt Ochi auf die Suche nach Rey, der Enkelin Palpatines. Als Reys Eltern deren Aufenthaltsort nicht preisgeben wollen, tötet Ochi sie. Später helfen Sith-Runen auf Ochis Dolch dem Widerstand, Palpatine zu finden.

Ochis Schiff

Ochi versinkt im Treibsand auf Pasaana und kann nicht mehr zu seinem Schiff, der *Bestoon Legacy,* zurück, wo sein Droide D-O wartet. Poe Dameron nutzt es für eine gewagte Rettungsaktion an Bord eines Sternenzerstörers.

Ochi gehört zu den Akolythen des Jenseits, die glauben, dass die Sith an die Macht zurückkehren müssen.

OMERA

MUTTER UND BESCHÜTZERIN

DATEN-BANK

ZUGEHÖRIGKEIT: Unbekannt
HEIMATWELT: Sorgan
SPEZIES: Mensch
GRÖSSE: 1,73 m
AUFTRETEN: M
SIEHE AUCH: Grogu, Mandalorianer, Winta

Zier-kragen

Geraffte Ärmel für bequemeres Arbeiten

Langer Rock aus lokalen Naturfasern

Wasserfeste Watstiefel

OMERA LEBT mit ihrer Tochter Winta auf dem Planeten Sorgan. Sie will, dass Winta sicher ist, und führt ihr Dorf bei den Vorbereitungen an, sich gegen Eindringlinge zu verteidigen. Sie ist fürsorglich, mutig und bereit, für das, was sie liebt, zu kämpfen.

OMERA und Winta leben friedlich in einem Dorf von Krillfarmern, bis Plünderer darüber herfallen. Als der Mandalorianer seine Hilfe anbietet, freundet sie sich mit ihm an und lädt ihn zu sich ein.

Kampfbereit

Mando hilft Omera, ihr Dorf zu verteidigen. Er ist beeindruckt von ihrem Überlebensinstinkt und ihren Blasterkünsten und erkennt, dass sie jeglichem Feind mehr als gewachsen ist.

Omera und Winta verstecken sich vor Plünderern.

OOLA

TWI'LEK-TÄNZERIN

DATEN-BANK

ZUGEHÖRIGKEIT: Jabbas Hof
HEIMATWELT: Ryloth
SPEZIES: Twi'lek
GRÖSSE: 1,60 m
AUFTRETEN: VI
SIEHE AUCH: Jabba der Hutt

OOLA IST eine grünhäutige Twi'lek-Tänzerin in Diensten des Verbrecherlords Jabba der Hutt. Jabbas Majordomus Bib Fortuna entführte sie aus ihrem Clan. Er ließ Oola durch andere Twi'leks im Tanz unterrichten und zwingt sie, für Jabba aufzutreten.

Oola endet in der gefürchteten Grube des Rancors.

OOLAS LEBEN ist tragisch und kurz. Nachdem Bib Fortuna sie versklavte, bietet ihr ein Fremder in Mos Eisley die Chance zur Flucht. Doch Fortuna hat ihr so viele Lügen über die Pracht von Jabbas Palast erzählt, dass sie ihn mit eigenen Augen sehen will und seine Hilfe ablehnt.

Grausiges Ende

Jabba schenkt Oola ganz besonders viel Aufmerksamkeit und hält sie an seinen Thron gekettet. Doch als Oola sich Jabbas Avancen verweigert, schäumt der Hutt vor Wut. Er öffnet die Falltür unter der Tanzfläche, sodass sie in die Grube mit seinem tödlichen Hausrancor stürzt.

OPPO RANCISIS

MITGLIED DES JEDI-RATS

DATEN-BANK

ZUGEHÖRIGKEIT: Jedi
HEIMATWELT: Thisspias
SPEZIES: Thisspiasianer
GRÖSSE: 5,49 m lang
AUFTRETEN: I, II
SIEHE AUCH: Yaddle

OPPO RANCISIS ist ein thisspiasianischer Jedi-Meister, der seit den Tagen der Hohen Republik im Jedi-Rat sitzt. Er trat dem Orden als Kleinkind bei und wurde von Meisterin Yaddle ausgebildet. Als man ihm den Thron von Thisspias anbot, lehnte er ab, um weiter den Jedi zu dienen, für die er ein wichtiger Militärberater ist.

Dichtes Haar zum Schutz vor Cygnatbissen

Zweites Paar Hände ist unter dem Mantel verborgen.

Finger mit Krallen an den Spitzen

RANCISIS ist ein großer Stratege. Beim Scheitern von Verhandlungen dient er mit ausgeklügelten Militärtaktiken. In den Klonkriegen ist Rancisis an der Belagerung von Saleucami beteiligt, aber auch oft auf Coruscant, um Truppen der Republik in der ganzen Galaxis zu koordinieren. Gerüchten zufolge hat er die Order 66 überlebt.

Meisterhafter Jedi

Rancisis ist geschickt im Umgang mit seinem grünen Lichtschwert, nutzt im Kampf aber lieber seine großen Machtkräfte. Er ist auch ohne Waffe ein starker Gegner und versetzt dem Feind mit seinen vier Armen und dem Schwanz unerwartete Schläge.

ORSON KRENNIC

DIREKTOR DER WAFFENFORSCHUNG

DATEN-BANK

ZUGEHÖRIGKEIT: Imperium
HEIMATWELT: Lexrul
SPEZIES: Mensch
GRÖSSE: 1,80 m
AUFTRETEN: RO
SIEHE AUCH: Galen Erso, Großmoff Tarkin, Jyn Erso, Saw Gerrera

ALS DIREKTOR der Abteilung für Hochleistungswaffenforschung steht Orson Krennic der Tarkin-Initiative vor, der für den Bau des Todessterns zuständigen Denkfabrik. Diese hohe Stellung verdankt er seinem wissenschaftlichen Geist und starken Ehrgeiz.

KRENNICS Machtgier kennt keine Grenzen, aber die Arbeit auf der Führungsebene des Imperiums birgt Risiken. Trotz erfolgreichem Testschuss auf Jedha ist er nach seinem Treffen mit Darth Vader froh, noch seinen Job zu haben – und sein Leben.

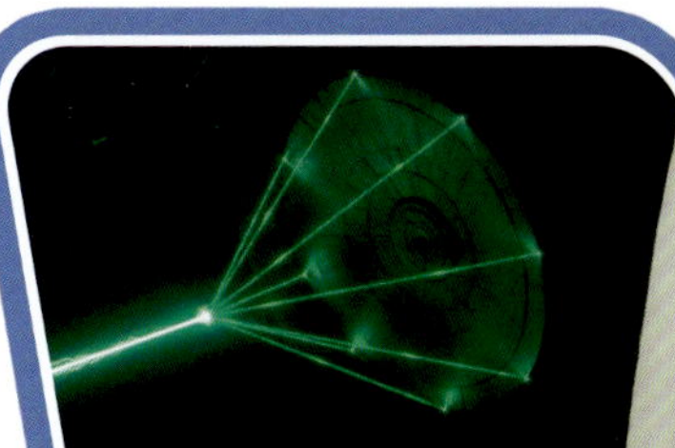

Als er sieht, was mit Kyberkristallen möglich ist, denkt Krennic als Erstes daran, sie für Waffen zu nutzen.

Um jeden Preis

Krennic erkennt das zerstörerische Potenzial der Forschung seines Kollegen Galen Erso. Als dieser Krennics Vision nicht teilt, hat der Imperiale keine Skrupel, Erso zu ergreifen, seine Familie zu töten und ihn unter Zwang für sich arbeiten zu lassen.

OWEN LARS

LUKE SKYWALKERS VORMUND

DATEN-BANK

ZUGEHÖRIGKEIT: Keine
HEIMATWELT: Tatooine
SPEZIES: Mensch
GRÖSSE: 1,78 m
AUFTRETEN: II, III, IV
SIEHE AUCH: Beru Lars, Cliegg Lars, Luke Skywalker

ALS FRISCH VERHEIRATETER Mann trifft Owen Lars eine wichtige Entscheidung. Er willigt ein, ein Baby vor dem Zorn des Vaters zu schützen – keinen Geringeren als Darth Vader. Kurz bevor die Mutter, Padmé Amidala, bei der Geburt stirbt, nennt sie es Luke. Owen gewinnt einen Neffen, aber auch viele neue Sorgen.

DER JUNGE OWEN ist der Sohn von Cliegg Lars und dessen erster Frau Aika. Er hat den Großteil seines Lebens auf der Farm des Vaters, die er erbte, verbracht. Owen verliebt sich in Beru, als er ihr im nahe gelegenen Anchorhead begegnet. Es ist Beru, die den widerwilligen Owen überzeugt, Anakins Sohn zu adoptieren.

Leben eines Farmers

Als Luke groß ist, arbeitet er eng mit Owen auf der Familienfarm zusammen. Sie warten die Evaporatoren, die wertvolle Feuchtigkeit aus der Wüstenluft filtern, und kaufen von Jawas »gebrauchte« Droiden. Der junge Luke ist zwar bereit, das Nest zu verlassen, doch es fällt Owen schwer, die schroffe, beschützende Haltung gegenüber seinem Ziehsohn abzulegen.

Owen, seine Frau Beru und sein Vater Cliegg trafen Lukes Eltern, Anakin und Padmé, nur ein Mal.

PADMÉ AMIDALA

KÖNIGIN UND SENATORIN VON NABOO

DATEN-BANK

ZUGEHÖRIGKEIT: Königshaus von Naboo, Galaktischer Senat
HEIMATWELT: Naboo
SPEZIES: Mensch
GRÖSSE: 1,65 m
AUFTRETEN: I, II, III
SIEHE AUCH: Anakin Skywalker, Captain Panaka, Sabé

IMMER WIEDER fand Padmé Amidala sich im Zentrum des galaktischen Geschehens wieder. Von der Invasion ihrer Heimat Naboo über mehrere Mordanschläge auf sie als Senatorin bis zum Todesurteil in einer geonosianischen Arena – Padmé stellt sich Gefahren mit Mut und Entschlossenheit entgegen.

PADMÉ WUCHS in einem kleinen Dorf auf Naboo auf. Wegen ihrer Begabungen wird sie im Alter von nur 14 Jahren zur Königin gewählt. Am Ende ihrer Amtszeit wird Padmé zur Senatorin und kommt auf der galaktischen Hauptwelt Coruscant dem Jedi Anakin Skywalker näher.

Königin und Kämpferin

Als junge Königin von Naboo erkennt Padmé Amidala, dass Werte wie Gewaltlosigkeit ihr Volk nicht vor den brutalen Droiden retten können. Sie legt die Amtsgewänder ab und ist den Truppen bei der Beendigung der Invasion ein Vorbild, indem sie die neimoidianischen Anführer gefangen nimmt.

Padmé und Anakin geben sich ihrer Liebe hin, obwohl es gegen die Regeln der Jedi verstößt.

PAIGE TICO

BORDSCHÜTZIN DES WIDERSTANDS

DATEN-BANK

ZUGEHÖRIGKEIT: Widerstand
HEIMATWELT: Hays Minor
SPEZIES: Mensch
GRÖSSE: Unbekannt
AUFTRETEN: VIII
SIEHE AUCH: Rose Tico, Tallissan »Tallie« Lintra

PAIGE TICO und ihre Schwester Rose haben stets alles gemeinsam gemacht, auch zum Widerstand zu gehen. Eines Tages würden sie gern die Galaxis bereisen, doch nun dient Paige als Bordschützin und hat schon einige Einsätze hinter sich.

PAIGE SITZT ALS Ventralschützin meist in einem Kugelgeschützturm unter dem Bombenmagazin und feuert ihre Repetierlaser ab. Flieger können abergläubisch sein – Paige ist da keine Ausnahme. Manchmal schlingt sie ihr Medaillon um das Geschütz. Ihre Schwester trägt dessen andere Hälfte.

Paige fliegt in der Kobalt-Staffel mit der *Hammer,* einem Bomber des Typs MG-100 SternenFestung.

Echte Heldin

Bei D'Qar bietet sich die seltene Chance, ein Schlachtschiff der Ersten Ordnung auszuschalten, doch alles scheint vergebens, als keiner die 1048 Protonenbomben abwerfen kann. Mit aller Kraft gelangt Paige zum Auslöser. Sich selbst kann sie nicht retten, aber die Zerstörung der *Fulminatrix* erlaubt dem Rest des Widerstands die Flucht.

PALPATINE

SITH-LORD UND GALAKTISCHER IMPERATOR

DATENBANK

ZUGEHÖRIGKEIT: Sith, Republik/Imperium, Sith-Ewige
HEIMATWELT: Naboo
SPEZIES: Mensch
GRÖSSE: 1,78 m
AUFTRETEN: I, II, III, V, VI, IX
SIEHE AUCH: Darth Vader

PALPATINE ist unter vielen Namen bekannt. Der auf Naboo geborene Sheev Palpatine wird erst Senator seiner Heimatwelt und dann Oberster Kanzler. Schließlich ruft er sich selbst zum Imperator aus und herrscht über die Galaxis. Die ultimative Macht war stets sein Ziel: Insgeheim ist er Darth Sidious, der bösartigste aller Sith-Lords.

Palpatine plant insgeheim die Klonkriege, um Republik und Jedi-Orden zu vernichten.

PALPATINE gelingt es, seine wahre Identität vor der ganzen Galaxis geheim zu halten. Jahrelang gab er sich geduldig und bescheiden, darum erkannten nur wenige seine politischen Ambitionen. Mithilfe der dunklen Seite verhinderte er sogar, dass die Jedi hinter seine Maske blickten.

Palpatine spürt Vaders Niederlage auf Mustafar und eilt seinem Schüler zu Hilfe.

Sith-Ewige

Dank loyaler Sith-Kultisten kann Palpatine nach seinem augenscheinlichen Tod auf dem zweiten Todesstern als Klon weiterleben. Er ist jedoch schwach und überlebt nur mithilfe verbotener Wissenschaften. Er will Reys Kräfte rauben, um wieder über die Galaxis herrschen zu können.

PAO

KOMMANDOSOLDAT DER REBELLEN

DATEN-BANK

ZUGEHÖRIGKEIT: Rebellenallianz
HEIMATWELT: Pipada
SPEZIES: Drabataner
GRÖSSE: 1,72 m
AUFTRETEN: RO
SIEHE AUCH: Bistan

PAO IST Soldat der Spezialeinsatzkräfte der Allianz. In der Schlacht hört man ihn schon, ehe man ihn sieht. Drabataner haben durchdringende Stimmen und Paos Kampfschrei lässt einem das Blut gefrieren.

PAO IST EIN Sprengstoffexperte, der auch Bautechnik studiert hat. Sein Spezialgebiet sind Sprengungen unter Wasser. Als amphibisches Wesen ist er für Einsätze an Land wie im Wasser geeignet, zieht aber Süßwasser dem salzigen Meerwasser auf Scarif vor.

Paos Kampfeslust wird nur von seiner Abscheu für das Imperium übertroffen.

Furchtloser Kämpfer

Pao meldet sich schnell freiwillig für die nicht autorisierte Mission auf Scarif, um Teil des Teams zu sein, das die Pläne des Todessterns erbeutet. Als Jyn Erso und Cassian Andor in den Archivturm eindringen, sorgen Pao und seine Kameraden für Ablenkung am Boden und lassen 10 Soldaten wie 100 wirken.

PATROUILLENTRUPPLER

STADTPOLIZEI CORONET

DATENBANK

ZUGEHÖRIGKEIT: Imperium
HEIMATWELT: Verschieden
SPEZIES: Mensch
GRÖSSE: Um 1,83 m
STANDARDAUSRÜSTUNG: CP-H-Patrouillengleiter, EC-17-Miniblaster
AUFTRETEN: S
SIEHE AUCH: Scouttruppler

Größere Helme mit verbesserter Bildgebung

Stoff statt Rüstungsteilen für mehr Bewegungsfreiheit

WÄHREND DAS Imperium die Präsenz auf neuen Welten verstärkt, ersetzt es lokale Sicherheitskräfte mit eigenen militärischen Gesetzeshütern. Patrouillentruppler sind Spezialisten, die anstelle normaler Sturmtruppler Städte überwachen.

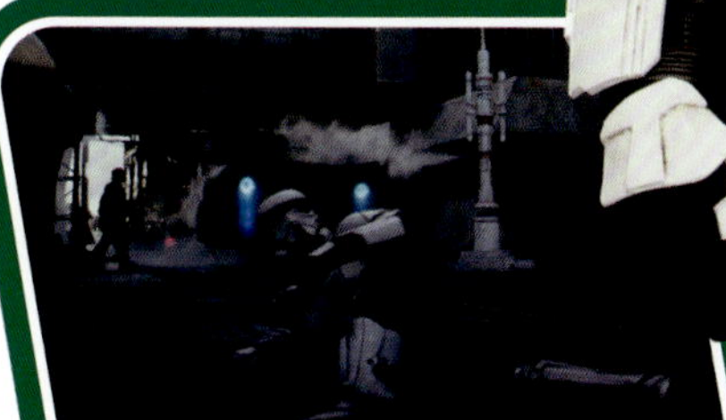

Ein Patrouillentruppler düst Han Solo und Qi'ra hinterher, als diese durch Coronet rasen.

ANDERS ALS IHRE

Pendants für unberührte Gebiete wie auf dem Waldmond Endor, die Scouttruppen, kommen Patrouillentruppen in Städten zum Einsatz. Sie fahren Streife in den Straßen und sorgen für Ordnung. Wie Scouts tragen sie Helm und Brustpanzer, aber keine vollständige Rüstung.

Stadtflitzer

Auf Corellia fahren Patrouillentruppler C-PH-Düsenschlitten. Diese klobigen Einmanngleiter sind klein genug, um in engen Gassen zu manövrieren, und robust bei Kollisionen. Um Staus zu umgehen, erhalten die Truppler in Echtzeit Verkehrslagedaten.

PAZ VIZSLA

SCHWERGESCHÜTZ-MANDALORIANER

DATEN-BANK

GRUPPE: Mandalorianer
HEIMATWELT: Mandalore
SPEZIES: Mensch
GRÖSSE: 1,91 m
AUFTRETEN: M
SIEHE AUCH: Grogu, Mandalorianer, die Schmiedin

DER AUFBRAUSENDE und stolze Paz Vizsla lebt mit einer kleinen Gruppe von Mandalorianern auf Nevarro und kämpft für den Erhalt ihrer Tradition. Er hasst das Imperium und jeden, der aus welchem Grund auch immer mit diesem arbeitet.

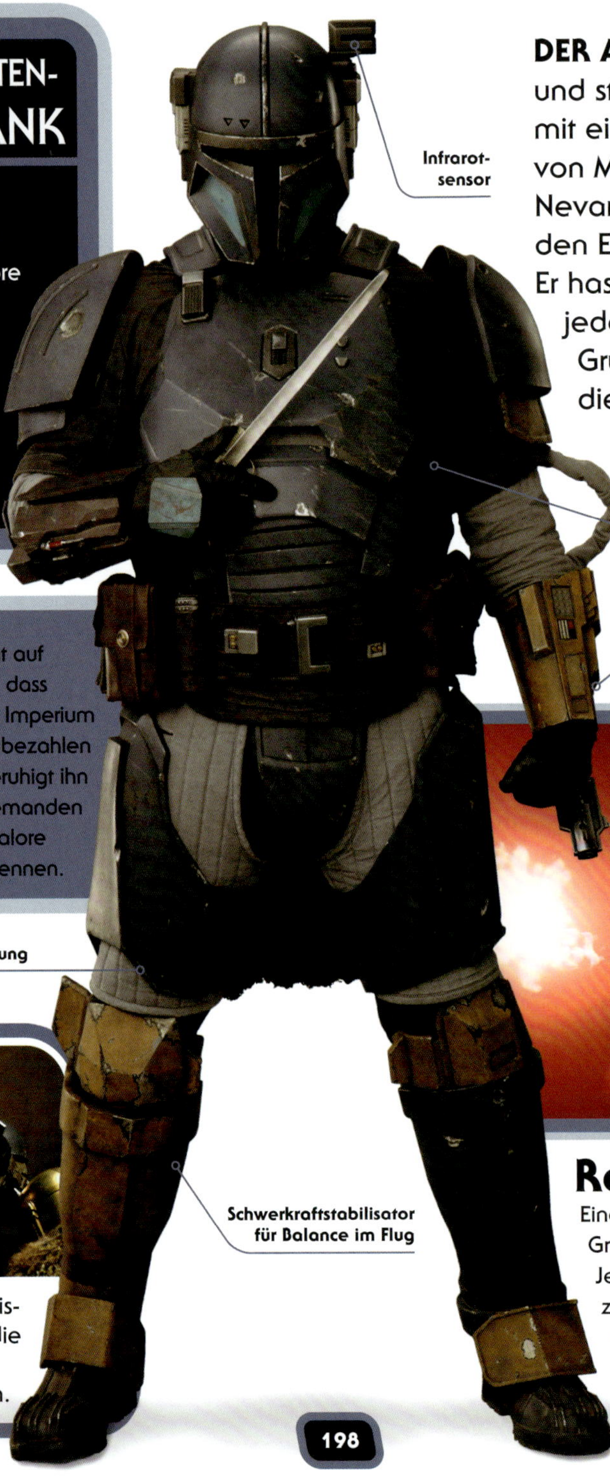

PAZ VIZSLA geht auf Mando los, als er erfährt, dass dieser sich feige mit vom Imperium gestohlenem Beskar hat bezahlen lassen. Die Schmiedin beruhigt ihn und verteidigt Mando. Jemanden auf dem Weg des Mandalore dürfe man nie Feigling nennen.

Paz Vizsla und Mando diskutieren, was es heißt, die Traditionen der Krieger von Mandalore zu ehren.

Rettungseinsatz

Eine von Paz Vizsla angeführte Gruppe von Mandalorianern mit Jetpacks eilt Mando aus der Luft zu Hilfe, sodass er mit Grogu vor Kopfgeldjägern fliehen kann. Paz gibt ihm mit einem schweren Repetierblaster Feuerschutz.

PELI MOTTO

MECHANIKERIN AUS MOS EISLEY

DATEN-BANK

ZUGEHÖRIGKEIT: Unabhängige Geschäftsfrau
HEIMATWELT: Tatooine
SPEZIES: Mensch
GRÖSSE: 1,55 m
AUFTRETEN: M
SIEHE AUCH: Froschlady, Grogu, Mandalorianer

DIE TEMPERAMENTVOLLE Peli Motto und ihre Boxendroiden sind spezialisiert auf die Reparatur und Betankung von Schiffen, die in ihrer Andockbucht auf Tatooine landen. Die Mechanikerin sagt offen, was sie denkt, und zeigt Mitgefühl für Hilfsbedürftige.

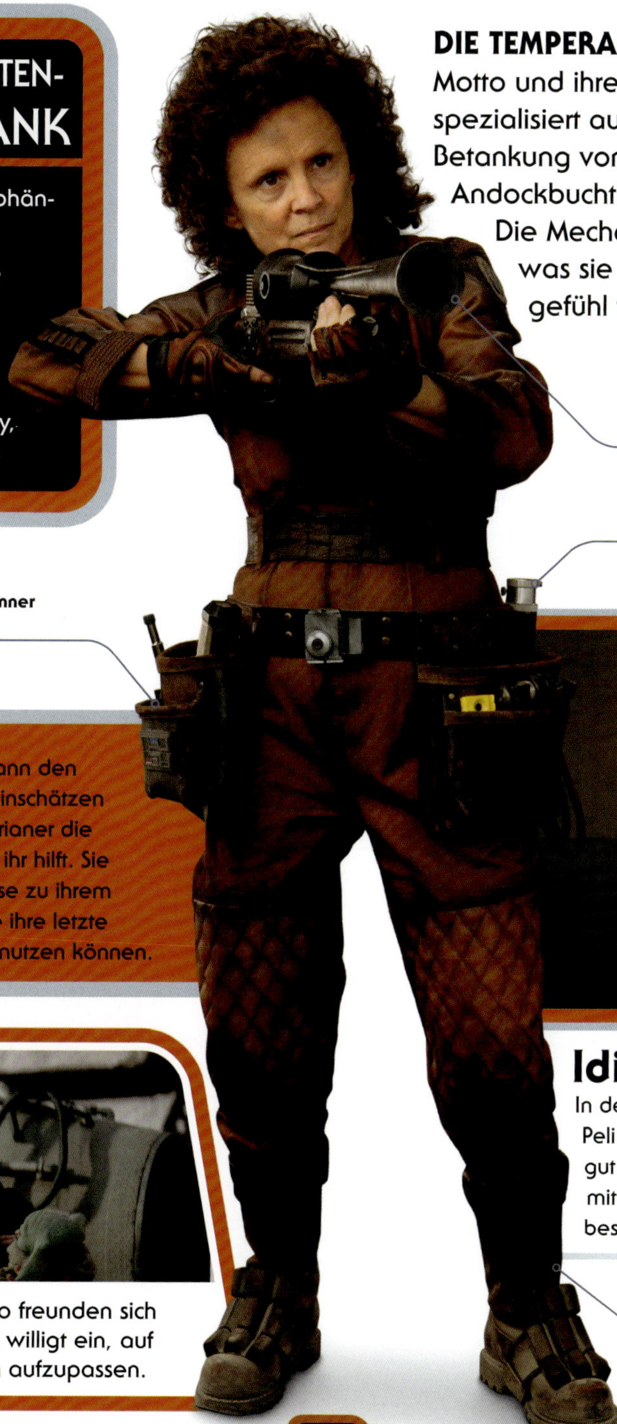

PELI MOTTO kann den Charakter anderer gut einschätzen und stellt dem Mandalorianer die Froschlady vor, damit er ihr hilft. Sie denkt, Mando sollte diese zu ihrem Mann bringen, damit sie ihre letzte Chance auf Nachwuchs nutzen können.

Idiotenreihe

In der Cantina von Mos Eisley spielt Peli Motto eine Partie Sabacc. Sie ist gut darin und schlägt ihren Gegner mit der auch Narrenreihe genannten besten Hand in diesem Kartenspiel.

Grogu und Peli Motto freunden sich schnell an, und Peli willigt ein, auf den süßen Kleinen aufzupassen.

PLO KOON

MITGLIED DES HOHEN RATS DER JEDI

DATENBANK

ZUGEHÖRIGKEIT: Jedi
HEIMATWELT: Dorin
SPEZIES: Kel Dor
GRÖSSE: 1,88 m
AUFTRETEN: I, II, III
SIEHE AUCH: Ki-Adi-Mundi, Qui-Gon Jinn

Plo Koons Sternenjäger stürzt auf dem Planeten Cato Neimoidia in eine Stadt.

PLO KOON ist Ratsmitglied und dient als Jedi-General in den Klonkriegen. Dank beeindruckender Kampffähigkeiten und starker telekinetischer Kräfte ist Koon einer der mächtigsten Jedi aller Zeiten. Zudem entdeckte er die kleine Ahsoka Tano und brachte sie zum Jedi-Orden.

Tragische Mission

Am Ende der Klonkriege führt Spitzenpilot Plo Koon im Sternenjäger eine Patrouille über Cato Neimoidia an. Ohne Vorwarnung feuern die eigenen Klontruppen auf sein Schiff, nachdem die Order 66 erteilt wurde und sich die Klone gegen ihre Jedi-Anführer wenden. Plo Koons Schiff stürzt auf dem Planeten ab, und er findet sein Ende.

PLO KOON ist ein Kel Dor von Dorin. Eine Spezialmaske schützt seine empfindlichen Augen und Nasenlöcher vor sauerstoffreicher Atmosphäre von Planeten wie Coruscant. Meister Plo Koon kämpft in den Klonkriegen auf Geonosis und an vielen weiteren Orten.

POE DAMERON

BESTER PILOT DER GALAXIS

DATENBANK

ZUGEHÖRIGKEIT: Widerstand
HEIMATWELT: Yavin 4
SPEZIES: Mensch
GRÖSSE: 1,75 m
AUFTRETEN: VII, VIII, IX
SIEHE AUCH: BB-8, Finn, Prinzessin Leia, Rey, Zorii Bliss

Poe beim bittersüßen Wiedersehen mit Zorii Bliss auf Kijimi.

DER HOCHTALENTIERTE Sternenjägerpilot Poe Dameron ist einer der Kommandanten im Kampf des Widerstands gegen die Erste Ordnung. Im Gefecht fliegt Poe als Schwarz Eins einen modifizierten T-70-X-Flügel-Sternenjäger.

POE IST mit allerlei Geschichten von den Rebellenpiloten aufgewachsen. Seine Mutter Shara Bey flog einen A-Flügler in der Schlacht von Endor. Poes Vater Kes Dameron gehörte dort der Pfadfinder-Spezialeinheit der Allianz an.

Rebellischer Rebell

Poe stellt über D'Qar seine Flugkünste zur Schau. Im Sternenjäger fliegt er direkt auf die *Fulminatrix,* das Schlachtschiff der Ersten Ordnung, zu und schaltet ihre Geschütztürme aus. Dann wird er übermütig. Er verweigert den Rückzugsbefehl, um das ganze Schiff zu erledigen – auf Kosten der gesamten Bomberflotte des Widerstands.

POGGLE DER GERINGERE

ERZHERZOG VON GEONOSIS

DATEN-BANK

ZUGEHÖRIGKEIT: Separatisten
HEIMATWELT: Geonosis
SPEZIES: Geonosianer
GRÖSSE: 1,83 m
AUFTRETEN: II, III
SIEHE AUCH: Count Dooku, Geonosianischer Soldat

DER ERZHERZOG VON GEONOSIS, Poggle der Geringere, herrscht über die Stalgasin-Stockkolonie, die alle anderen großen Stöcke auf Geonosis kontrolliert. In seinen Fabriken stellen Legionen geknechteter Drohnen zahllose Kampfdroiden für die Separatisten her.

POGGLE stieg durch eisernen Willen aus einer niederen Kaste bis zum Erzherzog auf. Er vertritt die geonosianische Aristokratie und Waffenindustrie nach außen. Seine Gebieterin, Karina die Große, verbirgt sich tief unter der Oberfläche des Planeten. Die Eierkammern der gewaltigen geonosianischen Königin sichern den Fortbestand der Spezies.

Poggle, der den Auftrag hatte, eine Superwaffe zu entwickeln, übergibt Dooku die Pläne.

Vorsitzende Anführer

Poggle der Geringere führt den Vorsitz beim ersten Treffen der separatistischen Führungsriege auf seinem Planeten wie auch beim Prozess gegen Anakin Skywalker, Obi-Wan Kenobi und Padmé Amidala wegen Spionage. Poggle und die anderen fliehen in die unteren Ebenen, als die Truppen der Republik eintreffen.

PONDA BABA

AQUALISHANISCHER SCHLÄGER

DATEN-BANK

ZUGEHÖRIGKEIT: Schmuggler
HEIMATWELT: Ando
SPEZIES: Aqualishaner
GRÖSSE: 1,85 m
AUFTRETEN: RO, IV
SIEHE AUCH: Doktor Evazan, Obi-Wan Kenobi

PONDA BABA ist ein hitziger Aqualishaner, der versucht, Luke Skywalker zu provozieren, als dieser und Obi-Wan Kenobi in einer berüchtigten Cantina in Mos Eisley eine Mitfluggelegenheit suchen. Baba hätte sich nicht mit dem Begleiter eines Jedi anlegen sollen.

ALS PONDA BABA das erste Mal Dr. Evazan traf, rettete er diesem das Leben. Zusammen schmuggeln sie Spice für Jabba den Hutt. Nach dem Kampf in der Cantina versucht Evazan, Babas Arm wieder anzunähen, doch er scheitert.

Cantina-Konfrontation

Ponda Baba und sein Komplize Dr. Evazan werden von einem alten Mann überrascht, der ein Lichtschwert schwingt und Ponda den rechten Arm vom Körper abtrennt. Auch für Luke ist diese erste Demonstration von Kenobis Künsten eine Offenbarung – und ein Hinweis auf die mögliche Rückkehr der Jedi.

Bei ihrem Kennenlernen hat Ponda Baba Doktor Evazan das Leben gerettet.

PRÄTORIANERGARDIST

SNOKES LEIBWÄCHTER

DATENBANK

GRUPPE: Erste Ordnung
HEIMATWELT: Unbekannt
SPEZIES: Mensch
GRÖSSE: Verschieden
STANDARDAUSRÜSTUNG: Bilari-Elektrokettenpeitsche, Elektro-Bisento, Vibro-Arbir, Vibro-Voulge
AUFTRETEN: VIII
SIEHE AUCH: Kylo Ren, Oberster Anführer Snoke

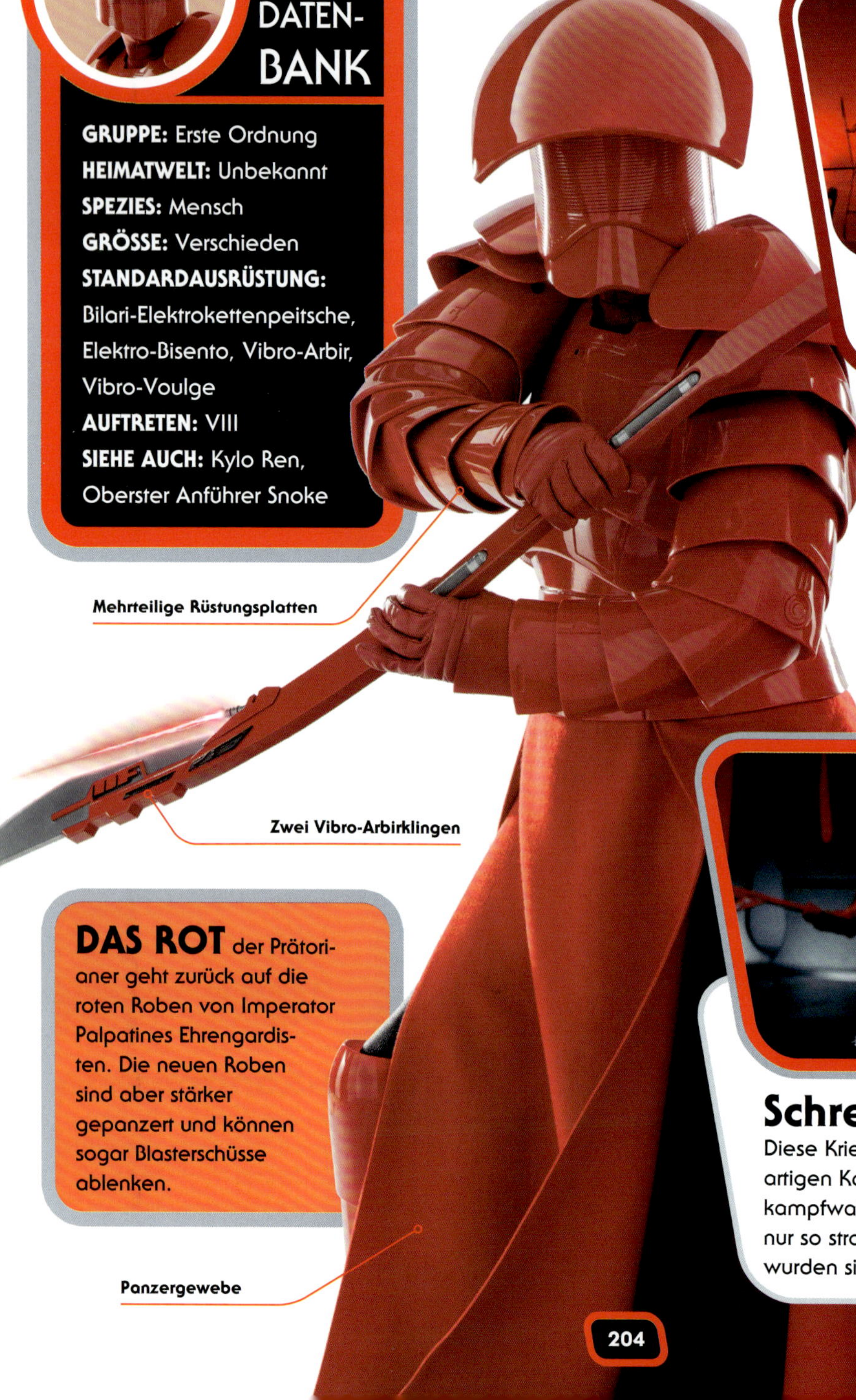

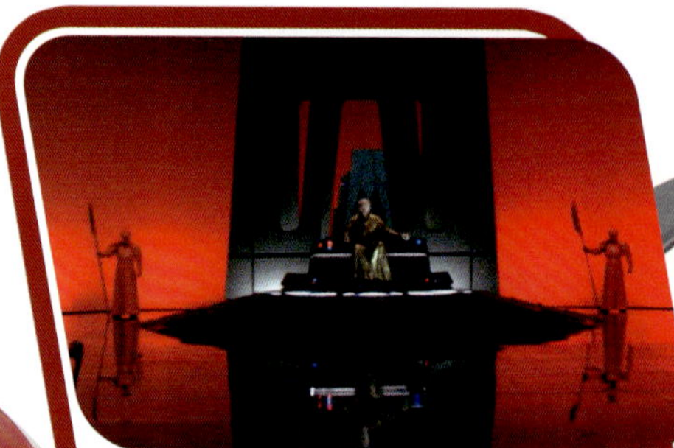

Die stets wachsamen Gardisten sind allzeit bereit, gegen Snokes Feinde vorzugehen.

DIE PRÄTORIANERGARDE besteht aus acht Soldaten, die im Thronsaal an Bord der *Supremacy* Wache stehen und als Eliteleibwächter des Obersten Anführers Snoke dienen.

DAS ROT der Prätorianer geht zurück auf die roten Roben von Imperator Palpatines Ehrengardisten. Die neuen Roben sind aber stärker gepanzert und können sogar Blasterschüsse ablenken.

Schrecken mit Stil

Diese Krieger bedienen sich eines einzigartigen Kampfstils mit vibrierenden Nahkampfwaffen, die vor Elektroplasmaenergie nur so strotzen. Gegen starke Machtnutzer wurden sie jedoch nie richtig getestet.

PRINZESSIN LEIA

GENERAL DES WIDERSTANDS

DATENBANK

ZUGEHÖRIGKEIT: Rebellenallianz/Widerstand
HEIMATWELT: Alderaan
SPEZIES: Mensch
GRÖSSE: 1,55 m
AUFTRETEN: III, RO, IV, V, VI, VII, VIII, IX
SIEHE AUCH: Bail Organa, Han Solo, Luke Skywalker

ALS SENATORIN von Alderaan reiste Prinzessin Leia Organa an Bord der *Tantive IV* auf diplomatischer Mission durch die Galaxis. Insgeheim arbeitete sie jedoch für die Rebellenallianz und spielte eine entscheidende Rolle beim Sieg über das Imperium.

LEIA WURDE von Bail Organa auf Alderaan aufgezogen und auf ihr königliches Amt vorbereitet. Mit ihren hochrangigen Kontakten half sie der Allianz, wo immer sie konnte. In den Jahrzehnten des Friedens, die auf die Vernichtung des Imperiums folgen, kann Leia sich auf ihre politische Karriere und ihre neue Familie konzentrieren. Als die Galaxis jedoch wieder in Aufruhr versetzt wird, kehrt sie zu ihrer Rolle als militärische Anführerin zurück.

Geborene Anführerin

Leia war eine Schlüsselfigur der Rebellenallianz. Sie leitete wichtige Missionen und plante mit den anderen Anführern Strategien. In der Echo-Basis auf Hoth überwachte Leia die Scanner und hielt nach Anzeichen für imperiale Aktivitäten Ausschau.

Leia lässt sich von ihrem Bruder Luke Skywalker nach der Schlacht von Endor zur Jedi ausbilden.

PZ-4CO

KOMMUNIKATIONSDROIDE

DATEN-BANK

ZUGEHÖRIGKEIT: Widerstand
TYP: Kommunikationsdroide
HERSTELLER: Serv-O-Droid
GRÖSSE: 2,06 m
AUFTRETEN: VII, VIII
SIEHE AUCH:
Admiral Statura, C-3PO, Lieutenant Connix, Prinzessin Leia

PZ-4CO ist fester Bestandteil des Kontrollzentrums der Widerstandsbasis. Mit einer wohlklingenden, beruhigenden Stimme stellt sie taktische Daten bereit und hilft während wichtiger Missionen bei der Kommunikation.

DIE GROSSE Anzahl humanoider Spezies ist der Grund für die Gestalt der meisten Protokolldroiden – sie sind den Lebensformen nachempfunden, mit denen sie hauptsächlich interagieren. PZ-4CO ist nach dem Vorbild der Tofalliden erbaut worden.

Aufklärungsdroiden

Als einer von vielen Droiden ist PZ-4CO Teil des Informationsnetzwerks des Widerstands. Droiden in der ganzen Galaxis senden Berichte an das Hauptquartier des Widerstands, die PZ-4CO und C-3PO auswerten, um sich ein genaues Bild von den Aktivitäten der Ersten Ordnung machen zu können.

Q9-0

KRIMINELLER PROTOKOLLDROIDE

DATEN-BANK

ZUGEHÖRIGKEIT: Ranzar Malks Crew
TYP: Protokolldroide
HERSTELLER: Unbekannt
GRÖSSE: 1,80 m
AUFTRETEN: M
SIEHE AUCH: Froschlady, Ranzar Malk, Xi'an

Die Froschlady hackt sich in Q9-0s Vokabulator, um mit Din Djarin reden zu können.

DER MODIFIZIERTE Protokolldroide Q9-0 fliegt bei einer Mission mit Ranzar Malks Crew die *Razor Crest.* Er hält sich intellektuell und vom mechanischen Vermögen her Menschen und anderen Organischen gegenüber für überlegen und lässt sie dies gern wissen.

Q9-0 WIRD von seinen Kollegen oft nur »Zero« genannt. Zeros Programmierung erlaubt es ihm, komplexe Flugmanöver auszuführen, die ein Mensch unmöglich nachahmen könnte.

Risikobewertung

Q9-0 will Grogu töten, als er eine holografische Botschaft von Greef Karga sieht und das Kopfgeld auf ihn als Priorität einstuft. Din Djarin kehrt rechtzeitig zum Schiff zurück, um Grogu zu retten, und zerlegt Q9-0 mit dem Blaster.

QI'RA

STATTHALTERIN DER CRIMSON DAWN

DATEN-BANK

GRUPPE: Crimson Dawn
HEIMATWELT: Corellia
SPEZIES: Mensch
GRÖSSE: 1,58 m
AUFTRETEN: S
SIEHE AUCH: Dryden Vos, Han Solo, Maul

QI'RA HAT einiges hinter sich. Einst war sie ein armes Straßenkind und wie Han Solo eine Wühlratte der Weißwürmerbande. Nun ist sie die rechte Hand des berüchtigten Gangsterbosses Dryden Vos.

Moofelderjacke mit Futter aus Voorpakfell

Für einen Coaxiumraub in den Minen von Kessel gibt Qi'ra vor, eine Sklavenhändlerin zu sein.

QI'RAS einflussreiche Position bei Dryden Vos ist nützlich, aber wer für die Crimson Dawn arbeitet, ist nie sicher. Mit List und Tücke behauptet sie sich in dem gefährlichen Umfeld. Während viele Qi'ras strategisches Genie und ihre Kampfstärke in Teräs Käsi nicht erkennen, übt sie sich in Geduld, beobachtet und wartet.

Unterschätzt

Qi'ra tötet Dryden Vos und wirft damit die Fesseln ab, die sie an Crimson Dawn binden. Statt zu verschwinden, offenbart sie jedoch ihre wahren Ziele. Sie nimmt kühl berechnend Vos' Platz in der Organisation ein und kontaktiert unverzüglich Maul.

QIN

TWI'LEK-SÖLDNER

DATEN-BANK

ZUGEHÖRIGKEIT: Ranzar Malks Crew
HEIMATWELT: Ryloth
SPEZIES: Twi'lek
GRÖSSE: 1,80 m
AUFTRETEN: M
SIEHE AUCH: Ranzar Malk, Mandalorianer, Xi'an

DER JÄHZORNIGE Qin sitzt nach einer gescheiterten Mission mit Ranzar Malks Crew als Gefangener X-6-9-11 in einer Zelle der Neuen Republik. Qin wirft dem Mandalorianer Din Djarin vor, dass er ihn zurückgelassen hat, und hat ihn auf seine Feindesliste gesetzt.

DIE HAUT von Twi'leks kann verschiedene Farben wie Lila, Rot, Blau, Grün, Rosa, Orange oder Gelb haben. Die meisten Twi'leks haben zwei Lekku, aber einige, wie der Politiker Orn Free Taa, haben vier. Damit ihre Lekku stärker werden, trainieren Twi'leks sie.

Zwillingsband

Unter Qins Rettern ist seine Schwester Xi'an. Qin würde töten, um sie vor anderen zu beschützen, aber wenn er zwischen ihrem Leben und seiner Freiheit wählen muss, denkt er zuerst an sich.

Migs Mayfeld, Burg, Qin und Xi'an fürchten beim Gefängnisausbruch das Schlimmste.

KÖNIGIN APAILANA

MONARCHIN VON NABOO

DATEN-BANK

ZUGEHÖRIGKEIT: Republik
HEIMATWELT: Naboo
SPEZIES: Mensch
GRÖSSE: 1,57 m
AUFTRETEN: III
SIEHE AUCH: Padmé Amidala

OBWOHL sie noch sehr jung ist, besitzt Königin Apailana all das, was die Naboo von ihren Herrschern erwarten: ein reines Herz und völlige Hingabe an die friedlichen Werte des Planeten.

APAILANA ist gerade einmal 12 Jahre alt, als sie zur Königin von Naboo gewählt wird. Als eine der jüngsten Monarchinnen in der Geschichte des Planeten beginnt sie ihre Herrschaft gegen Ende der Klonkriege.

Tausende folgen Padmé Amidalas Trauerzug durch Theed.

Standhaft

Königin Apailana ist eine derjenigen, die bei Padmé Amidalas Bestattung auf Naboo am meisten trauern. Padmé hatte sich sehr für ihre Wahl eingesetzt. Obwohl sie laut offizieller Erklärung durch die Hand abtrünniger Jedi starb, glaubt Apailana insgeheim etwas anderes.

QUI-GON JINN

JEDI, DER DEN »AUSERWÄHLTEN« FINDET

DATEN-BANK

ZUGEHÖRIGKEIT: Jedi
HEIMATWELT: Coruscant
SPEZIES: Mensch
GRÖSSE: 1,93 m
AUFTRETEN: I
SIEHE AUCH: Anakin Skywalker, Obi-Wan Kenobi

Qui-Gon ist einer der wenigen Jedi, die mit einem Sith-Lord gekämpft haben: Darth Maul!

QUI-GON JINN ist ein erfahrener, aber eigenwilliger Jedi-Meister. Er war der Padawan von Count Dooku und der Meister von Obi-Wan Kenobi. Da er Risiko und Einsatz nicht scheut, gerät er bisweilen mit dem Jedi-Rat aneinander: Daher wird ihm dort kein Sitz angeboten.

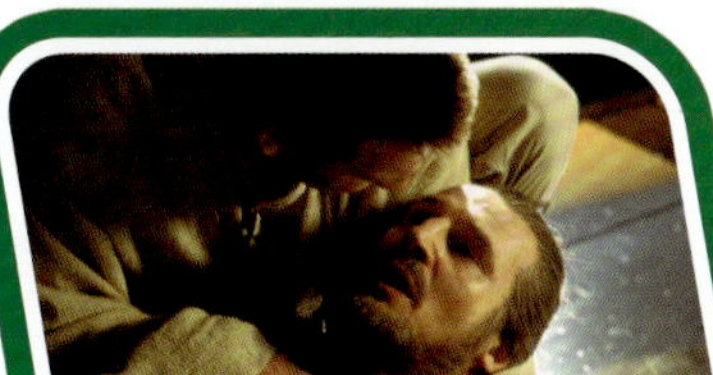

Vor dem Tod bittet Jinn Obi-Wan, Anakin auszubilden.

Der Auserwählte

Als Jinn den jungen Anakin Skywalker trifft, ist er sicher, dass er es ist, der laut Prophezeiung der Macht das Gleichgewicht bringt. Jinn wettet mit Watto: Gewinnt der Junge beim Podrennen, erhält er seine Freiheit – sonst verliert Jinn sein Schiff. Das Risiko zahlt sich aus und Qui-Gon bringt den Jungen nach Coruscant zum Hohen Rat – wenn auch mit durchwachsenem Erfolg.

QUI-GON JINN kämpft beherzt für die Galaktische Republik, erliegt jedoch Darth Mauls dunklen, rohen Kräften. Nach seinem Tod wird Jinn der erste Jedi, der in der Macht weiterlebt – ein Geschenk, das er an Obi-Wan Kenobi, Yoda und Anakin Skywalker weitergeben wird.

R2-D2

DER TAPFERSTE DROIDE DER GALAXIS

DATEN-BANK

ZUGEHÖRIGKEIT: Republik/ Rebellenallianz/Widerstand
TYP: Astromechdroide
HERSTELLER: Industrie-Automaton
GRÖSSE: 1,09 m
AUFTRETEN: I, II, III, RO, IV, V, VI, M, VII, VIII, IX
SIEHE AUCH: C-3PO, Luke Skywalker, Prinzessin Leia

R2-D2 IST KEIN GEWÖHNLICHER Astromechdroide. Im Laufe vieler Abenteuer hat er eine eigene Persönlichkeit entwickelt. Er ist stur, einfallsreich und hoch motiviert. Obwohl R2-D2 nur durch elektronisches Piepen und Pfeifen kommunizieren kann, schafft er es meist, seine Meinung klarzumachen.

R2-D2 hat viele Tricks auf Lager – wie ausfahrbare Arme und Raketendüsen.

R2-D2 tut sich zum ersten Mal auf Königin Amidalas Raumschiff hervor. In den Klonkriegen dient er Anakin Skywalker und später während des Galaktischen Bürgerkriegs Luke Skywalker, indem er im Droidensockel ihrer Jäger sitzt.

Riskante Mission

Nach Ende der Klonkriege wird R2-D2 Bail Organas diplomatischer Flotte zugewiesen. Prinzessin Leia vertraut ihm die gestohlenen Pläne des Todessterns und eine Nachricht für Obi-Wan Kenobi an. Um seine Mission zu erfüllen, trotzt der Droide allen Gefahren.

R4-P17

OBI-WAN KENOBIS ASTROMECHDROIDE

DATEN-BANK

ZUGEHÖRIGKEIT: Republik
TYP: Astromechdroide
HERSTELLER: Industrie-Automaton
GRÖSSE: 96 cm
AUFTRETEN: II, III
SIEHE AUCH: Obi-Wan Kenobi

DIE WEIBLICH PROGRAMMIERTE R4-P17 ist Obi-Wan Kenobis zuverlässiger Astromech. Vor den Klonkriegen diente sie ihm bei der Verfolgung von Jango Fett durch die Asteroidenringe um Geonosis als Kopilotin in seinem roten Sternenjäger. R4-P17 leistete Obi-Wan auch weiter gute Dienste – unter anderem bei der Schlacht von Teth.

WEIL OBI-WAN

nicht gerne fliegt, übernimmt R4-P17 die meisten Aufgaben an Bord. Er bittet sie oft, nicht zu verrückte Manöver zu versuchen.

Ein Buzz-Droide schlitzt bei der Schlacht von Coruscant R4-P17s Kuppelkopf auf.

Anpassung

Vor den Klonkriegen hatte R4-P17 einen modifizierten Körper, der in den schmalen Flügel von Kenobis Sternenjäger passte. Später wurde sie umgebaut und hat nun für den Einsatz in neuen Jägern einen ganzen Astromechkörper.

R5-D4

DEFEKTER ASTROMECHDROIDE

DATEN-BANK

ZUGEHÖRIGKEIT: Keine
TYP: Astromechdroide
HERSTELLER: Industrie-Automaton
GRÖSSE: 97 cm
AUFTRETEN: II, IV, M
SIEHE AUCH: Jawa, Owen Lars, R2-D2

R5-D4, auch bekannt als »Roter«, ist ein weiß-roter Astromechdroide, den die Jawas auf Tatooine an Owen Lars verkaufen. Doch nach Abschluss des Handels explodiert sofort sein Motivator und Owen gibt ihn zurück. So kann C-3PO vorschlagen, dass er stattdessen R2-D2 nehmen soll.

DROIDEN der R5-Serie wurden als Billigvarianten der R2-Einheiten entworfen. Sie neigen zu Defekten und gewissen Unarten.

R5-D4 wird schließlich von Peli Motto erworben, der Besitzerin der Startrampe 35 in Mos Eisley.

Sabotage

Owen und Luke ahnen nicht, dass R2-D2 R5-D4 im Jawa-Sandkriecher sabotiert hat. Normalerweise verbietet es seine Programmierung, andere Droiden zu manipulieren, doch Leia weist R2 an, seine Mission unter allen Umständen zu erfüllen.

RANZAR MALK

KRIMINELLER BANDENFÜHRER

DATEN-BANK

ZUGEHÖRIGKEIT: Eigene Crew
HEIMATWELT: Unbekannt
SPEZIES: Mensch
GRÖSSE: 1,73 m
AUFTRETEN: M
SIEHE AUCH: Burg, Migs Mayfeld, Q9-0, Qin, Xi'an

Malk und Qin freuen sich, dass sie Din Djarin reingelegt haben, ahnen aber nicht, dass er sie an die Neue Republik verraten hat.

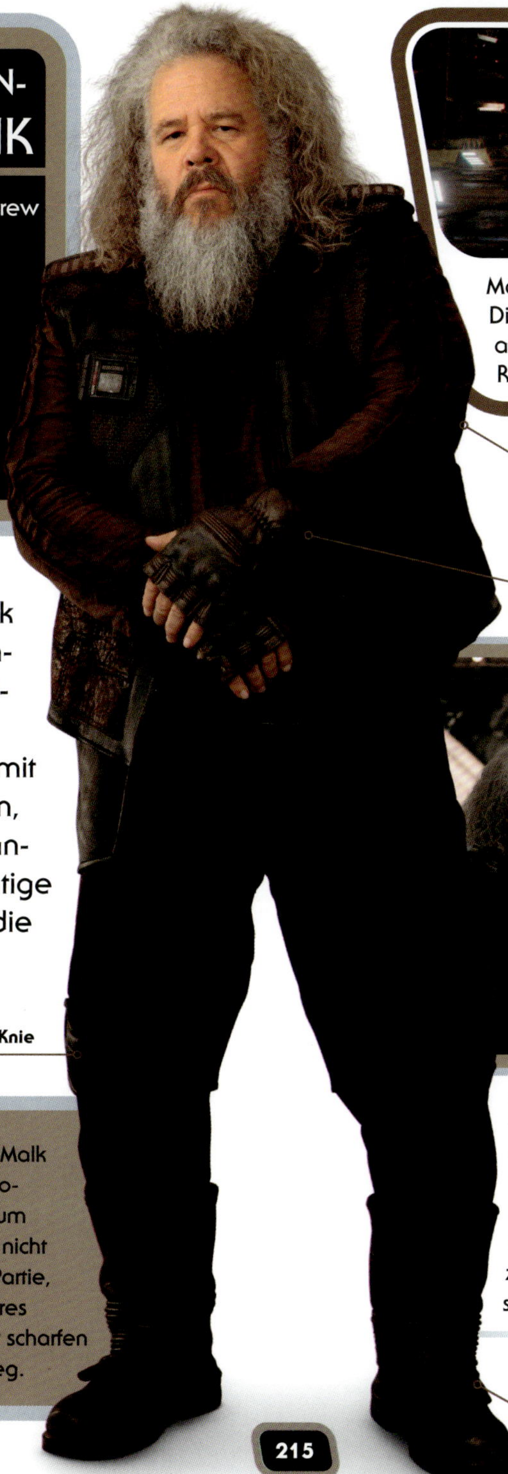

RANZAR »RAN« Malk führt von einer Raumstation aus eine Söldnertruppe an. Malk scheint froh, wieder mit Din Djarin zu arbeiten, verschweigt dem Mandalorianer aber wichtige Informationen über die Mission.

Heikle Geschichte

Malk, Din Djarin und die Twi'lek-Zwillinge Xi'an und Qin haben früher gemeinsame Sache gemacht. Malk gab gern damit an, einen Mandalorianer im Team zu haben, aber sein plötzlicher Abgang setzte Malks Crew stark zu.

DER ERFAHRENE Malk weiß, wie man eine ausgewogene Crew zusammenstellt, um einen Job zu erledigen. Er ist nicht mehr jedes Mal mit von der Partie, aber sein ungepflegtes Äußeres täuscht über den noch immer scharfen Verstand des Ganoven hinweg.

GEBIRGSTRUPPLER

STURMTRUPPEN AUF GRENZWELTEN

DATEN-BANK

ZUGEHÖRIGKEIT: Imperium
HEIMATWELT: Unbekannt
SPEZIES: Mensch
GRÖSSE: Um 1,83 m
STANDARDAUSRÜSTUNG: E-10R-Blastergewehr
AUFTRETEN: S
SIEHE AUCH: Sturmtruppler

DAS IMPERIUM dehnt sich immer weiter aus, aber auf neuen Welten herrschen oft raue Bedingungen. Diese Soldaten halten jedoch auch auf unwirtlichen, fernen Planeten die Ordnung aufrecht.

GEBIRGSTRUPPEN

sehen sich selbst als die härtesten Einheiten des Imperiums. Diese hartgesottenen Soldaten halten jeder Umgebung stand. Extremes Training, spezielle Ausrüstung und die eiserne Entschlossenheit, den Job zu erledigen, unterstützen ihre Zähigkeit nur noch.

Schwere magnatomische Haftstiefel bieten auch auf schnellen Zügen Halt.

Sicherheits-dienst

Auf Vandor lagert das Imperium den Hypertreibstoff Coaxium. Gebirgstruppler sorgen dort dafür, dass die Conveyex-Züge nach Plan fahren – und mit ihrer Fracht an Bord das Ziel erreichen.

RAPPERTUNIE

MITGLIED DER MAX-REBO-BAND

DATEN-BANK

ZUGEHÖRIGKEIT: Jabbas Hof
HEIMATWELT: Manpha
SPEZIES: Shawda Ubb
GRÖSSE: 30 cm
AUFTRETEN: VI
SIEHE AUCH: Max Rebo

RAPPERTUNIE spielt in der Max-Rebo-Band die Kombinationsflöte bzw. Growdi-Harmonika. Er reist gern und nutzte sein Musiktalent, um die Trips durch die Galaxis zu finanzieren. Dummerweise muss er nun den Rest seines Lebens in Jabbas Palast spielen, und das trockene Klima Tatooines bekommt seiner feuchten Haut gar nicht.

Verteidigung

In Jabbas Palast kann Rappertunie den ganzen Tag reglos auf dem Growdi-Sitz kauern und versuchen, seine von Natur aus feuchte Haut zu kühlen. Zur Verteidigung kann Rappertunie ein betäubendes Gift auf jeden spucken, der ihn bedroht.

RAPPERTUNIE

ist ein Shawda Ubb, eine kleinwüchsige, amphibische Spezies mit langen Fingern. Er wurde auf dem Sumpfplaneten Manpha im Äußeren Rand geboren.

Rappertunie spielt im hinteren Teil der Bühne und plant im Geheimen seine Flucht.

RAZOO QIN-FEE

KANJIKLUB-GANGSTER

DATEN-BANK

ZUGEHÖRIGKEIT: Kanjiklub
HEIMATWELT: Nar Kanji
SPEZIES: Mensch
GRÖSSE: 1,65 m
AUFTRETEN: VII
SIEHE AUCH: Bala-Tik, Chewbacca, Han Solo, Kanjiklub-Bande, Tasu Leech

ALS LIEUTENANT in der raubeinigen Kanjiklub-Bande ist Razoo Qin-Fee auf Reparatur und Modifizierung von Waffen spezialisiert. Die Bandenmitglieder bevorzugen modifizierte Waffen und tödlichen Sprengstoff. Qin-Fee baut sie nach ihren Anforderungen um.

AUTORITÄT IST beim Kanjiklub immer mit Gewalt verbunden – so wie alles andere auch. Razoo würde Tasu Leech gern die Rolle des Anführers entreißen. Allerdings braucht er Verbündete, um nicht sofort vom Rest der Bande gestürzt zu werden.

Arenakämpfer

Razoo Qin-Fee hat sich in der Unterwelt einen zweifelhaften Ruf beim zygerrianischen Arenakampf erarbeitet – er wurde wegen schmutziger Tricks von den Kämpfen ausgeschlossen. Er ist ein Meister des waffenlosen Kampfes, ein Pyromane und Technikexperte. Sein umfangreich modifiziertes Gewehr nennt er die »Wespe«.

Tasu Leech wird von Razoo begleitet, als er Han Solos Frachter, die *Eravana,* entert. Er will versuchen, Solos Schulden einzutreiben, doch er hat keinen Erfolg.

REBELLENSOLDAT

BODENTRUPPEN DER REBELLENALLIANZ

DATEN-BANK

ZUGEHÖRIGKEIT: Rebellenallianz
HEIMATWELT: Verschieden
SPEZIES: Mensch
GRÖSSE: Verschieden
AUSRÜSTUNG: Blaster
AUFTRETEN: RO, IV, V, VI
SIEHE AUCH: General Madine

REBELLENSOLDATEN sind die Haupttruppen der Allianz zur Wiederherstellung der Republik. Diese mutigen Kämpfer sind in Sektorstreitkräften organisiert, die in ihren Heimatsektoren für den Widerstand gegen das Imperium verantwortlich sind.

Flotteninfanteristen auf der *Tantive IV* tragen blaue Hemden, schwarze Kampfwesten und graue Hosen.

Kommandotrupp

Wildniskämpfer der Spezialeinheiten der Allianz infiltrieren eine imperiale Basis auf dem Waldmond Endor. Unter dem Kommando von General Solo locken sie die imperialen Soldaten aus der Basis ins Freie, wo die Feinde in der Unterzahl sind und sich ergeben müssen.

REBELLENTRUPPEN tragen einheitliche Uniformen, wo immer die Ressourcen der Allianz es zulassen. Die Wildniskämpfer-Spezialeinheit – Soldaten der Spezialeinsatzkräfte der Allianz für besondere Aufgaben – tragen bei der Schlacht von Endor volle Tarnkleidung.

REY

DIE LETZTE DER JEDI

DATEN-BANK

ZUGEHÖRIGKEIT: Widerstand, Jedi, Machtdyade
HEIMATWELT: Jakku
SPEZIES: Mensch
GRÖSSE: 1,70 m
AUFTRETEN: VII, VIII, IX
SIEHE AUCH: Ben Solo, Finn, Kylo Ren, Luke Skywalker

ANFANGS will Rey ihr Leben als Schrottsammlerin auf Jakku nicht hinter sich lassen, doch ihre Stärke in der Macht sowie ihr Mut und Mitgefühl helfen Rey, den Widerstand zum Sieg zu führen und das Beste in anderen zu wecken.

Lichtschwert gehörte Luke und davor Anakin.

Mit Tunika im Stil der Jedi kombinierte Tücher von Jakku

REY IST ÜBERRASCHT, dass sie einen wichtigen Beitrag für das Schicksal der Galaxis leisten soll. Sie hadert mit allem und ist zwischen heller und dunkler Seite hin- und hergerissen – und zwischen Luke Skywalker und Kylo Ren.

Rey ist nach Jahren die erste Person, die Luke Skywalker trifft, als sie ihn auf dem fernen Ahch-To aufspürt.

Weigerung

Trotz eines harten Lebens, nach dem Mitgefühl ein Fremdwort für Rey sein sollte, will sie stets das Beste in anderen sehen. Sie glaubt, es steckt noch Gutes in Kylo Ren, und übersteht mit ihm eine Konfrontation mit Snoke und seiner Prätorianergarde. Danach aber lehnt Rey es ab, sich Ren anzuschließen, weil er einen zu dunklen Weg beschreiten will.

RIO DURANT

TEMPERAMENTVOLLER PILOT

DATEN-BANK

ZUGEHÖRIGKEIT: Tobias Becketts Team, Crimson Dawn
HEIMATWELT: Ardennia
SPEZIES: Ardennianer
GRÖSSE: 1,49 m
AUFTRETEN: S
SIEHE AUCH: Han Solo, Tobias Beckett, Val

Rio gibt am Lagerfeuer unter Einsatz aller vier Arme seine einzigartigen Geschichten zum Besten.

DER ARDENNIANER

Rio ist ein Veteran der Söhne der Freiheit, mit denen er in den Klonkriegen auf der Seite der Republik kämpfte. Nun setzt er seine Fähigkeiten in Tobias Becketts Team ein.

RIO HAT MAN

in angespannter Lage gern um sich, da er mit seinen Storys und Späßen stets die Moral hebt. So tun, als ginge Beckett ihm an die Gurgel, und einen Spieltisch abräumen? Das sind Tricksereien, wie Rio sie mag! Und er kocht gern – zur Freude aller am Ende eines langen Tages.

Rio und Han

Rio ist erst nicht sicher, ob Han Solo in das Team passt, aber letztlich ist er überzeugt. Als er beim Coaxiumraub auf Vandor von einem der Himmelhunde angeschossen wird, ist Rio froh, dass Han bei ihm ist. Sein Tod trifft Han sehr und bestärkt ihn darin, seine verlorene Liebe Qi'ra zu finden.

RIOT MAR

KOPFGELDJÄGER UND PILOT

DATEN-BANK

ZUGEHÖRIGKEIT: Kopfgeldjägergilde
HEIMATWELT: Unbekannt
SPEZIES: Mensch
GRÖSSE: 1,93 m
AUFTRETEN: M
SIEHE AUCH: Greef Karga, Grogu, Mandalorianer

GILDENMITGLIED Riot Mar ist gut im Aufspüren von Zielpersonen. Er mag Gnade zeigen, wenn es ihm bei einer Ergreifung hilft, aber man kann ihm nicht trauen. Wenn es ihm die Sache leichter macht, schießt er einfach.

Zielübung

Riot Mar beschädigt eins der Triebwerke der *Razor Crest* und denkt danach, dass der Mandalorianer nun in der Falle sitzt.

SPITZENPILOT

Riot Mar ist mit seinem Sternenjäger recht zielsicher. Er fängt den Mandalorianer bei Tatooine ab und bietet an, ihn nicht zu töten, wenn er ihm das Kind übergibt.

Riot kann mit den Flugkünsten und der Feuerkraft des Mandalorianers nicht mithalten.

ROSE TICO

KOMMANDANTIN DES WIDERSTANDS

DATENBANK

ZUGEHÖRIGKEIT: Widerstand
HEIMATWELT: Hays Minor
SPEZIES: Mensch
GRÖSSE: 1,57 m
AUFTRETEN: VIII, IX
SIEHE AUCH: DJ, Finn, Paige Tico, Prinzessin Leia

ROSE TICO lässt sich nicht vom Tod ihrer Schwester Paige davon abhalten, gegen die Erste Ordnung anzutreten. Sie arbeitet als Mechanikerin auf der *Raddus,* schließt sich Finn auf einer Mission nach Canto Bight an und kämpft in der Schlacht von Exegol.

NACHDEM sie auf ihrer Heimatwelt die Härte der Ersten Ordnung erlebt hatten, schlossen sich Rose und ihre Schwester Paige dem Widerstand an. Von Paige hat sie ihren Sinn für Richtig und Falsch. Mit technischem Know-how und logischem Denken ist Rose sehr wertvoll für den Widerstand.

Identifikationsplakette

Mechanikeroverall

Codierte Datenüberbrücker

Elektroschocker zum Aufhalten von Deserteuren

Rose ist hin und weg, als sie Finn trifft, kann aber auf ihrer Mission durchaus mithalten.

Problemlöserin

Rose arbeitet sich hoch von der einfachen Mechanikerin zu einer Befehlshaberin des Ingenieurskorps des Widerstands. Mit ihrer gütigen Art und Hingabe für ihre Freunde beeindruckt sie jeden, auch General Leia Organa.

RYSTÁLL SANT

SÄNGERIN IN DER MAX-REBO-BAND

DATEN-BANK

ZUGEHÖRIGKEIT: Jabbas Hof
HEIMATWELT: Neu-Bornalex
SPEZIES: Halb Theelin, halb Mensch
GRÖSSE: 1,70 m
AUFTRETEN: III, VI
SIEHE AUCH: Oola

RYSTÁLL ist teils Mensch, teils Theelin. Die Theelin sind eine seltene Spezies mit Kopfhörnern, grellem Haar und fleckiger Haut. Rystáll hat zudem Hufe. Viele Theelin haben eine kreative Ader und werden Musiker oder Entertainer.

Natürliche, durch Bühnenschminke hervorgehobene Hautflecken

Der Umhang ist ein Geschenk des einstigen Verehrers Syrh Rhoams.

Graziler Körper einer Tänzerin

Hufe

RYSTÁLL SANTS Adoptiveltern sind ortolanische Musiker von Coruscant. Sie sorgen dafür, dass ihre schillernde Tochter als Sängerin und Tänzerin in Max Rebos Band auftreten darf, wo sie alle Blicke auf sich zieht.

Rystáll und Greeata sind schockiert von dem, was sie in Jabbas Palast mitansehen müssen.

Hauptattraktion

Die kontaktfreudige Rystáll Sant hat stets die Aufmerksamkeit vieler Personen erregt, einschließlich die eines hochrangigen Mitglieds des Verbrechersyndikats Schwarze Sonne, wodurch sie ihre Freiheit einbüßte. Später wurde sie von Lando Calrissian befreit. In Jabbas Palast weckt sie das Interesse von Boba Fett.

SABÉ

KÖNIGLICHE ZOFE VON NABOO

DATEN-BANK

ZUGEHÖRIGKEIT: Königshaus von Naboo
HEIMATWELT: Naboo
SPEZIES: Mensch
GRÖSSE: 1,65 m
AUFTRETEN: I
SIEHE AUCH: Padmé Amidala

SABÉ ist die wichtigste Zofe in Königin Amidalas Gefolge, denn in Zeiten der Gefahr ist sie die Erste, die als königliche Doppelgängerin eingesetzt wird. Sabé kleidet sich wie die Königin und verbirgt ihr Gesicht unter weißer Schminke.

KÖNIGIN AMIDALAS

Zofen unterstützen sie bei vielen wichtigen Aufgaben, um das königliche Bild zu wahren. Diese fähigen Helferinnen wurden zudem als Leibwächterinnen ausgebildet und haben Pistolen, um ihre Herrscherin im Notfall beschützen zu können.

Doppelgängerin

Während Sabé als Königin verkleidet ist, hüllt sich Padmé Amidala ins schlichte Gewand einer Zofe. Sie verständigen sich mit unauffälligen Gesten. Sabé ist darin geschult, die Königin in jeder Hinsicht zu imitieren, doch das ist nicht immer ungefährlich.

Sabé führt die Delegation an, die die Gungans bittet, den Naboo im Kampf um den Planeten beizustehen.

SAESEE TIIN

IKTOTCHI-JEDI-MEISTER

DATEN-
BANK

ZUGEHÖRIGKEIT: Jedi
HEIMATWELT: Iktotch
SPEZIES: Iktotchi
GRÖSSE: 1,88 m
AUFTRETEN: I, II, III
SIEHE AUCH: Mace Windu

JEDI-MEISTER Saesee Tiin sitzt im Jedi-Tempel auf Coruscant im Hohen Rat. Er besitzt ein großes Talent für das Fliegen der besten Raumschiffe bei hoher Geschwindigkeit. Dabei kann sich der Telepath besonders gut konzentrieren.

SAESEE TIIN wurde auf Iktotch, dem Mond von Iktotchon, geboren. Er ist ein Naturtalent als Pilot, hat einen ausgeprägten Orientierungssinn und ein Händchen für Schiffe verschiedenster Größe. In den Klonkriegen fliegt Tiin seinen gut gepflegten Sternenjäger bei einer wichtigen Mission auf Lola Sayu.

Jedi-Kämpfer

Saesee kämpft in der Schlacht von Geonosis. Mit einem Kanonenboot greift er die Droiden auf den Ebenen an. Im späteren Verlauf der Schlacht eilt Tiin Jedi-Meisterin Adi Gallia beim Kampf über Geonosis zu Hilfe. Tiin wird in den Klonkriegen zum General und führt Sternenjägerstaffeln an.

Tiin ist einer der Jedi, die den als Darth Sidious enttarnten Palpatine stellen.

SALACIOUS B. CRUMB

KOWAKIANISCHER ECHSENAFFE

DATEN-BANK

ZUGEHÖRIGKEIT: Jabbas Hof
HEIMATWELT: Kowak
SPEZIES: Kowakianischer Echsenaffe
GRÖSSE: 70 cm
AUFTRETEN: VI
SIEHE AUCH: Jabba der Hutt

SALACIOUS B. CRUMB ist der Hofnarr von Jabba dem Hutt. Einst wollte der kowakianische Echsenaffe ihm Essen stehlen, worauf Jabba ihn zu fressen versuchte. Crumb entkam zwar, doch Bib Fortuna fing ihn ein.

Crumb irritiert oft die Gäste, indem er alles wiederholt, was Jabba sagt.

Im Scherz

Salacious B. Crumb weiß, dass er Jabba einmal am Tag zum Lachen bringen muss, da er sonst getötet wird. Er macht sich über jeden lustig, vor allem über Jabbas neuen Übersetzerdroiden C-3PO, der dank der gehässigen kleinen Kreatur ein Auge verliert.

SALACIOUS B. CRUMB lungerte auf einer Raumstation herum, bis es ihm gelang, sich an Bord von einem von Jabbas Raumschiffen zu stehlen. So kam er nach Tatooine. Heute sitzt Crumb neben Jabba dem Hutt und zieht ausnahmslos alle Palastbewohner auf.

SANDTRUPPLER

STURMTRUPPEN FÜR DEN WÜSTENEINSATZ

DATEN-BANK

ZUGEHÖRIGKEIT: Imperium
HEIMATWELT: Verschieden
SPEZIES: Mensch
GRÖSSE: Um 1,83 m
STANDARDAUSRÜSTUNG: Blasterpistole, Blastergewehr, Repetierblaster
AUFTRETEN: RO, IV
SIEHE AUCH: Sturmtruppler

SANDTRUPPEN sind spezialisierte imperiale Sturmtruppen für Wüstengegenden. Ihre Ausrüstung wurde für den Einsatz in heißem, trockenem Klima entwickelt. Die Rüstung verfügt über Kühlsysteme und die Helme haben eingebaute polarisierende Gläser zum Schutz vor gleißender Sonne.

Dienstgrade

Sandtruppler tragen Schulterplatten, die ihren Rang verraten. Die der normalen Sandtruppler sind schwarz, die von Sergeants weiß, und Truppführer, die Einheiten von sieben Soldaten leiten, tragen orange Schulterplatten.

SANDTRUPPLER sind unter ihrer weißen Rüstung unerkannt bleibende, menschliche Rekruten. Sie verfügen über Nahrungs- und Wasservorräte, Blastergewehre und Langstrecken-Komlinks. Dank ihrer Ausbildung können sie sich an örtliche Gebräuche anpassen, etwa, indem sie auf einheimischen Taurücken reiten.

SARCO PLANK

REISENDER GESETZLOSER

DATEN-BANK

ZUGEHÖRIGKEIT: Keine
HEIMATWELT: Li-Toran
SPEZIES: Melitto
GRÖSSE: 1,82 m
AUFTRETEN: VII
SIEHE AUCH: C-3PO, Luke Skywalker, Rey, Unkar Plutt

DER FINSTERE Kopfgeldjäger und Plünderer Sarco Plank arbeitet im Niima-Außenposten auf Jakku als Waffenhändler. Er verkauft Waffen an Abenteurer, die sich auf der Suche nach wertvollem Schrott in die karge Wüste wagen wollen.

WÄHREND des Bürgerkriegs arbeitete Sarco als Grabräuber, der antike Stätten wie den Tempel von Eedit, einen alten Jedi-Außenposten auf Devaron, plünderte. Er führte den jungen Luke Skywalker dorthin, damit dieser ihm den Weg zu den geheimen Schätzen öffnen würde. Im Duell hatte er mit einem Elektrostab aber gegen den Rebellenpiloten mit seinem Lichtschwert keine Chance.

Alien ohne Augen

Sarco Plank hat keine Augen – sein Gesicht ist ein ausdrucksloser insektenähnlicher Panzer. Er nimmt seine Umgebung mit vibrierenden Zilien, hochsensiblen Härchen an seinem Körper, wahr. Ein Vocoder wandelt die summenden Laute seiner Gesichtsplatten in eine verständliche Stimme um.

SAW GERRERA

GEZEICHNETER KRIEGER

DATENBANK

ZUGEHÖRIGKEIT: Gerreras Miliz
HEIMATWELT: Onderon
SPEZIES: Mensch
GRÖSSE: 1,80 m
AUFTRETEN: RO
SIEHE AUCH: Bodhi Rook, Jyn Erso

SELBST FÜR DIE Rebellenallianz gilt Saw Gerrera mit seiner Miliz als zu extrem. Mit seiner Besessenheit, das Imperium aufzuhalten, schreckt er vor nichts zurück – auch nicht davor, Zivilisten zu gefährden.

NACH JAHREN des Kampfes ist Saws Körper versehrt und schwach. Ein Druckanzug hilft ihm beim Atmen und seinen geschundenen Körper durchströmt gefährlich hoch dosierte Medizin. Verabreicht wird sie ihm vom Medidroiden G2-1B7, den Saw programmiert hat, Höchstdosen zu ignorieren.

Misstrauisch

Aus Gerreras Misstrauen wurde im Alter echte Paranoia. Als ein Pilot des Imperiums zu ihm überläuft, zweifelt er an seinen Absichten. Auch als der tentakelbewehrte Bor Gullet – unter Gefährdung seiner Gesundheit – die Gedanken des Piloten gelesen hat, vermutet Gerrera weiter eine Falle.

Gerrera zog Jyn ab dem Alter von acht Jahren als Teil seiner Partisanen auf.

SCOUTTRUPPLER

SPEZIALISIERTE STURMTRUPPEN

DATENBANK

ZUGEHÖRIGKEIT: Imperium
HEIMATWELT: Verschieden
SPEZIES: Mensch
GRÖSSE: Verschieden
STANDARDAUSRÜSTUNG: Blasterpistole, Granaten, Überlebensausrüstung
AUFTRETEN: VI, M
SIEHE AUCH: Patrouillen-, Sand-, Sturmtruppler

IMPERIALE SCOUTTRUPPEN sind für lange Missionen ausgebildet. Bloß Kopf und Oberkörper sind durch eine Rüstung geschützt, damit sie sich freier bewegen können. Ihre Helme haben starke Makrofernglasvisiere zur genauen Zielidentifikation.

SCOUTTRUPPEN werden als Kundschafter und zum Ausspähen feindlicher Stellungen eingesetzt sowie auch zur Infiltration und für Sabotagemissionen. Nur selten nehmen sie an Kampfhandlungen teil. Sobald Ärger droht, rufen sie die Sturmtruppen.

Die Republik setzt Scouttruppen erstmals in den Klonkriegen ein, so auch bei der Schlacht von Kachirho auf Kashyyyk.

Auf Patrouille

Scouttruppler patrouillieren auf Düsenschlitten in Endors dichten Wäldern, wo ein wichtiger Schildgenerator des Imperiums steht. In Zweier- bis Vierergruppen halten sie nach lästigen Waldbewohnern und Eindringlingen Ausschau.

SEBULBA

BERÜHMTER PODRENNFAHRER

DATEN-BANK

ZUGEHÖRIGKEIT: Keine
HEIMATWELT: Malastare
SPEZIES: Dug
GRÖSSE: 1,12 m
AUFTRETEN: I
SIEHE AUCH: Anakin Skywalker

SEBULBA gehört zu den besten Podrennpiloten auf den Strecken des Äußeren Rands. Er ist ein geschickter Fahrer, aber auch zu schmutzigen Tricks bereit. Als Anakin Skywalker am Rennen teilnimmt, setzt Sebulba alles daran, dass der junge Mensch nicht gewinnt.

Sebulba steuert einen riesigen, orangefarbenen Podrenner mit vielen versteckten Waffen.

SEBULBA ist ein Dug von Malastare. Diese Spezies ist sehr berüchtigt dafür, andere zu tyrannisieren. Um dem Ruf beim Publikum gerecht zu werden, trägt er auffällige Rennfahrerkleidung aus Leder.

Skrupelloser Pilot

Der niederträchtige Dug sabotiert andere Renner, um zu gewinnen. Er setzt sich neben den Podrenner eines Konkurrenten und jagt ihn mit seinem versteckten Flammenwerfer in die Luft oder wirft ihm Erschütterungsgranaten ins Cockpit.

Obwohl Sebulba beim Boonta Eve Classic einen Unfall hat, überlebt er und kann weiter Rennen fahren.

SHAAK TI

TOGRUTA-JEDI-MEISTERIN

DATEN-BANK

ZUGEHÖRIGKEIT: Jedi
HEIMATPLANET: Shili
SPEZIES: Togruta
GRÖSSE: 1,78 m
AUFTRETEN: II, III
SIEHE AUCH: Luminara Unduli

JEDI-MEISTERIN Shaak Ti wurde vor der Schlacht von Geonosis Mitglied des Hohen Rats der Jedi. In den Klonkriegen vertritt sie den Orden oft auf Kamino. Dass sie Klone als Individuen sieht, beißt sich mit Ansichten der kaminoanischen Wissenschaftler, für die sie nur Produkte sind.

Shaak Ti ist von derselben Spezies wie Anakin Skywalkers Schülerin Ahsoka Tano.

Jedi-Meisterin

Shaak Ti kämpft mit mehr als 200 anderen Jedi-Rittern, die Anakin Skywalker, Obi-Wan Kenobi und Padmé Amidala auf Geonosis zu Hilfe eilen. Nach der Schlacht in der Arena fliegt sie mit einem Kanonenboot zur Frontlinie gegen die versammelte Droidenarmee.

DIE TOGRUTA ist eine der besten Gruppenkämpferinnen der Jedi. Ihre Montrale erfassen durch Ultraschall die Umgebung und schärfen so die räumliche Wahrnehmung. Auch Probleme mit komplexen Bewegungen sind der herumwirbelnden Ti fremd.

SHMI SKYWALKER

ANAKIN SKYWALKERS MUTTER

DATEN-BANK

ZUGEHÖRIGKEIT: Keine
HEIMATWELT: Tatooine
SPEZIES: Mensch
GRÖSSE: 1,73 m
AUFTRETEN: I, II
SIEHE AUCH: Anakin Skywalker, Cliegg Lars, Tusken-Räuber, Watto

SHMI SKYWALKER hatte ein hartes Leben, seit sie ein Mädchen war und Piraten ihre Eltern gefangen nahmen, aber sie bleibt tapfer und findig. Auf Tatooine bringt sie ein Kind namens Anakin zur Welt und steht in Diensten des Schrotthändlers Watto.

TROTZ IHRER Armut versucht Shmi, Anakin ein gutes Heim in Mos Espa zu bieten. Es ist für sie schwer zu ertragen, dass Anakin sie verlässt, doch als schließlich der Farmer Cliegg Lars sie befreit und heiratet, wird ihr Leben glücklicher.

Shmi will nicht, dass ihre Liebe zu Anakin ihn von seinem Schicksal abhält, ein Jedi zu werden.

Tragischer Verlust

Als Anakin Skywalker spürt, dass seine Mutter Qualen leidet, reist er eilends nach Tatooine. Doch er kann ihren Tod durch die Hand der Sandleute nicht verhindern. Er empfindet große Wut und Trauer und schwört, so mächtig zu werden, dass ihn nichts mehr aufhalten kann.

STOSSTRUPPLER

MITGLIEDER DER CORUSCANT-WACHEN

DATEN-
BANK

ZUGEHÖRIGKEIT: Republik/ Imperium
HEIMATWELT: Kamino
SPEZIES: Mensch (Klon)
GRÖSSE: 1,83 m
AUSRÜSTUNG: DC-15-Blaster
AUFTRETEN: II, III
SIEHE AUCH: Sturmtruppler

ALS DIE REPUBLIK sich für den Krieg rüstet, patrouillieren Stoßtruppen mit roter Rüstung auf den Plätzen Coruscants, um die öffentliche Ordnung aufrechtzuerhalten. Sie dienen auch als Leibwächter für Politiker wie den Obersten Kanzler Palpatine.

Gegen Ende der Republik nennen die Leute die Stoßtruppen allmählich Sturmtruppen.

STOSSTRUPPEN

sind Teil der Coruscant-Wachen. Palpatine rief diese Einheit ins Leben, um die Sicherheitskräfte von Coruscant und die Senatsgarde zu verstärken. Stoßtruppler halten vor Regierungsgebäuden und auf Landeplattformen Wache.

Palpatines Wache

Nach dem gescheiterten Versuch der Jedi, Palpatine gefangen zu nehmen, begleiten Stoßtruppler ihn in den Senat. Nach dessen Kampf mit Yoda suchen sie vergebens nach der Leiche des Jedi und begleiten Palpatine nach Mustafar, wo sie den verbrannten Darth Vader finden.

KÜSTENTRUPPLER

STURMTRUPPEN IM STRANDEINSATZ

DATEN-BANK

ZUGEHÖRIGKEIT: Imperium
HEIMATWELT: Verschieden
SPEZIES: Mensch
GRÖSSE: Um 1,83 m
STANDARDAUSRÜSTUNG: E-22-Blastergewehr
AUFTRETEN: RO, M
SIEHE AUCH: Sturmtruppler

KÜSTENTRUPPEN heben sich von den rein weißen, regulären Sturmtruppen deutlich ab, aber fallen in Gebieten mit Sand und Palmen nicht auf. Sie sind speziell für Küstenregionen wie auf Scarif mit seinem stark gesicherten Archivturm ausgebildet. Auch in der vom Restimperium betriebenen Rhydoniumraffinerie auf Morak sind sie im Einsatz.

DIE MEISTEN

Küstentruppler sind Sergeants und hätten Befehlsgewalt über reguläre Sturmtruppler. Doch Scarif ist ein so stark geschützter Planet, dass kaum einer je mit einem Angriff rechnet.

Küstentruppler sind auch auf Unerwartetes vorbereitet – wie Rebellen im Sperrgebiet.

Strandfertig

Küstentruppler sind für ihren Einsatzort ausgerüstet. Ein Ventilator im Helm hält sie kühl und Filter halten Sand aus der Atemluft. Der versiegelte Unteranzug ist temperaturreguliert und die leichten Rüstungsplatten darüber haben eine Spezialbeschichtung gegen Salzkorrosion.

SHU MAI

PRÄSIDENTIN DER HANDELSGILDE

DATENBANK

ZUGEHÖRIGKEIT: Handelsgilde, Separatisten
HEIMATWELT: Castell
SPEZIES: Gossam
GRÖSSE: 1,65 m
AUFTRETEN: II, III
SIEHE AUCH: Count Dooku, Nute Gunray, Wat Tambor

Shu Mai erwartet auf dem Vulkanplaneten Mustafar mit dem Rest der Separatistenanführer ihr Schicksal.

SHU MAI IST Präsidentin der mächtigen Handelsgilde, deren Truppen während der Klonkriege gegen die Republik kämpfen. Shu Mai ist Mitglied im Separatistenrat, genau wie Nute Gunray, Wat Tambor und andere.

SHU MAI ist eine Gossam vom Planeten Castell. Für sie zählen nur Status, Macht und Reichtum. Mai arbeitete sich in der Handelsgilde mit skrupellosen Methoden nach oben, bis keine Konkurrenten mehr zwischen ihr und der Präsidentschaft standen.

Hinterlistige Methoden

Shu Mai ist nicht die einzige Anführerin der Separatisten, die Dooku nur im Geheimen ihre Unterstützung zugesichert hat, weil sie weiß, dass dies Hochverrat gleichkommt. Trotzdem kämpfen Shu Mais Spürspinnendroiden auf den Schlachtfeldern der Klonkriege.

SIO BIBBLE

GOUVERNEUR VON NABOO

DATEN-BANK

ZUGEHÖRIGKEIT: Königshaus von Naboo
HEIMATWELT: Naboo
SPEZIES: Mensch
GRÖSSE: 1,79 m
AUFTRETEN: I, II, III
SIEHE AUCH: Captain Panaka, Nute Gunray, Padmé Amidala

SIO BIBBLE ist bei der Invasion durch die Handelsföderation Gouverneur von Naboo. Er kümmert sich um alles, was Königin Amidala vorgetragen wird, und führt den Vorsitz des Beirates, dem Regierungsorgan von Naboo. Sio verabscheut Gewalt.

BIBBLE IST ein Philosoph, der unter Amidalas Vorgängerin zum Gouverneur gewählt wurde. Er ist Amidala gegenüber anfangs skeptisch, respektiert sie aber. Später dient Sio auch unter einigen ihrer Nachfolgerinnen wie den Königinnen Jamillia, Neeyutnee und Apailana.

Unter Arrest

Während der Invasion von Naboo nehmen Kampfdroiden Sio Bibble und Königin Amidala gefangen. Als zwei Jedi sie retten, beschließt der Gouverneur, bei seinem Volk zu bleiben. Bibble animiert es zum Hungerstreik und zieht so den Zorn des Vizekönigs der Handelsföderation, Nute Gunray, auf sich.

Bibble weigert sich, Captain Panakas Drängen nach Aufrüstung zu akzeptieren.

SITH-KULTIST

FANATIKER DER DUNKLEN SEITE

DATEN-BANK

ZUGEHÖRIGKEIT: Akolythen des Jenseits, Alazmec von Winsit, Sith-Ewige
HEIMATWELT: Exegol
SPEZIES: Unbekannt
GRÖSSE: Verschieden
AUFTRETEN: IX
SIEHE AUCH: Alazmec-Kolonist, Ochi von Bestoon, Palpatine

Durch Palpatines Tod strömt dunkle Energie aus, die die Sith-Zitadelle mitsamt ihren Kultisten zerstört.

SITH-KULTISTEN widmen ihr Leben Verehrung und Schutz des Erbes der Sith. Deshalb helfen sie Palpatine, mithilfe von Klontechnik den Tod zu betrügen, und bauen eine riesige Flotte neuartiger Sternenzerstörer.

NEBEN DEN Sith-Ewigen gibt es viele weitere Sith-Kulte. Die Akolythen des Jenseits haben sich Angriffen auf die Neue Republik verschrieben, während die Alazmec von Winsit sich dem Erhalt der Ruinen von Vaders Festung auf Mustafar widmen.

Sith-Zitadelle

Anhänger des Kults der Sith-Ewigen beschützen in einer Zitadelle auf Exegol den instabilen Klon ihres Meisters Palpatine. Im dortigen Labor für dunkle Wissenschaften erschuf Palpatine Snoke.

SITH-JETTRUPPLER

LUFTANGRIFFSTRUPPEN DER SITH

DATEN-BANK

ZUGEHÖRIGKEIT: Sith-Ewige, Letzte Ordnung
HEIMATWELT: Exegol
SPEZIES: Mensch
GRÖSSE: Verschieden
STANDARDAUSRÜSTUNG: Schwerer Blaster, Jetpack
AUFTRETEN: IX
SIEHE AUCH: Sith-Truppler, Souveränprotektor

Ein Jettruppler kann die Flugbahn nicht mehr halten, als ihn ein Pfeil von Widerständlerin Jannah trifft.

SITH-JETTRUPPLER sind für Einsätze in luftiger Höhe ausgebildete Elitesoldaten. Man setzt sie für schnelle Luftschläge ein und um vorrückenden Sith-Trupplern am Boden Luftdeckung zu bieten.

TRUPPNAMEN der Sith-Jettruppen wie Lanvorak-, Parang- und Kriegsklingen-Trupp gehen auf Bezeichnungen für alte, höchst unheilvolle Waffen der dunklen Seite zurück.

Auf in die Lüfte

Ein Jettruppen-Jetpack kann im Jet- und Raketenmodus betrieben werden. Letzterer verbraucht mehr Treibstoff, ist aber auch in dünner Atmosphäre und im Vakuum nutzbar.

SITH-TRUPPLER

STURMTRUPPEN DER LETZTEN ORDNUNG

DATENBANK

ZUGEHÖRIGKEIT: Sith-Ewige, Letzte Ordnung
HEIMATWELT: Exegol
SPEZIES: Mensch
GRÖSSE: Verschieden
STANDARDAUSRÜSTUNG: Blastergewehr ST-W48, Repetierblaster FWMB-10B von Sonn-Blas
AUFTRETEN: IX
SIEHE AUCH: Sith-Jettruppler, Souveränprotektor

Ein Trupp besteht aus zehn Soldaten. Kleinere Teams aus je drei Soldaten werden »Triaden« genannt.

SITH-TRUPPLER sind Elite-Sturmtruppler der geheimen, für Palpatine kämpfenden Armee der Sith-Ewigen auf Exegol. Als Zeichen ihrer Treue zur dunklen Seite tragen sie rote Rüstungen.

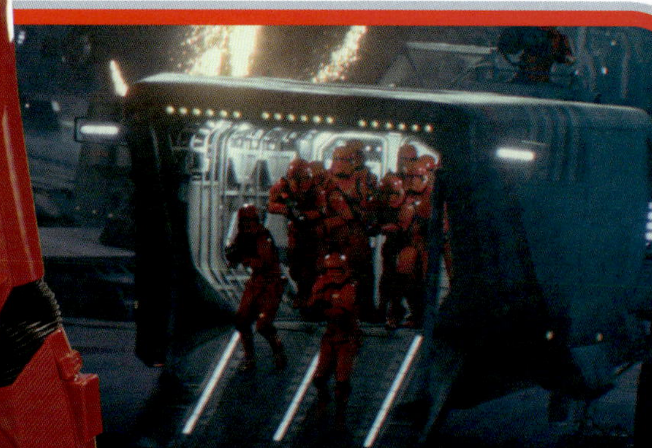

WIE DIE Soldaten der Ersten Ordnung sind Sith-Truppler weder machtsensitiv noch Klone. Durch ihre Spezialausbildung wird aber jegliche Individualität unterdrückt und sie stehen absolut loyal zu Palpatine.

Auf ins Gefecht

Die Sith-Truppen kämpfen in der Schlacht von Exegol. Doch selbst diese Elitesoldaten sind nicht auf Widerstandskämpfer vorbereitet, die auf Orbaks über den Rumpf des Sternenzerstörers *Steadfast* reiten.

SLY MOORE

PALPATINES ASSISTENTIN

DATEN-BANK

ZUGEHÖRIGKEIT: Republik
HEIMATWELT: Umbara
SPEZIES: Umbaranerin
GRÖSSE: 1,78 m
AUFTRETEN: II, III
SIEHE AUCH: Kanzler Valorum, Palpatine

SLY MOORE ist Palpatines Stabschefin. Sie besitzt große Macht, denn sie entscheidet, wer den Kanzler sprechen darf. Moore ist zudem eine der wenigen Personen, die wissen, dass Palpatine insgeheim Darth Sidious ist. Sie dient ihm weiter, als er Imperator wird.

Wie ein stummer Schatten ist Sly Moore oft bei Treffen des Obersten Kanzlers Palpatine zugegen.

SLY MOORE gehört einer technologisch hoch entwickelten Spezies an. Ihre Heimat ist auch als »Schattenwelt« bekannt, weil kaum natürliches Licht die Oberfläche erreicht. Umbaraner können andere unterschwellig mit ihrem Geist beeinflussen oder gar kontrollieren.

Machtspiele

Während Palpatines Kanzlerschaft hat Sly Moore den Posten inne, den Sei Taria zu Kanzler Valorums Zeit bekleidete. Man munkelt, dass Moore die engagierte Sei Taria durch Erpressung zum Rücktritt bewogen hat.

SNAP WEXLEY

AUFKLÄRUNGSPILOT DES WIDERSTANDS

DATENBANK

ZUGEHÖRIGKEIT: Widerstand
HEIMATWELT: Akiva
SPEZIES: Mensch
GRÖSSE: 1,88 m
AUFTRETEN: VII, IX
SIEHE AUCH: Jess Pava, Poe Dameron, Prinzessin Leia

DER TALENTIERTE X-Flügler-Pilot Temmin »Snap« Wexley dient als Captain in der Blauen Staffel des Widerstands. Poe hält ihn für den besten Aufklärungspiloten in den Streitkräften.

Snap stirbt in der Schlacht von Exegol im Kampf gegen die Flotte der Letzten Ordnung.

Rebellenwurzeln

Snap ist der Sohn der Veteranin und Y-Flügler-Pilotin Norra Wexley, die in der Schlacht von Endor flog. Er stammt von Akiva, einer Welt des Äußeren Rands, die vor der Befreiung durch die Neue Republik eine imperiale Basis war. Wexley überlebte mit Straßenwissen und der Hilfe seines Beschützers, des modifizierten Kampfdroiden Mister Bones.

NACH DER ZERSTÖRUNG der Hauptwelt der Neuen Republik durch den Starkiller kann dessen Position vom Widerstand berechnet werden. Snap fliegt eine halsbrecherische Aufklärungsmission in die Unbekannten Regionen und zeichnet wichtige Informationen über die geheime Basis auf, mit denen der Widerstand eine Angriffsstrategie planen kann.

SCHNEETRUPPLER

STURMTRUPPEN FÜR EXTREMES KLIMA

DATEN-BANK

ZUGEHÖRIGKEIT: Imperium
HEIMATWELT: Verschieden
SPEZIES: Mensch
GRÖSSE: Um 1,83 m
STANDARDAUSRÜSTUNG: E-11-Blastergewehr, leichter Repetierblaster, Granaten
AUFTRETEN: V
SIEHE AUCH: Sturmtruppler

IMPERIALE SCHNEETRUPPLER sind spezialisierte Sturmtruppen, die in verschneiten, eisigen Gegenden unabhängige mobile Kampfeinheiten bilden. Ihre Tornister und Anzugsysteme halten den Körper warm, die Gesichtsmasken sind mit Atemwärmern ausgestattet.

DAS IMPERIUM empfand die Schneetruppen den spezialisierten Klon-Schneetruppen der Galaktischen Republik nach, die während der Klonkriege auf vereisten Welten wie Orto Plutonia kämpften.

Schneetruppler setzen in verschneitem Terrain tödliche E-Netz-Repetierblasterkanonen ein.

Angriff auf Hoth

Bei der Schlacht von Hoth kommen Schneetruppen als Teil von General Veers' Blizzard-Einheit zum Einsatz. Von AT-AT-Läufern unterstützt, besiegen sie die Rebellen und dringen in die Echo-Basis ein. Diese Spezialsoldaten können in extrem kalter Umgebung zwei Wochen lang allein durch die Energie ihrer Anzugbatterie überleben.

SOUVERÄNPROTEKTOR

PALPATINES LEIBWÄCHTER

DATENBANK

ZUGEHÖRIGKEIT: Sith-Ewige
HEIMATWELT: Exegol
SPEZIES: Unbekannt
GRÖSSE: Verschieden
STANDARDAUSRÜSTUNG: Blastergewehr SP-B50 mit vibroaktiver Energieklinge
AUFTRETEN: IX
SIEHE AUCH: Sith-Truppler

Um deren Bewegung einzuschränken, versuchen Souveränprotektoren, Gegner stets einzukreisen.

DIESE Hoheitlichen Protektoren sind die fanatischsten und loyalsten Soldaten, die je von den Sith-Ewigen ausgebildet wurden. In der Sith-Zitadelle auf Exegol beschützen sie den geschwächten Palpatine vor jeder Gefahr.

WIE OFFIZIERE der Sith-Ewigen sind viele Souveränprotektoren Kultistenkinder, die auf Exegol geboren und aufgezogen wurden. Um ihre Vorgehensweise nicht preiszugeben, findet ihre Ausbildung im Geheimen statt.

Endkampf

Auf Exegol trifft Rey auf Souveränprotektoren. Sie stehen zwischen ihr und Palpatine, doch sie nutzt ihre enormen Machtkräfte, um deren Blasterfeuer auf sie selbst zurückzulenken.

STASS ALLIE

THOLOTHIANISCHE JEDI-MEISTERIN

DATEN-BANK

ZUGEHÖRIGKEIT: Jedi
HEIMATPLANET: Tholoth
SPEZIES: Tholothianerin
GRÖSSE: 1,80 m
AUFTRETEN: II, III
SIEHE AUCH: Adi Gallia

DIE THOLOTHIANISCHE Jedi-Meisterin Stass Allie dient der Republik in den Klonkriegen. Als Cousine der hoch angesehenen Jedi Adi Gallia möchte sie ihre eigenen Fähigkeiten unter Beweis stellen. Nach Gallias Tod nimmt Allie ihren Platz im Jedi-Rat ein.

Stass Allie patrouilliert kurz vor der Order 66 mit einem Düsenschlitten auf Saleucami.

STASS ALLIE ist eine ausgezeichnete Kämpferin, doch noch beeindruckender sind ihre Heilkünste. Ihre Fähigkeiten in Erster Hilfe haben in den Klonkriegen vielen Soldaten unter ihrem Befehl das Leben gerettet.

Tapfere Kämpferin

Stass Allie ist mit Mace Windus Jedi-Eingreifteam am Arenakampf auf Geonosis beteiligt. Als eine der wenigen Überlebenden kämpft sie weiter, als sich das Gefecht über die Arena hinaus ausbreitet.

STURMTRUPPLER

ELITESOLDATEN DES IMPERIUMS

DATENBANK

ZUGEHÖRIGKEIT: Imperium
HEIMATWELT: Verschieden
SPEZIES: Mensch
GRÖSSE: Um 1,83 m
STANDARDAUSRÜSTUNG: E-11-Blastergewehr, Thermaldetonator
AUFTRETEN: S, RO, IV, V, VI, M
SIEHE AUCH: Schneetruppler

DIE STURMTRUPPEN machen den Großteil der bewaffneten Streitkräfte des Imperiums aus und werden von Bewohnern Tausender Welten gefürchtet. Sie sind extrem diszipliniert und dem Imperator gegenüber loyal. Ohne zu zögern, führen sie alle Befehle aus.

STURMTRUPPEN

sind menschliche Rekruten, die unter ihrer weißen Rüstung anonym bleiben. Diese Rüstung schützt sie vor unwirtlichen Umgebungen und Blasterschüssen.

Keine Gnade

Sturmtruppen werden dazu ausgebildet, Opfer in den eigenen Reihen zu ignorieren und sie nur vom taktischen Standpunkt aus zu sehen. Emotionale Reaktionen dürfen sie nie ablenken.

Die Heerscharen bewaffneter Sturmtruppler führen ihre Anweisungen bedingungslos aus.

SUPERKAMPFDROIDE

AUFGERÜSTETE KAMPFDROIDEN

DATEN-BANK

ZUGEHÖRIGKEIT: Separatisten
TYP: B2-Superkampfdroide
HERSTELLER: Baktoid Kampfautomaten
GRÖSSE: 1,93 m
AUFTRETEN: II, III, M
SIEHE AUCH: Kampfdroide

NACH DER NIEDERLAGE der Handelsföderation bei Naboo gaben deren Anführer verbesserte Kampfdroiden in Auftrag. Die hochgerüsteten Superkampfdroiden verstoßen gegen Gesetze für private Schutztruppen. Doch die Neimoidianer haben so viel Einfluss, dass sie sich darum nicht sorgen.

DIE FABRIKEN

auf Geonosis stellen im Geheimen Superkampfdroiden her. Für ihr Innenleben verwendet man aus Kostengründen auch Bauteile normaler Kampfdroiden, doch ihre Außenhülle ist viel robuster.

Furchtlose Droiden

Superkampfdroiden sind nicht gut darin, Angriffspläne zu schmieden. Doch das machen sie mit Furchtlosigkeit im Kampf wieder wett, wo sie Ziele meist völlig zerstören.

R2-D2 kämpft gegen Superkampfdroiden, indem er Öl auf sie sprüht und es dann anzündet.

OBERSTER ANFÜHRER SNOKE

ARCHITEKT DER ERSTEN ORDNUNG

DATEN-BANK

ZUGEHÖRIGKEIT: Erste Ordnung
HEIMATWELT: Exegol
SPEZIES: Genstrangguss
GRÖSSE: Über 2,10 m
AUFTRETEN: VII, VIII
SIEHE AUCH: General Hux, Kylo Ren, Palpatine, Prätorianergarde

DAS LEBEN unter der Ersten Ordnung des Obersten Anführers Snoke ist schrecklich. Egal was der Diktator verlangt, seine stark gerüsteten Sturmtruppen setzen es, ohne zu zögern, durch.

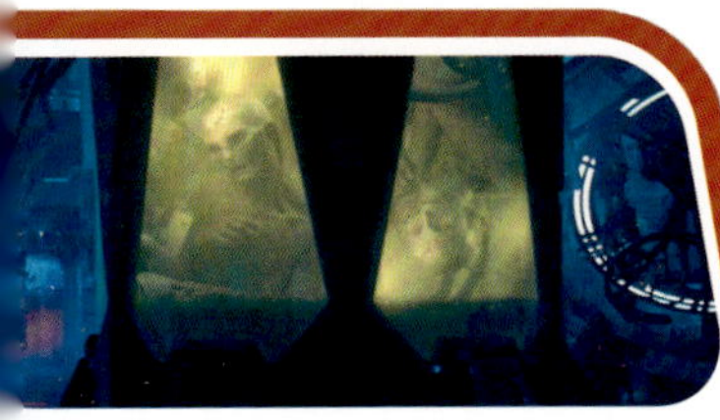

Auf Exegol erfährt Kylo Ren, dass Snoke von Palpatine erschaffen wurde, damit der Imperator ihn und die Erste Ordnung manipulieren kann.

Meister der Manipulation

Snoke weiß, was Furcht und ein gewisser Ruf zu leisten vermögen, und lässt sich selten persönlich blicken. Stattdessen erteilt er seine Befehle via Hologramm. Vergrößert dargestellt wirkt er noch monströser, als er es ohnehin schon ist.

ER IST ZWAR kein Sith, aber dennoch hat Snoke Machtkräfte. Er beherrscht Telepathie, Gedankenlesen, Telekinese, Machtwürgen und das Schleudern von Machtblitzen. Ganz wie es auch bei den Sith Tradition war, nimmt er einen Schüler an: Kylo Ren. Er nutzt seine Schwächen aus, damit Ren alles tut, was er verlangt.

SY SNOOTLES

LEADSÄNGERIN DER MAX-REBO-BAND

DATEN-BANK

ZUGEHÖRIGKEIT: Jabbas Hof
HEIMATWELT: Lowick
SPEZIES: Pa'lowick
GRÖSSE: 1,65 m
AUFTRETEN: VI
SIEHE AUCH: Jabba der Hutt, Max Rebo

Pa'lowicks haben runde Körper, schlanke Glieder, Stielaugen und lange Stiellippen.

SY SNOOTLES ist eine Pa'lowick und Leadsängerin der Max-Rebo-Band, die in Jabbas Palast spielt. Snootles schloss sich nur unter der Bedingung der Band an, dass Rebo auch ihre gute Freundin Greeata Jendowanian als Tänzerin und Sängerin anheuert.

SNOOTLES lebt ein abenteuerliches Leben. Sie war die Geliebte von Ziro dem Hutt und (in Jabbas Auftrag) auch seine Mörderin, als sie seine Grausamkeit erkannte. In Jabbas Palast arbeitet sie als Doppelagentin, die Widersachern Bib Fortunas Lügen auftischt.

Seltsamer Gesang

Weil Jabba Sy Snootles' Gesang gefällt, überschätzt sie ihr eigenes Talent maßlos. Als sich die Band nach Jabbas Tod auflöst, hat Snootles Schwierigkeiten, irgendwo ein großes Publikum zu erreichen, da ihr Gesang einfach zu seltsam ist.

TALLISSAN »TALLIE« LINTRA

STAFFELFÜHRERIN BEI D'QAR

DATENBANK

ZUGEHÖRIGKEIT: Widerstand, Blaue Staffel
HEIMATWELT: Pippip 3
SPEZIES: Mensch
GRÖSSE: 1,73 m
AUFTRETEN: VIII
SIEHE AUCH: Paige Tico, Poe Dameron

TALLIE LINTRAS Fliegerlaufbahn begann mit dem Besprühen von Feldern der elterlichen Farm in einem umgebauten RZ-1-A-Flügler. Nun fliegt sie für den Widerstand einen RZ-2 und gehört dort zu den besten Piloten.

TALLIE erweist sich als äußerst fähige Pilotin und beeindruckt sogar Poe Dameron mit ihren Flugkünsten. Ihre Aufgaben im Widerstand sind vielfältig. Sie fliegt Hilfseinsätze, schützt größere Schiffe, greift feindliche Ziele an und nimmt es mit TIE-Jägern der Ersten Ordnung auf.

Blau Eins

Bei der Evakuierung D'Qars fliegt Lintra als Blau Eins und führt die Blaue Staffel an. Die Sternenjäger eskortieren die MG-100-SternenFestung-Bomber, die ausreichend Feuerkraft besitzen, um die gesamte *Fulminatrix* auszuschalten, das gewaltige Schlachtschiff der Ersten Ordnung.

Als Tallie gerade aus dem Hangar der *Raddus* starten will, eröffnet Kylo Ren mit seinem TIE-Silencer das Feuer darauf.

PANZERTRUPPLER

IMPERIALE FAHRZEUGFÜHRER

DATEN-BANK

ZUGEHÖRIGKEIT: Imperium
HEIMATWELT: Verschieden
SPEZIES: Mensch
GRÖSSE: Um 1,83 m
STANDARDFAHRZEUG: Sturmpanzer TX-225 »Besatzer«
AUFTRETEN: RO, M
SIEHE AUCH: AT-AT-Pilot

PANZERTRUPPLER sind für den Einsatz in imperialen Bodenangriffsfahrzeugen geschulte Sturmtruppler. Sie können ebenso in mächtigen Transportern Truppen befördern wie in schweren Panzern Angriffe anführen.

Panzer befördern Kyberkristalle aus der Stadt Jedha, um sie dann zu verschiffen.

IM PANZER arbeiten diese Truppler in Dreierteams aus Fahrer, Schütze und Panzerkommandant. Der Fahrer ist auch für die Fahrzeugwartung zuständig.

Leichtes Ziel

Mit schweren TX-225-Panzern wird Stärke demonstriert, aber sie machen Soldaten auch zum leichten Ziel für Rebellen. Aus Jedhas engen Gassen gibt es kein schnelles Entkommen.

TARFFUL

WOOKIEE-HÄUPTLING

DATEN-BANK

ZUGEHÖRIGKEIT: Republik
HEIMATWELT: Kashyyyk
SPEZIES: Wookiee
GRÖSSE: 2,34 m
AUFTRETEN: III
SIEHE AUCH: Chewbacca

TARFFUL steht der Wookiee-Stadt Kachirho vor. Als Separatistentruppen auf seinem Planeten Kashyyyk einmarschieren, plant Tarfful gemeinsam mit Chewbacca und den Jedi Yoda, Luminara Unduli und Quinlan Vos, wie sie die Eindringlinge zurückschlagen.

Tarfful und Chewbacca helfen Yoda nach der Order 66, in einer Rettungskapsel zu fliehen.

TARFFUL wurde einst von trandoshanischen Sklavenjägern gefangen, die seit Langem Feinde der Wookiees sind. Als Klontruppen ihn befreiten, schwor Tarfful, jeden zu bekämpfen, der sein Volk versklaven oder den Planeten erobern will.

Wookiee-Angriff

Tarfful ist ein besonnener Wookiee, der sich, falls nötig, als mächtiger Krieger erweist. Er führt gewagte Angriffe auf die amphibischen Panzerdroiden der Separatisten an.

TASU LEECH

ANFÜHRER DER KANJIKLUB-BANDE

DATEN-
BANK

ZUGEHÖRIGKEIT: Kanjiklub
HEIMATWELT: Nar Kanji
SPEZIES: Mensch
GRÖSSE: 1,57 m
AUFTRETEN: VII
SIEHE AUCH: Chewbacca, Han Solo, Kanjiklub-Bande, Razoo Qin-Fee

TASU LEECH ist der aktuelle Anführer der berüchtigten Kanjiklub-Bande. Er ist ein zäher und unwirscher Kämpfer, der mit eisernem Willen und ohne Schwäche zu zeigen an seiner Position festhält.

TASU LEECH ist auf Nar Kanji am Rande der Galaxis aufgewachsen und hat sich bis an die Spitze der Kanjiklub-Bande gekämpft. Er weigert sich, Basic zu sprechen, da es in seinen Augen die Sprache von Feiglingen ist.

Schuss in den Ofen

Solo hat Tasu schon zweimal um Ware betrogen, sodass dessen dünner Geduldsfaden zu reißen droht. Daher entert er Hans Frachter und will Entschädigung. Die Konfrontation nimmt eine tödliche Wendung, als sich Solos Ladung gefährlicher Rathtare losreißt.

TEEBO

EWOK-MYSTIKER

DATEN-BANK

ZUGEHÖRIGKEIT: Hellerbaumdorf
HEIMATWELT: Waldmond Endor
SPEZIES: Ewok
GRÖSSE: 1,30 m
AUFTRETEN: VI
SIEHE AUCH: Häuptling Chirpa, Logray

Teebo schließt sich mit den anderen Ewoks den Rebellen an, um die imperiale Armee auf Endor zu besiegen.

DER EWOK TEEBO ist Sterndeuter und Poet. Er hat eine mystische Verbindung zu Naturkräften. Scharfe Wahrnehmung und praktisches Denken haben Teebo zu einem Anführer innerhalb seines Stammes werden lassen.

TEEBO hat, während er in seinem Stamm aufwuchs, zahlreiche Abenteuer erlebt, ehe er ein Schüler des Stammesschamanen Logray wurde. Er hat den Umgang mit Ewok-Magie erlernt und hofft, eines Tages selbst Schamane zu werden.

Aggressiver Start

Als Teebo Han Solo und seinen Gefährten begegnet, misstraut er ihnen. Als R2-D2 von den Fesseln befreit wird, verpasst er Teebo einen Stromschlag in den Hintern!

TEEDO

RUPPIGER SCHROTTSAMMLER

DATEN-BANK

ZUGEHÖRIGKEIT: Keine
HEIMATWELT: Jakku
SPEZIES: Teedo
GRÖSSE: 1,24 m
AUFTRETEN: VII
SIEHE AUCH: BB-8, Rey

TEEDOS SIND KLEINE, tyrannische Schrottsammler, die die sandige Wildnis von Jakku durchstreifen, oft auf dem Rücken von Luggabiestern. Sie suchen die Dünen nach alten Technikteilen ab und verteidigen ihre Fundstücke mit Klauen und Zähnen.

TEEDOS HABEN einen merkwürdigen Sinn für Identität. Der Name Teedo scheint sowohl der ganzen Spezies als auch einzelnen Individuen zu gelten. Ihre kleine Größe machen Teedos mit ihrem riesigen Selbstvertrauen wieder wett.

Gefangener BB-8

Auf seiner Wanderung durch die Kelvinklamm in der Einöde von Jakku wird BB-8 von einem Teedo auf einem Luggabiest eingefangen. Die junge Schrottsammlerin Rey streitet sich so lange mit dem grantigen Teedo, bis er entscheidet, dass der kleine Droide es nicht wert ist, und ihn freigibt.

TESSEK

JABBAS QUARREN-BUCHHALTER

DATEN-BANK

ZUGEHÖRIGKEIT: Jabbas Hof
HEIMATWELT: Mon Cala
SPEZIES: Quarren
GRÖSSE: 1,80 m
AUFTRETEN: VI
SIEHE AUCH: BB-8, Rey

TESSEK ist in Jabbas Palast als Buchhalter des Hutts angestellt. Doch seine Loyalität zu Jabba ist nur ein Deckmantel. Hinter dem Rücken des Verbrecherlords plant Tessek, ihn zu töten und seine Geschäfte zu übernehmen. Allerdings kalkuliert er nicht mit ein, dass Jabba von diesen Plänen wissen könnte.

TESSEK ist ein Quarren vom Planeten Mon Cala. Er war in der galaktischen Politik aktiv, bis das Imperium sein Volk versklavte. Er versteckt sich auf Tatooine, wo er bei den Hutt-Gangstern seine finanziellen Talente gewinnbringend nutzen kann.

Schlechter Ruf

Tessek ist ein Quarren, wie er im Buche steht. Wegen der immer wieder einmal aufbrandenden Bürgerkriege zwischen seiner Spezies und den Mon Calamari haben die Quarren einen Ruf als nur auf ihren Vorteil bedachte Intriganten, denen man nicht trauen darf.

TIE-JÄGER-PILOT

IMPERIALE PILOTEN

DATEN-BANK

ZUGEHÖRIGKEIT: Imperium
HEIMATWELT: Verschieden
SPEZIES: Mensch
GRÖSSE: Verschieden
STANDARDFAHRZEUG: Sternenjäger der TIE-Serie
AUFTRETEN: S, RO, IV, V, VI, M
SIEHE AUCH: AT-AT-Pilot

Zielsuchsysteme und Steuerung eines TIEs sind allem überlegen, was die Rebellen haben.

TIE-JÄGER-PILOTEN sind eine Elitegruppe der Imperialen Flotte. In ihren schwarzen Anzügen haben sie allein ihre Mission und das Ausschalten ihrer Ziele im Blick, selbst wenn dies ihren eigenen Tod bedeutet.

KAMPFPILOTEN sind stolz auf ihre TIE-Jäger, obwohl sie weder Deflektorschilde noch einen Hyperantrieb besitzen. TIE-Piloten wird in ihrer intensiven Ausbildung an Imperialen Akademien vermittelt, dass sie die Besten in der Galaxis sind. Daher sind sie oft recht arrogant.

Stets bereit

Imperiale TIE-Piloten sind in ständiger Alarmbereitschaft, um allzeit einsatzbereit zu sein. Sie tragen Helme mit Atemschläuchen, die mit Lebenserhaltungseinheiten verbunden sind. So bleiben die Piloten am Leben, falls das Cockpit ihres TIE-Jägers im All beschädigt wird.

TION MEDON

RAUMHAFENVERWALTER VON PAU-STADT

DATEN-BANK

ZUGEHÖRIGKEIT: Republik
HEIMATWELT: Utapau
SPEZIES: Pau'aner
GRÖSSE: 2,06 m
AUFTRETEN: III
SIEHE AUCH: MagnaWächter, Obi-Wan Kenobi

Utapau ist sturmumtost und öde. Die Utai und Pau'aner leben in Städten in riesigen Schlundlöchern.

TION MEDON ist Leiter der Raumhafenverwaltung von Pau-Stadt auf Utapau. MagnaWächter töten seine Komiteemitglieder, und die Separatistenanführer nutzen seine Welt als temporären Unterschlupf.

TION MEDON ist ein Nachfahre Timon Medons, der Utapau einst einte. Wie alle Pau'aner zieht Tion das Dunkel der Sonne vor und mag sein Fleisch lieber roh als gekocht.

Unter Druck

Als der Jedi Obi-Wan Kenobi in Pau-Stadt auf Utapau landet, beteuert Tion Medon, dass nichts Merkwürdiges vorgefallen sei. Doch als Kenobis Schiff betankt wird, flüstert er ihm zu, dass Separatisten Utapau kontrollieren.

TOBIAS BECKETT

PROFESSIONELLER DIEB

DATEN-BANK

ZUGEHÖRIGKEIT: Eigenes Team, Crimson Dawn
HEIMATWELT: Glee Anselm
SPEZIES: Mensch
GRÖSSE: 1,78 m
AUFTRETEN: S
SIEHE AUCH: Han Solo, Rio Durant, Val

REVOLVERHELD Tobias Beckett schmiedet unentwegt Pläne. Er kämpft, stiehlt und betrügt, um über die Runden zu kommen, und arbeitet mit seinem Team für das Verbrechersyndikat Crimson Dawn. So hofft er, bald ausgesorgt zu haben.

Tobias und Val freuen sich darauf, irgendwann nur noch als Paar zusammen zu sein.

Dreckige Diebe

Beckett und seine Leute haben sich auf Mimban als imperiale Soldaten getarnt, als sie auf Han Solo und Chewbacca treffen. Beckett will dort für einen Job einen AT-Schlepper von einem Landeplatz stehlen.

DER ERFAHRENE

Ganove Beckett nimmt sich so ehrgeizige Raubüberfälle vor, dass er dafür ein Team braucht. Trotzdem traut er niemandem. Sein Motto lautet: Geh davon aus, dass dich jeder betrügen wird, dann wirst du auch nie enttäuscht. Jeder, der ihn kennt, sollte das ebenso beherzigen.

TORO CALICAN

ANGEHENDER KOPFGELDJÄGER

DATEN-BANK

GRUPPE: Kopfgeldjäger
HEIMATWELT: Unbekannt
SPEZIES: Mensch
GRÖSSE: 1,75 m
AUFTRETEN: M
SIEHE AUCH: Fennec Shand, Mandalorianer, Tusken-Räuber

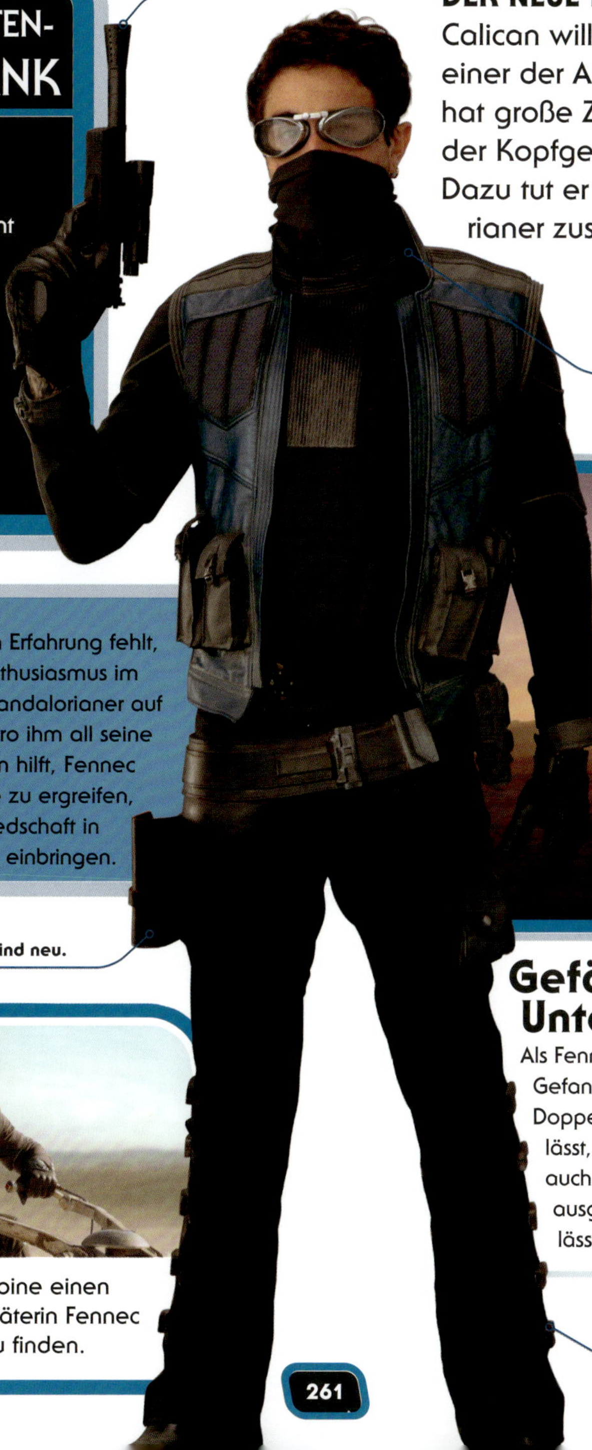

DER NEUE Kopfgeldjäger Toro Calican will beweisen, dass er einer der Allerbesten ist. Er ist jung, hat große Ziele und will Mitglied der Kopfgeldjägergilde werden. Dazu tut er sich mit dem Mandalorianer zusammen.

WAS TORO an Erfahrung fehlt, hat er an sorglosem Enthusiasmus im Überfluss. Als er den Mandalorianer auf Tatooine trifft, bietet Toro ihm all seine Credits an, wenn er ihm hilft, Fennec Shand aufzuspüren. Sie zu ergreifen, könnte ihm eine Mitgliedschaft in der Kopfgeldjägergilde einbringen.

Gefährliche Unterhaltung

Als Fennec Shand von Toro Calican als Gefangene gehalten wird, will sie das Doppelte zahlen, wenn er sie laufen lässt, und mit ihm Mando ergreifen – auch auf ihn ist ein hohes Kopfgeld ausgesetzt! Weil Toro ihr nicht traut, lässt er lieber seinen Blaster sprechen.

Toro leiht sich auf Tatooine einen alten Flitzer, um Attentäterin Fennec Shand in der Wüste zu finden.

TRUDGEN

TROPHÄENSAMMLER DER RITTER VON REN

DATEN-BANK

GRUPPE: Ritter von Ren
HEIMATWELT: Unbekannt
SPEZIES: Unbekannt
GRÖSSE: 1,75 m
AUFTRETEN: VII, IX
SIEHE AUCH: Ap'lek, Cardo, Kuruk, Kylo Ren, Ushar, Vicrul

TRUDGENS ZIEL ist es, stets der Letzte auf dem Schlachtfeld zu sein, um Trophäen seiner Opfer einzusammeln. Er erweitert mit den makabren Fundstücken seine Kampfmontur und versetzt Gegner mit einem riesigen Vibrobeil in Angst und Schrecken.

DIE RITTER von Ren bauen antike Waffen um, damit sie noch zerstörerischer sind. Ultraschalltechnik in Trudgens Vibrobeil lässt die Klinge schnell vibrieren und dadurch noch tödlichere Verletzungen zufügen.

Showdown

Als Ben Solo sich wieder der hellen Seite der Macht verschrieben hat, kehren die Ritter von Ren nach Exegol zu ihrem mächtigen Meister Palpatine zurück. Die Ritter sind gefährlich für Ben, bis er von Rey das Skywalker-Lichtschwert erhält.

Trudgen trägt Teile des Helms eines besiegten Todestrupplers.

TUSKEN-RÄUBER

WILDE NOMADEN VON TATOOINE

DATEN-BANK

ZUGEHÖRIGKEIT: Keine
HEIMATWELT: Tatooine
SPEZIES: Tusken
GRÖSSE: Verschieden
AUFTRETEN: I, II, IV, M
SIEHE AUCH: Anakin Skywalker

Anakin Skywalker lässt seinen Rachedurst an den Bewohnern des Tusken-Lagers aus.

SANDLEUTE tragen schwere Kleidung, um sich vor den heißen Sonnen des Planeten zu schützen. Sie verbergen ihre Gesichter hinter Kopfbandagen. Ihre traditionelle Waffe ist eine Gaderffii- oder Gaffi-Stock genannte Axt.

TUSKEN-RÄUBER werden von einigen, die auf Tatooine leben, als wilde Nomaden angesehen. Diese Sandleute durchstreifen abgelegene Gegenden, wo andere kaum überleben würden. Siedler auf ihrer Heimatwelt sind für sie Eindringlinge, aber in seltenen Fällen sind sie zur Zusammenarbeit bereit.

Bei einem Angriff benutzen Tusken oft gestohlene Waffen.

Lautlose Angreifer

Sandleute sind oft größer als Menschen, dennoch verschmelzen sie mit Leichtigkeit mit ihrer Umgebung. Manchmal plündern oder stehlen sie in den Randbezirken von Siedlungen. Nur das Geräusch des gefürchteten Kraytdrachen kann sie verscheuchen.

TWO TUBES

EIGEFÄHRTEN UND SÖLDNER

DATEN-BANK

ZUGEHÖRIGKEIT: Saw Gerreras Miliz
HEIMATWELT: Yar Togna
SPEZIES: Tognath
GRÖSSE: 1,90 m
AUFTRETEN: S, RO (Benthic), RO (Edrio)
SIEHE AUCH: Saw Gerrera

Vor seiner Zeit in Saws Gruppe war Benthic eine Weile bei Enfys Nests Himmelhunden.

DIE SKRUPELLOSEN
Söldner Edrio und Benthic dienen in Saw Gerreras Miliz. Wegen der Atemgeräte, die sie in sauerstoffreicher Atmosphäre tragen, teilen sie sich den Spitznamen »Two Tubes«.

TOGNATH haben Merkmale von Säugetieren und Insekten, sowohl ein inneres wie ein äußeres Skelett und Facettenaugen. Um auf einer Welt wie Jedha agieren zu können, unterstützen kybernetische Implantate ihren Gehör- und Gleichgewichtssinn.

Eigefährten

Die Tognath wachsen im Brutgallert in Eiern heran. Manchmal verschmelzen diese, wodurch lebenslange, starke Bande entstehen. Eigefährten müssen nicht unbedingt dieselben Eltern haben, aber ihre Verbindung ist stärker als die normaler Geschwister und kann sogar telepathisch sein.

UGNAUGHT

SCHWEINEARTIGE SPEZIES DER WOLKENSTADT

DATENBANK

ZUGEHÖRIGKEIT: Keine
HEIMATWELT: Gentes
SPEZIES: Ugnaught
GRÖSSE: Um 1 m
AUFTRETEN: V, VI, M
SIEHE AUCH: Kuiil

VOR LANGER ZEIT wurden viele Ugnaughts ihrer Heimatwelt entrissen, um anderswo Zwangsarbeit zu leisten. So setzte der exzentrische Entdecker Lord Ecclessis Figg drei Stämme beim Bau der Wolkenstadt auf Bespin ein. Später ließ er sie frei und dort leben.

EIN UGNAUGHT namens Yoxgit suchte jenseits von Bespin sein Glück: Er machte mit illegalen Verkäufen von Tibanna-Gas an Waffenhändler ein Vermögen, ehe er auf Tatooine bei Jabba dem Hutt Arbeit fand.

Arbeit in den Wolken

Ugnaught-Arbeiter sortieren in den Tiefen der Wolkenstadt Altmetall. Hier endet auch C-3PO, als er in Stücke geschossen wird. Die Ugnaughts haben in der ganzen Stadt ein Netzwerk aus rot beleuchteten Arbeitskorridoren und Tunneln errichtet, die meist nur für ihre eigene Spezies zugänglich sind.

Ugnaughts verrichten die oft gefährliche Arbeit der Gewinnung und Weiterverarbeitung von Tibanna-Gas.

UNKAR PLUTT

SCHROTTKÖNIG VON JAKKU

DATEN-BANK

ZUGEHÖRIGKEIT: Keine
HEIMATWELT: Jakku
SPEZIES: Crolute
GRÖSSE: 1,80 m
AUFTRETEN: VII
SIEHE AUCH: BB-8, Rey, Teedo

UNKAR FÜHRT ein Unternehmen mit dem Diebstahl, der Plünderung und dem Verkauf von Schrott auf Jakku. Im Austausch für wertvolle Bauteile bietet er winzige Essensrationen. Ein Schlägertrupp stellt sicher, dass er immer den besseren Deal macht.

UNKARS KONTOR

ist ein umgebautes Frachtfahrzeug im Niima-Außenposten. Er verkauft als Einziger Nahrungsmittel in der Stadt und die Schrottsammler sind gezwungen, ihre Funde bei ihm gegen dehydrierte Essensrationen einzutauschen.

Fern der Heimat

Unkar ist ein aquatischer Crolute, doch seine Gier hält ihn auf dem trockenen Planeten Jakku, wo er als unangefochtener König des Schrotts regiert. Rey gehört zu seinen besten Lieferanten. Wenn sie jedoch einen Handel verweigert, kommt das bei Unkar gar nicht gut an und er schickt seine Handlanger los.

USHAR

WILDER RITTER VON REN

DATEN-BANK

GRUPPE: Ritter von Ren
HEIMATWELT: Unbekannt
SPEZIES: Unbekannt
GRÖSSE: 1,78 m
AUFTRETEN: VII, IX
SIEHE AUCH: Ap'lek, Cardo, Kuruk, Kylo Ren, Trudgen, Vicrul

DER GRAUSAMSTE der Ritter von Ren genießt den Nahkampf und nimmt alles sehr persönlich. Ushar beurteilt den Kampfgeist seiner Gegner und gönnt nur jenen, die sich mutig zur Wehr setzen, einen schnellen Tod.

ZU USHARS vielen Waffen gehört eine Kampfkeule für den Nahkampf. Diese ist an einem Ende mit einem Erschütterungsfeldgenerator verstärkt. Mittels Kinetitenergie, einer Art von der Macht generierten Blitzen, kann dieser weitreichende, zerstörerische Schockwellen entfesseln.

Hingabe

Um den Rittern von Ren beizutreten, muss man eine Verbindung zum »Schatten« – der dunklen Seite der Macht – haben. Zudem muss man beim Töten bereit sein, große persönliche Opfer zu bringen. Wer sich als unwürdig erweist, überlebt nicht lange.

Da Ushars Helm die Luft filtert, ist er wohl ein Fremdweltler.

VAL

WAFFENEXPERTIN

DATEN-BANK

ZUGEHÖRIGKEIT: Tobias Becketts Team, Crimson Dawn
HEIMATWELT: Unbekannt
SPEZIES: Mensch
GRÖSSE: 1,57 m
AUFTRETEN: S
SIEHE AUCH: Rio Durant, Tobias Beckett

Beim Versuch, auf Vandor Coaxium zu stehlen, opfert Val sich, um eine Explosion auszulösen.

VAL IST SCHON LANGE Teil von Tobias Becketts krimineller Bande und hat viele riskante Coups überlebt. Sie ist eine toughe Waffenexpertin und brillante Blasterschützin.

VAL SPRICHT nicht über ihre Vergangenheit. Im Prinzip ist alles, was man weiß, dass ihr Vater Musiker war und sie nach einem Instrument benannt hat, dem Valachord. Val liebt Tobias Beckett, aber selbst mit ihm teilt sie ihre Geheimnisse nicht.

Bomben basteln

Val nutzt ihr Wissen über Chemie und Elektronik zum Bau von Sprengsätzen. Für den Coaxiumraub auf Vandor baut sie eine Baradiumbombe und platziert sie am Gleis des Conveyex-Zugs. Nur Val kann sie auslösen, da der Zünder an ihre Biosignatur gekoppelt ist.

VALIN HESS

FIESER IMPERIALER GENERAL

DATEN-BANK

ZUGEHÖRIGKEIT: Imperium/ Restimperium
HEIMATWELT: Unbekannt
SPEZIES: Mensch
GRÖSSE: 1,88 m
AUFTRETEN: M
SIEHE AUCH: Mandalorianer, Migs Mayfeld, Sturmtruppler

EINST WAR Valin Hess ein großer General des Imperiums, und er glaubt weiter an dessen Ziel, der Galaxis Ordnung zu bringen, egal wer dafür leiden oder in Gefahr gebracht werden muss – und seien es die eigenen Soldaten.

VALIN HESS ist für die Vernichtung einer ganzen Stadt verantwortlich, die sich dem Imperium widersetzte. Selbst obwohl 5000–10 000 seiner eigenen Soldaten vor Ort waren, zeigt er keine Reue. Für Hess sind sie ersetzbar.

Unangenehme Unterhaltung

Valin Hess prahlt mit der Zerstörung durch die Operation Asche, bei der die Kameraden des Scharfschützen Migs Mayfeld ums Leben kamen. Ihm ist nicht bewusst, dass Mayfeld noch immer wütend deswegen ist – und dann ist es zu spät.

Hess sitzt in der Offiziersmesse der Morak-Basis, als gerade die heldenhaften Piloten eintreten.

VIZEADMIRAL HOLDO

NOBLE ANFÜHRERIN DES WIDERSTANDS

DATENBANK

ZUGEHÖRIGKEIT: Widerstand
HEIMATWELT: Gatalenta
SPEZIES: Mensch
GRÖSSE: 1,78 m
AUFTRETEN: VIII
SIEHE AUCH: Poe Dameron, Prinzessin Leia

VIZEADMIRAL Amilyn Holdo ist eine langjährige Freundin von Leia Organa. Als Leia verletzt ist, übernimmt Holdo das Kommando über ihren Sternenkreuzer, die *Raddus* – eins von nur drei verbliebenen Schiffen des Widerstands.

HOLDO ist die freigeistige Art ihrer Heimatwelt Gatalenta zu eigen. Statt einer Militäruniform trägt sie ihre individuelle Kleidung. Meditation und Astrologie lassen sie ruhig und bedacht Strategien abwägen. Dass sie am Ende ihr Leben gibt, ermöglicht den verbliebenen Kämpfern des Widerstands die Flucht. Dank ihr lebt der Funke der Hoffnung weiter!

Stille Heldin

Holdo ist eine kluge, besonnene Anführerin, ihre verschwiegene Art führt jedoch zu Spannungen. Poe Dameron startet sogar eine Meuterei! Der bescheidenen Holdo ist es aber wichtiger, den Widerstand zu schützen, als wie eine Heldin zu wirken. Erst als sie ihr Leben opfert, erfährt sie die verdiente Anerkennung.

Holdo geht mit ihrem Schiff unter, aber reißt die *Supremacy* mit sich.

VICRUL

TEUFLISCHER RITTER VON REN

DATEN-BANK

GRUPPE: Ritter von Ren
HEIMATWELT: Unbekannt
SPEZIES: Unbekannt
GRÖSSE: 1,79 m
AUFTRETEN: VII, IX
SIEHE AUCH: Ap'lek, Cardo, Kuruk, Kylo Ren, Trudgen, Ushar

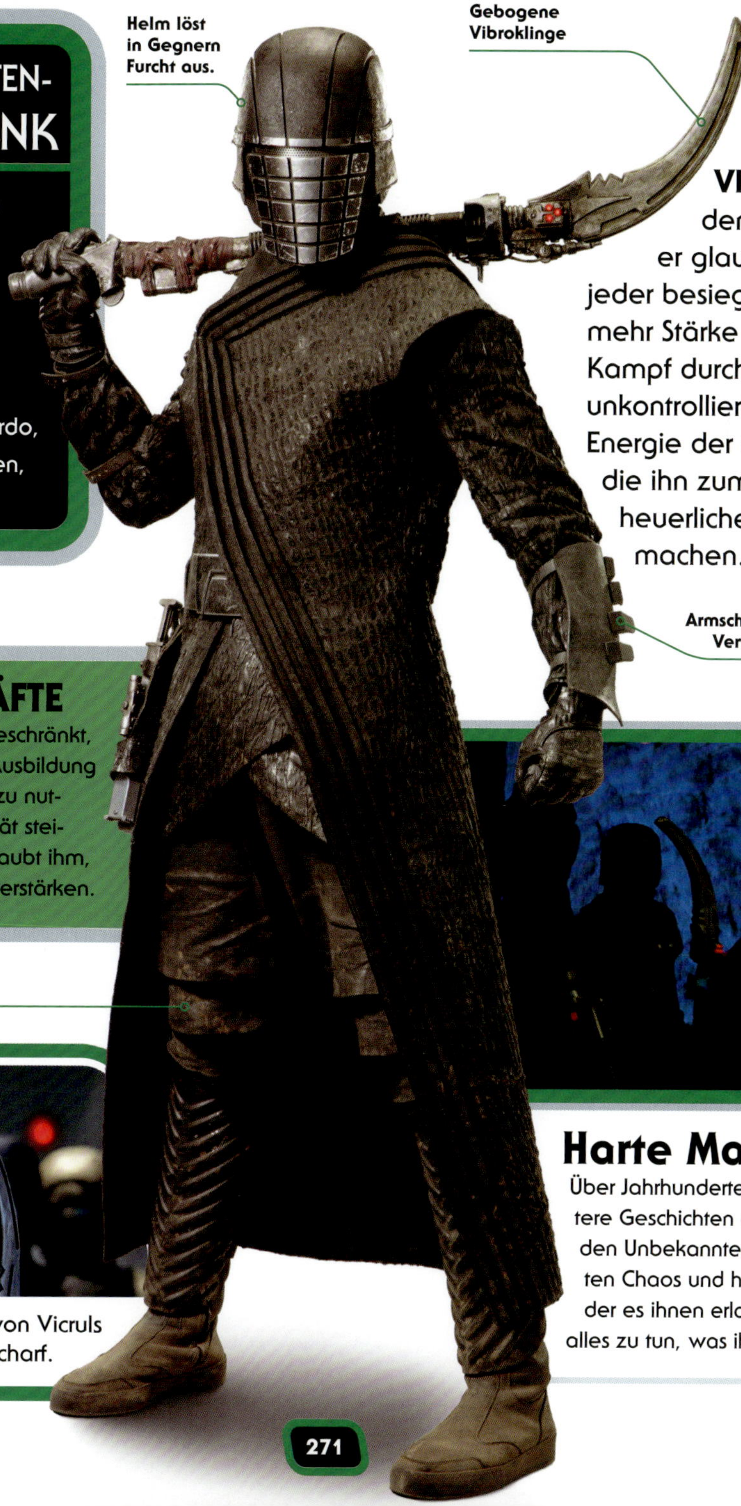

VICRUL SUCHT den Kampf, da er glaubt, dass ihm jeder besiegte Gegner mehr Stärke verleiht. Im Kampf durchfahren ihn unkontrollierte Schübe von Energie der dunklen Seite, die ihn zum noch ungeheuerlicheren Kämpfer machen.

DIE MACHTKRÄFTE aller Ritter von Ren sind beschränkt, da sie keine ordentliche Ausbildung genossen haben, um sie zu nutzen. Vicruls Machtsensitivität steigert seine Reflexe und erlaubt ihm, die Angst in Gegnern zu verstärken.

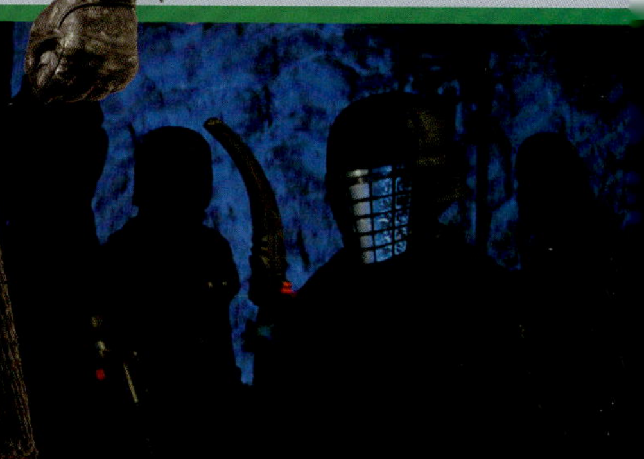

Die vibrierende Schneide von Vicruls Vibrosense ist besonders scharf.

Harte Marodeure

Über Jahrhunderte verbreiten sich düstere Geschichten der Ritter von Ren in den Unbekannten Regionen. Sie stiften Chaos und haben einen Kodex, der es ihnen erlaubt, ohne Gnade alles zu tun, was ihnen beliebt.

VOBER DAND

LOGISTIKER DES WIDERSTANDS

DATEN-BANK

ZUGEHÖRIGKEIT: Widerstand
HEIMATWELT: Suntilla
SPEZIES: Tarsunt
GRÖSSE: 1,73 m
AUFTRETEN: VII, VIII, IX
SIEHE AUCH: Nien Nunb, PZ-4CO

UM IMMER außer Reichweite der Ersten Ordnung zu bleiben, nutzt der Widerstand alte Basen aus dem Bürgerkrieg, die ursprünglich als Außenposten für die Rebellion gebaut wurden. Die alten Gebäude verlangen dem Bodenpersonal des Widerstands einiges ab.

WÄHREND DER Starkiller-Krise koordiniert Vober Dand die Bodencrews, die die X-Flügler in der Basis auf D'Qar betreiben. Der Tarsunt führt ein straffes Regiment und verlangt von seinen Teams Höchstleistungen. Der Pilot mag am Ende geehrt werden, doch Dand weiß, dass er ohne ihn und seine Crew am Boden bleiben müsste.

Logistikchef

Vober Dand leitet die für die Bodenversorgung zuständige Grundlogistikdivision (GLD) des Widerstands. Er ist einer der Ersten, die man beim Aufbau einer neuen Basis zurate zieht. Mit seinem mathematischen Verstand arbeitet er die Details für Flugpläne, Wartungsdienst und den Betrieb des Hangars aus.

Ohne finanzielle Mittel und Unterstützung durch die Regierung muss Vober Dand die kleine Flotte der X-Flügler jederzeit betriebsbereit halten.

WAT TAMBOR

EMIR UND VORSITZENDER DER TECHNO-UNION

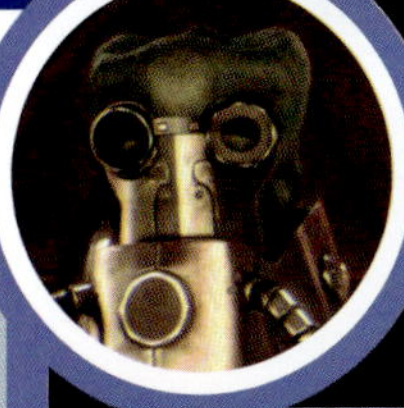

DATEN-BANK

ZUGEHÖRIGKEIT: Techno-Union, Separatisten
HEIMATWELT: Skako
SPEZIES: Skakoaner
GRÖSSE: 1,93 m
AUFTRETEN: II, III
SIEHE AUCH: Boba Fett, Darth Vader

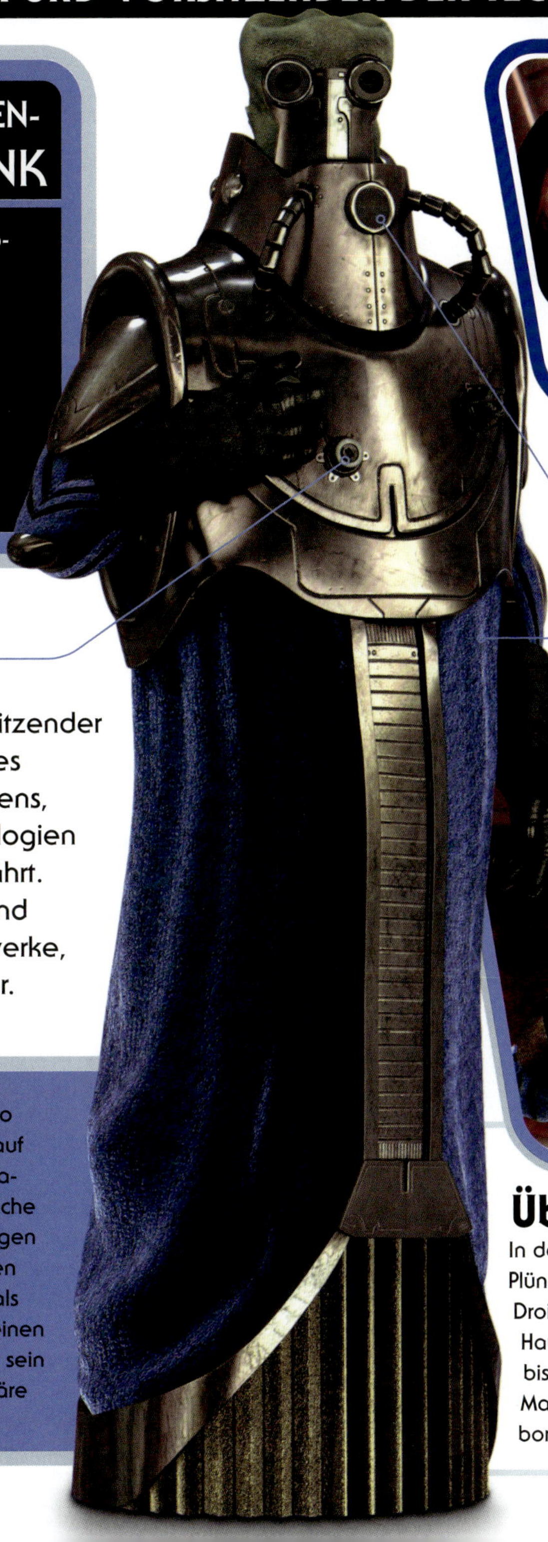

WAT TAMBOR ist Vorsitzender der Techno-Union, eines mächtigen Unternehmens, das mit neuen Technologien gewaltige Profite einfährt. Er ist zudem im Vorstand der Baktoid Rüstungswerke, einem Waffenhersteller.

TAMBOR verließ Skako in jungen Jahren und stieg auf der rauen Industriewelt Metalorn in die Technologie-Branche ein. Aufgrund des einzigartigen Atmosphärendrucks verlassen nur wenige Skakoaner jemals ihre Heimat. Tambor muss einen Spezialanzug tragen, damit sein Körper in Standardatmosphäre nicht explodiert.

Darth Vader kennt auf Mustafar keine Gnade mit Wat Tambor.

Überfall auf Ryloth

In den Klonkriegen führt Tambor die Plünderung von Ryloth an. Er und seine Droidenarmee besetzen Lessu, die Hauptstadt der Twi'lek-Heimatwelt, bis sie durch einen Gegenschlag von Mace Windu vertrieben werden. Tambor selbst wird ergriffen und inhaftiert.

WATTO

TOYDARIANISCHER SCHROTTHÄNDLER

DATEN-BANK

ZUGEHÖRIGKEIT: Keine
HEIMATWELT: Toydaria
SPEZIES: Toydarianer
GRÖSSE: 1,37 m
AUFTRETEN: I, II
SIEHE AUCH:
Anakin Skywalker, Qui-Gon Jinn, Shmi Skywalker

DER SCHARFSINNIGE, fliegende Toydarianer Watto ist Inhaber eines Ersatzteilladens in Mos Espa auf Tatooine. Er gibt seine Gewinne bei Podrennen aus, wo er mit den Hutts wettet und versklavte Personen erwirbt – wie Anakin und Shmi Skywalker.

Flexible, rüsselartige Nase

Stoppeliger Dreitagebart

Dicker, größtenteils mit Gas gefüllter Bauch

Codes für Hauptsafe und Sklavensicherung

Watto besteht darauf, einen Ersatzteilhandel zu betreiben, doch die meisten nennen es Schrottladen.

WATTO war einst Soldat auf Toydaria, doch er verließ den Planeten, als er verwundet wurde. Auf Tatooine beobachtete er die Jawas beim Verkauf gebrauchter Waren und lernte einige Tricks, bevor er sein eigenes Geschäft aufmachte.

Watto ist überrascht, dass Anakin Skywalker nun ein Jedi ist.

Zufallsbegegnung

Als Watto einen Außenweltler trifft, der nach Ersatzteilen für einen Hyperantrieb sucht, wittert er Profit. Der Jedi Qui-Gon Jinn ahnt nicht, dass er in Wattos Laden auf Anakin Skywalker, den prophezeiten Auserwählten, stoßen wird. Nachdem Anakin seine Freiheit hat, läuft Wattos Laden nicht mehr so gut – der Beginn einer Abwärtsspirale für den Ausbeuter.

WEDGE ANTILLES

HELD DER REBELLION

DATENBANK

ZUGEHÖRIGKEIT: Imperium/ Rebellenallianz/Neue Republik/Widerstand
HEIMATWELT: Corellia
SPEZIES: Mensch
GRÖSSE: 1,70 m
AUFTRETEN: IV, V, VI, IX
SIEHE AUCH: Luke Skywalker, Snap Wexley, X-Flügler-Pilot

IN DER LUFT fühlt Wedge sich mehr zu Hause als am Boden. Er wird an einer imperialen Akademie ausgebildet, ehe er zu den Rebellen überläuft. Luke Skywalker und er sind die einzigen X-Flügler-Piloten, die den Angriff auf den ersten Todesstern überleben. Wedge fliegt auch in den Schlachten von Hoth, Endor und Jakku.

X-FLÜGLER-PILOT Wedge Antilles war für die Rebellenallianz, die Neue Republik und den Widerstand im Einsatz. Dass er selbst in aussichtslosesten Schlachten einen kühlen Kopf bewahrt, macht ihn für andere Piloten zur Legende.

Geborener Pilot

Nachdem er half, zwei Todessterne zu zerstören, hilft Wedge bei der Ausbildung neuer Piloten, darunter Temmin »Snap« Wexley. Er heiratet dessen Mutter Norra, die auch Pilotin ist, und das Paar zieht sich zurück, bis der Widerstand sie braucht. So sitzt Wedge in der Schlacht von Exegol wieder im Cockpit.

Wedge hilft dem Widerstand im Kampf gegen die Erste Ordnung.

WICKET W. WARRICK

JUNGER EWOK-EINZELGÄNGER

DATENBANK

ZUGEHÖRIGKEIT: Hellerbaumdorf
HEIMATWELT: Waldmond Endor
SPEZIES: Ewok
GRÖSSE: 80 cm
AUFTRETEN: VI, IX
SIEHE AUCH: Häuptling Chirpa, Logray, Prinzessin Leia, Teebo

Wicket beobachtet mit seinem Sohn Pommet, wie ein Sternenzerstörer sein Ende findet.

WICKET W. WARRICK ist ein junger Ewok, dem der Ruf eines Einzelgängers anhaftet. Er streift oft weit vom Dorf entfernt durch Endors Wälder. Wicket befindet sich auf einem dieser Ausflüge, als er Prinzessin Leia Organa begegnet. Er bringt sie in den Schutz seiner Baumsiedlung und vertraut ihr schnell.

Freunde?

Da er sich mit Leia angefreundet hat, ist Wicket dafür, dass ihren Freunden nichts angetan wird, als sie eintreffen. Doch weil er ein Einzelgänger ist, hat er nur wenig Einfluss auf die Ältesten seines Dorfs.

DER JUNGE

Wicket hatte eine abenteuerliche Kindheit mit seinen Freunden Teebo, Kneesaa, Paploo und seinen Brüdern Weechee und Willy. Obwohl er die schamanische Magie von Logray respektiert, ist er doch zu ungeduldig, um sie selbst auszuüben.

WINTA

TREUE FREUNDIN

DATEN-BANK

ZUGEHÖRIGKEIT: Unbekannt
HEIMATWELT: Sorgan
SPEZIES: Mensch
GRÖSSE: Unbekannt
AUFTRETEN: M
SIEHE AUCH: Grogu, Mandalorianer, Omera

Die Kinder in Wintas Dorf freuen sich über einen neuen Freund, als Grogu zu ihnen kommt.

WINTA LEBT mit ihrer Mutter Omera in einem kleinen Dorf auf dem Planeten Sorgan. Als Grogu dort eintrifft, werden sie gute Freunde. Winta will das Kind beschützen und würde alles dafür tun, dass es in Sicherheit ist.

Trauriger Abschied

Grogu und Mando müssen Sorgan verlassen, weil das Kind von Kopfgeldjägern verfolgt wird. Da Winta und Grogu sich sehr nahestehen, ist sie traurig, dass ihr neuer Freund gehen muss, aber sie weiß, dass es so am besten für ihn ist.

WINTA und ihre Mutter züchten Krill. Ohne Vorwarnung greift eine Bande klatooinianischer Plünderer eines Tages ihr Dorf an. Bis die Plünderer fort sind, verstecken sich die beiden in einem Teich unter einem Fischerkorb.

X-FLÜGLER-PILOT

ASSE IM STERNENJÄGER

DATENBANK

ZUGEHÖRIGKEIT: Rebellenallianz/Neue Republik/Widerstand
HEIMATWELT: Verschieden
SPEZIES: Verschieden
STANDARDFAHRZEUG: X-Flügel-Sternenjäger
AUFTRETEN: RO, IV, V, VI, M, VII, VIII, IX
SIEHE AUCH: Luke Skywalker, Poe Dameron

HELDENHAFTE X-Flügler-Piloten sind wahre Legenden. Für die Rebellenallianz nehmen sie es mit dem Imperium auf. In Patrouillen der Neuen Republik sorgen sie für Recht und Ordnung in der Galaxis. Später stehen auch die Widerstandspiloten im Kampf gegen die Erste Ordnung in ihrer Tradition.

IN DEN FRÜHEN Tagen der Rebellenallianz sind X-Flügler-Piloten wie Major Ralo Surrel auf dem Massassi-Außenposten auf Yavin 4 stationiert. Sie fliegen die T-65-X-Flügler der alsbald legendären Staffeln Rot, Blau, Grün und Gold.

Widerstandspiloten wie Poe Dameron fliegen T-70-X-Flügler, Nachfolgemodelle des X-65.

Schlacht von Yavin

Piloten der Roten Staffel wie Wedge Antilles (»Rot Zwei«), Biggs Darklighter (»Rot Drei«) und Luke Skywalker (»Rot Fünf«) sind bedeutend für die Zerstörung des ersten Todessterns. Skywalker und Antilles sind deren einzige Überlebende.

XI'AN

KRIEGERISCHE TWI'LEK

DATEN-BANK

ZUGEHÖRIGKEIT: Ranzar Malks Crew
HEIMATWELT: Ryloth
SPEZIES: Twi'lek
GRÖSSE: 1,70 m
AUFTRETEN: M
SIEHE AUCH: Mandalorianer, Migs Mayfeld, Qin, Ranzar Malk

XI'AN UND ihr Zwillingsbruder Qin gehören Ranzar Malks Söldnertruppe an. Sie hat eine aufbrausende Persönlichkeit und ein hitziges Temperament, daher löst sie Unstimmigkeiten eher mit Wurfmessern als mit Worten.

Falsches Lachen

Xi'an genießt es, Din Djarin an frühere Zeiten zu erinnern, als sie ein Team waren. Doch sie gibt dem Mandalorianer die Schuld, dass ihr Bruder von der Neuen Republik inhaftiert wurde, und wartet nur darauf, sich rächen zu können.

Xi'an umarmt Qin, als sie auf dem Gefängnisschiff der Neuen Republik wieder vereint sind.

WÄHREND einige Twi'leks wie die Jedi Aayla Secura und Rebellin Hera Syndulla ihr Leben riskierten, um gegen die Tyrannei zu kämpfen, wandten sich andere wie Xi'an einem kriminellen Leben in der Unterwelt zu.

YADDLE

MITFÜHLENDE JEDI-MEISTERIN

DATEN-BANK

ZUGEHÖRIGKEIT: Jedi
HEIMATWELT: Unbekannt
SPEZIES: Unbekannt
GRÖSSE: 61 cm
AUFTRETEN: I
SIEHE AUCH: Oppo Rancisis, Yoda

ALS MITGLIED des Jedi-Rats ist Meisterin Yaddle eher wortkarg, zeigt jedoch viel Mitgefühl und Geduld. Sie blickt zu Meister Yoda auf, der derselben Spezies wie sie angehört, allerdings ist sie nur knapp halb so alt wie er (Yaddle ist erst 477!).

Körper und Geist

Yaddle widmet speziell ihren akademischen Interessen viel Zeit und ist oft im Jedi-Archiv zu finden. Sie war aber auch im Feldeinsatz aktiv.

YADDLE hat viele Jedi-Padawane ausgebildet, darunter Oppo Rancisis, der mit ihr im Hohen Rat sitzt.

YARAEL POOF

QUERMIANISCHER JEDI-MEISTER

DATEN-BANK

ZUGEHÖRIGKEIT: Jedi
HEIMATWELT: Quermia
SPEZIES: Quermianer
GRÖSSE: 2,64 m
AUFTRETEN: I
SIEHE AUCH: Obi-Wan Kenobi, Qui-Gon Jinn

JEDI-MEISTER Yarael Poof ist zu Zeiten der Naboo-Krise schon seit Jahrhunderten Mitglied des Hohen Rats. Er ist Meister spezieller Jedi-Gedankentricks, mit denen er Konflikte zu einem Ende bringen kann.

Trügerischer Schein

Yarael Poof lauscht schweigend, als Qui-Gon Jinn und Obi-Wan Kenobi von ihrer Mission nach Naboo berichten. Er wirkt im Jedi-Rat zwar wie ein ernster Denker, doch Meister Yarael ist auch geschickt mit dem Lichtschwert und hat unglaubliche Manöver perfektioniert, die nur dank seiner rückgratlosen Anatomie machbar sind.

Poof hat eine schelmische Ader und legt Gefährten gern mit Gedankentricks herein.

QUERMIANER haben lange Hälse und Gliedmaßen sowie ein zweites Paar Arme, das Poof unter der Jedi-Robe verbirgt. Sie besitzen keine Nase, da sie Gerüche durch olfaktorische Drüsen in ihren Händen wahrnehmen. Quermianer haben zwei Gehirne – ein oberes im Kopf und ein unteres in der Brust.

YODA

LEGENDÄRER JEDI-MEISTER

DATEN-BANK

ZUGEHÖRIGKEIT: Jedi
HEIMATWELT: Unbekannt
SPEZIES: Unbekannt
GRÖSSE: 66 cm
AUFTRETEN: I, II, III, V, VI, VIII
SIEHE AUCH: Luke Skywalker

YODA ist einer der mächtigsten Jedi aller Zeiten und wird 900 Jahre alt. Er dient der Galaktischen Republik auf dem Höhepunkt ihrer Macht und auch während ihres Verfalls bis hin zum Ende. Yoda ist einer der wenigen Jedi, die die Klonkriege überleben, wonach er sich auf die ferne Welt Dagobah zurückzieht.

Sith-Zorn

Als Yoda erkennt, dass die Klonkriege nichts weiter waren als eine Manipulation durch die Sith, um den Jedi-Orden zu vernichten, stellt er sich Palpatine. Doch nicht einmal die unglaubliche Stärke und das Tempo des Jedi können es mit dem Hass eines Sith-Lords aufnehmen.

YODA hat Hunderte Jedi in den Ritterstand geführt und zahllose Welten besucht. Er empfindet leise Befriedigung ob seiner Fähigkeit, Konflikte gewaltlos zu lösen. Allerdings mindert das Erstarken der dunklen Seite das Vertrauen, das andere in ihn setzen.

Auf Dagobah bildet Yoda Luke aus, seinen letzten Schüler und die letzte Hoffnung der Galaxis.

Anakin, Yoda und Obi-Wan Kenobi werden nach ihrem Tod eins mit der Macht.

ZAM WESELL

GESTALTWANDELNDE ATTENTÄTERIN

DATEN-BANK

GRUPPE: Kopfgeldjäger
HEIMATWELT: Zolan
SPEZIES: Clawditin
GRÖSSE: 1,68 m
AUFTRETEN: II
SIEHE AUCH: Jango Fett

ZAM WESELL ist eine Attentäterin mit besonderer Eigenschaft: Als Clawditin kann sie ihr Aussehen verändern und andere Spezies nachahmen. Einige Jahre lang arbeitete Zam mit dem berühmten Kopfgeldjäger Jango Fett zusammen.

ZAM WESELL

wurde auf Zolan geboren, dem Heimatplaneten der Mabari, einem uralten Kriegerorden. Die Mabari bildeten Zam aus, bis ihr Verlangen nach Reichtum sie in die riesige Metropole Denon führte, wo sie ihre Talente als Attentäterin einsetzte.

Luftgleiterjagd

Zam Wesell stiehlt für Aufträge oft fremde Fahrzeuge. Wenn es darauf ankommt, schnell zu verschwinden, benutzt sie jedoch ihren eigenen Luftgleiter. Als Zam für Jango Fett den Auftrag übernimmt, Senatorin Amidala zu töten, flüchtet sie vor zwei Jedi, die sie in einem geborgten Flitzer verfolgen.

In ihrer wahren Clawditengestalt ist Zam Wesell eine reptilienartige Humanoide.

ZORII BLISS

TOUGHE GEWÜRZSCHMUGGLERIN

DATEN-BANK

ZUGEHÖRIGKEIT: Gewürzschmuggler von Kijimi
HEIMATWELT: Kijimi
SPEZIES: Mensch
GRÖSSE: 1,62 m
AUFTRETEN: IX
SIEHE AUCH: Babu Frik, Poe Dameron, Rey

Zorii erzählt Poe von ihrem Plan, Kijimi zu entfliehen, und fragt ihn, ob er mit ihr kommen will.

ZORII BLISS IST Anführerin der Gewürzschmuggler von Kijimi. Zögerlich willigt sie ein, Poe Dameron zu helfen, als dieser mit dem Widerstand nach Kijimi zurückkehrt. Einst war er selbst in der kriminellen Bande, verließ sie dann aber.

ZORII SCHLOSS sich den Gewürzschmugglern als Jugendliche an – ihre Mutter Zeva Bliss führte die Bande damals an. Poe Dameron und Zorii vereiteln Zevas Plan, ihre Rivalen zu töten, worauf Poe die Gewürzschmuggler verlässt, während Zorii letztlich selbst Anführerin wird.

Gegenseitiger Respekt

Zorii ist anfangs verärgert über Poes Rückkehr, aber sie bewundert Reys Kampfgeschick und ihre direkte Bitte um Hilfe. Später überlässt sie Poe ein Transitdatenmedaillon der Ersten Ordnung, damit er und Rey Chewbacca vom Sternenzerstörer im Orbit befreien können.

ZUCKUSS

GAND-KOPFGELDJÄGER

DATEN-BANK

GRUPPE: Kopfgeldjäger
HEIMATWELT: Gand
SPEZIES: Gand
GRÖSSE: 1,50 m
AUFTRETEN: V
SIEHE AUCH: 4-LOM

ZUCKUSS ist ein insektoider Gand, der als Kopfgeldjäger oft mit dem Droiden 4-LOM zusammenarbeitet. Er ist unermüdlich und nutzt die jahrhundertealten mystischen Finder-Traditionen seines nebelumhüllten Heimatplaneten Gand.

ZUCKUSS atmet Ammonium und trägt in sauerstoffhaltiger Atmosphäre ein Atemgerät. Als sich die Finder-Tradition auf seiner Heimatwelt zu verlieren begann, verließ er als einer der Ersten den Planeten. Nun setzt er seine besonderen Talente lukrativ bei der Kopfgeldjagd ein.

Zuckuss ist bekannt für seine Aufspürfähigkeiten und als Kopfgeldjäger sehr gefragt.

Dynamisches Duo

Zuckuss' Fähigkeiten machen viele Kopfgeldjäger nervös. Nicht so 4-LOM, mit dem er oft zusammenarbeitet. Die beiden sind ein großartiges Team, was auch Darth Vader nicht verborgen bleibt. So heuert er sie an, um den *Millennium Falken* zu finden.

REGISTER

Haupteinträge sind **fett** hervorgehoben.

IMPRESSUM

DK Penguin Random House

DK dankt Chelsea Alon von Disney Publishing, Vicky Armstrong und Cefn Ridout für die redaktionelle Unterstützung, Vanessa Bird für das Register, Megan Douglass für Korrekturlesen und Amerikanisierung, Julia March und Louise Stevenson für Korrekturlesen und Anglisierung sowie Neha Ahuja, Owen Bennett, Dan Bunyan, Jo Casey, Elizabeth Dowsett, David Fentiman, Julie Ferris, Jon Hall, Guy Harvey, Akansha Jain, Tori Kosara, Lisa Lanzarini, David McDonald, Clare Millar, Lynne Moulding, Lauren Nesworthy, Mark Penfound, Sandra Perry, Clive Savage, Sadie Smith, Lisa Sodeau, Ron Stobbart, Chitra Subramanyam, Rhys Thomas, Toby Truphet und Arushi Vats für ihre Beteiligung an früheren Ausgaben dieses Buchs.

Lektorat Matt Jones, Emma Grange, Sarah Harland, Mark Searle
Gestaltung und Bildredaktion Chris Gould, Vicky Short
Herstellung Marc Staples, Mary Slater

Für DK
Lektorat Simon Beecroft, Shari Last
Gestaltung Gareth Butterworth

Für Lucasfilm
Lektorat Brett Rector
Creative Director of Publishing Michael Siglain
Art Director Troy Alders
Art Department Phil Szostak
Story Group Pablo Hidalgo, Leland Chee, Emily Shkoukani
Asset Management Chris Argyropoulos, Jackey Cabrera, Gabrielle Levenson, Bryce Pinkos, Erik Sanchez, Jason Schultz, Sarah Williams

Für die deutsche Ausgabe:
Projektbetreuung Christian Noß
Herstellungskoordination Bettina Bähnsch
Herstellung Sophie Schiela

Titel der englischen Originalausgabe:
Star Wars Character Encyclopedia Updated and Expanded Edition

Übersetzung Marc Winter
(in Teilen auf Basis der Erstübersetzung von Andreas Kasprzak und Anna-Selina Sander)
Satz Roman Bold & Black, Köln

ISBN 978-3-8310-4428-3
5902-326318-22373-08

Druck und Bindung C&C Offset Printing, China

www.dk.com
www.starwars.com